KB119489

한눈에 보는
중국어
관용패턴

김성수 엮음

눈에 보는
중국어
관용패턴

學古房

중국에 대한 관심이 높아지면서 중국어와 관련된 책들이 해마다 수없이 쏟아진다. 그러나 중국어 회화에 관한 책들이 대부분이고, 중국어 관용구에 관한 책은 수요가 있음에도 불구하고 상대적으로 적다. 원서로 된 중문학책을 보면 해석이 우선이므로, 모르는 단어나 관용구 등을 찾게 된다. 대체로 단어는 사전에 그 의미가 잘 나와 있으나 둘 이상의 단어를 연결한 관용구에 대한 해석과 예문은 충분하지 않는 경우가 많다. 설사 관용구에 관한 책이 있다 하더라도 한정된 범위 내에 주제나 화제별로 되어 있어서, 그 어휘가 있는지를 일일이 찾아봐야 하거나 없는 경우가 많았다. 찾기 쉬운 관용구 책이 있으면 좋겠다는 필요성을 느끼게 되면서 이에 관련한 책을 쓰고 싶다는 생각을 오래전부터 했었다. 이러한 이유로 비교적 찾기 쉽고, 구체적인 예문이 들어있는 관용구 책을 쓰게 되었다.

이 책의 체계는 필요한 관용구를 바로 찾을 수 있도록 한어병음을 영어 알파벳 순서로 배열함과 동시에 성조 1성, 2성, 3성, 4성 순으로 배치했다. 또 '不(bù)'와 '一(yī)'는 원래 기본 성조대로 배열했으나 구체적인 예문을 서술할 땐 변화된 성조로 표시하였다. 관용구의 한어병음 띄어쓰기 부분은 일정하지 않아서 어떤 사전에는 붙여서 표기된 곳도 있고 또 다른 사전에는 띄어서 표기했다. 사자성어나 고사성어는 대체로 네 글자가 많고 또 일반적으로 붙여서 사용하므로 네 글자로 이루어진 것은 특별한 상황이 아닌 경우 붙였다. 네 글자 넘는 경우는 단어 단위로 띄워서 표기했다. 관용 표현에 관한 구체적인 예문은 일상생활에서 바로 적용 가능한 실용적인 회화뿐만 아니라 간간이 성어, 속담, 쉽고 재미있는 표현 등 다양한 어휘를 수록하여 중국어 회화 연습이나 HSK, BCT 등을 준비하거나 통역 및 원서 번역에 참고자료로 활용할 수 있도록 하였다. 또 각각의 관용 표현에 대해 그 의미를 간략히 설명하면서 어법 설명은 최소한으로 하였다. 중국어의 모든 관용구를 다 담을 수는 없지만 대체로 일상생활에서 자주 사용되는 관용 표현을 위주로 구성하였다.

예문의 번역에 있어서 원문에 충실히 하면서도 가급적이면 일상회화에서 사용되는 구어체로 표현하였다. 원문에 대한 전반적인 교열은 사위국 선생님이 검토해 주었고, 원고 교열에 고등학교에서 중국어를 가르치는 류시애 선생님이 수고해 주었다. 이 책을 짓기 위해 여러 참고자료를 찾을 때 박정애 선생님과 순팅팅 후배가 도움을 주었고, 한어병음의 규칙에 관하여 김주영 선생님이 고견을 내주었다. 그리고 이 책을 내기까지 이치수 교수님께서 평소 지대한 관심과 격려의 박수를 보내주셨다. 이 모든 분들께 감사드린다.

원고를 출판해준 출판사 관계자 여러분들께도 이 자리를 빌어 깊이 감사드린다. 착오나 미흡한 점이 있다면 모두 저자의 책임이다. 부족한 점이 많으므로 여러분들의 질정(叱正)을 기다린다.

2019년 단풍이 익어가는 어느 가을에....
김성수

G   136

H   147

N   214

P   222

W   281

Y　　　303

A

爱 A 不 A [ài A bù A]

A하든지 말든지, 좋을 대로(마음대로) ~해라.
話者의 불만의 감정이 내포되어 있다.

明天上午十点开会，你**爱**去**不**去，反正我通知你了。
Jīntiān shàngwǔ shí diǎn kāihu, nǐ ài qù bú q, fǎnzhèng wǒ tōngzhī nǐ le.
내일 오전 10시에 회의를 여는데, 가든지 말든지, 어쨌든 난 너에게 알렸다.

饭已经做好了，你**爱**吃**不**吃，随你的便。
Fàn yǐjīng zuòhǎole, nǐ ài chī bù chī, suí nǐ de biàn.
밥이 벌써 다 되었다. 먹든지 말든지 좋을 대로 해라.

爱~就~ [ài~ jiù~]

~하고 싶은 대로 ~하다.

你**爱**怎么办**就**怎么办，谁都不会管你
Nǐ ài zěnmebàn jiù zěnmebàn, shuí dōu bú huì guǎn nǐ.
네가 하고 싶은 대로 그렇게 해, 아무도 너를 간섭하지 않을 테니.

你**爱**怎么说**就**怎么说，反正我不会听你的。
Nǐ ài zěnme shuō jiù zěnme shuō, fǎnzhèng wǒ bú huì tīng nǐ de.
네가 말하고 싶은 대로 말해, 여하튼 나는 당신의 말을 듣지 않을 테니까.

碍事 [àishì]

심각하다. 위험하다. 방해가 되다.
대체로 부정문(不碍事)으로 많이 쓰임.

只是感冒而已, 不碍事, 休息一会儿就好了。
Zhǐshì gǎnmào éryǐ, bú àishì, xiūxi yíhuìr jiù hǎo le.
그냥 감기일 뿐, 괜찮아. 조금만 쉬면 곧 나아져.

他的病不碍事, 你放心吧。
Tā de bìng bú àishì, nǐ fàngxīn ba.
그의 병이 심각하지 않으니, 마음 놓으세요.

碍手碍脚 [àishǒu'àijiǎo]

방해가 되다. 거치적거리다.

咱们走吧, 别在这儿碍手碍脚。
Zánmen zǒu ba, bié zài zhèr àishǒu'àijiǎo.
우리는 가자, 여기서 방해하지 말자.

路上放着行李, 碍手碍脚的。
Lùshang fàngzhe xíngli àishǒu'àijiǎo de.
길에 짐을 쌓아 놓아서 걸리적거린다.

按照常例 [ànzhào chánglì]

상례에 따르면.

按照常例, 3月初那家庭院的樱花就会盛开。
Ànzhào chánglì, 3 yuè chū nà jiā tíngyuàn de yīnghuā jiù huì shèngkāi.

상례에 의하면, 3월초가 되면 그 집 정원의 벚꽃이 활짝 피겠지요.

按照常例, 奶奶到了晚上几乎不出门。
Ànzhào chánglì, nǎinai dào le wǎnshang jīhū bù chūmén.
상례에 의하면, 할머니는 저녁이 되면 거의 외출하지 않아요.

(按)照~的话去做 [àn(zhào)~de huà qùzuò]
~의 말대로 하다.

如果你照我的话去做, 你不会吃那么大的亏。
Rúguǒ nǐ zhào wǒ de huà qùzuò, nǐ búhuì chī nàme dà de kuī.
내 말대로 일을 처리했더라면 너는 그렇게 큰 손해를 입지 않았을 텐데.

最后还是让我按照妈妈的话去做。
Zuìhòu háishì ràng wǒ ànzhào māma de huà qùzuò.
결국에 나는 엄마의 말대로 하게 되었다.

B

巴不得 [bābude]
갈망하다. 간절히 바라다. 몹시~를 바라다. (=恨不得)

巴不得现在就飞过去。
Bābude xiànzài jiù fēi guòqù.
지금 당장 날아가고 싶다.

你能参加这次活动，我们正巴不得呢。

Nǐ néng cānjiā zhècì huódòng, wǒmen zhèng bābude ne.

당신이 이번 행사에 참가할 수 있기를 저희들은 간절히 바라고 있어요.

八成儿 [bāchéngr]

8할. 80%. 십중팔구(十中八九). 거의. 대체로. 틀림없이

看样子八成儿他不来了。

Kànyàngzi bāchéngr tā bù lái le.

보아하니 십중팔구는 그가 올 것 같지 않다.

这么晚还没有消息，八成儿出问题了。

Zhème wǎn hái méiyǒu xiāoxi, bāchéngr chū wèntí le.

이렇게 늦게까지 아직 소식이 없는 걸 보니 십중팔구 문제가 생긴 거 같다.

八竿子打不着 [bā gānzi dǎbuzháo]

서로 아무런 관련이 없다. 동떨어져 상관이 없다.

我和他是八竿子打不着的亲戚，对他的情况我不了解。

Wǒ hé tā shì bā gānzi dǎbuzháo de qīnqi, duì tā de qíngkuàng wǒ bù liǎojiě.

나는 그와 매우 먼 친척이라, 그의 상황을 잘 모른다.

这事跟你八竿子打不着，你别管。

Zhè shì gēn nǐ bā gānzi dǎbuzháo, nǐ bié guǎn.

이 일은 너와 상관없는 일이니 너는 덩달아 상관하지 마라.

八九不离十 [bājiǔbùlíshí]

대체로. 거의. 십중팔구. 실제 상황에 매우 근접하다.

你说的和那件事八九不离十。

Nǐ shuō de hé nà jiàn shì bājiǔbùlíshí.

네 말은 그 일과 매우 근접해.

这件事他估计得八九不离十。

Zhè jiàn shì tā gūjì de bājiǔbùlíshí.

이 일은 십중팔구 그가 예측했어.

八字还没一撇儿 [bāzì hái méi yìpiěr]

팔자(八字)에서 한 필획인 삐침이 아직 그려지지 않았다. 즉, (일이나 상황이) 앞으로 어떻게 될지 모르겠다. 아직은 잘 모르겠다.

那件事儿八字还没一撇呢。

Nà jiàn shìr bāzì hái méi yìpiě ne.

그 일은 아직 잘 모르겠어요.

产品八字还没一撇呢, 他就把广告登出来了。

Chǎnpǐn bāzì hái méi yìpiě ne, tā jiù bǎ guǎnggào dēng chulai le.

상품이 앞으로 어떻게 될 지도 모르는데, 그는 벌써 광고를 게재했다.

拔尖儿 [bájiānr]

1. 뛰어나다. 출중하다.
2. 뽐내다. 자기를 내세우다.

他的学习成绩是拔尖儿的。

Tā de xuéxí chéngjì shì bájiānr de.
그의 학습 성적은 뛰어나다.

我们要培养拔尖儿的科技人才。
Wǒmen yào péiyǎng bájiānr de kējì réncái.
우리는 훌륭한 과학기술 인재를 양성해야 한다.

小明从小就爱拔尖儿。
Xiǎomíng cóngxiǎo jiù ài bájiānr.
샤오밍은 어렸을 때부터 자기를 내세우기를 좋아했다.

罢了 [bàle]

단지 ~일 뿐이다. (而已)
보통 '不过~罢了, 无非~罢了, 只是~罢了' 등으로 쓰인다.

别误会，我不过是问问罢了。
Bié wùhuì, wǒ búguò shì wènwen bàle.
오해하지 마, 난 그저 물어봤을 뿐이야.

这不过是我个人的意见罢了。
Zhè búguò shì wǒ gèrén de yìjiàn bàle.
이건 그저 내 개인의 의견일 뿐이야.

白 [bái]

공짜로. 괜히. 쓸데없이. 헛되이. (동사 앞에 부사로 쓰인다)

我走了，我不想在这儿白吃白住。
Wǒ zǒu le, wǒ bù xiǎng zài zhèr bái chī bái zhù.
저 갈래요. 저는 여기서 공짜로 밥 먹고 지내고 싶지 않아요.

我真讨厌他，每次来这儿都白吃白喝。

Wǒ zhēn tǎoyàn tā, měicì lái zhèr dōu bái chī bái hē.

나는 정말 그를 싫어한다. 매번 여기서 공짜로 먹고 공짜로 마신다.

你别白费力气了。

Nǐ bié bái fèi lìqì le.

쓸데없이 힘 빼지 마라.

白搭 [báidā]

헛일하다. 헛수고하다. 소용없다. 도움이 안 되다. 공연한 일이다.

你再去也是白搭。

Nǐ zài qù yě shì báidā.

네가 다시 가 봐도 역시 소용없다.

三天的工夫算白搭进去了，工程一点儿进展也没有。

Sān tiān de gōngfu suàn báidā jìnqù le, gōngchéng yìdiǎnr jìnzhǎn yě méiyǒu.

삼일 간 노력을 헛수고한 셈이니, 공사는 조금의 진척도 없다.

白费劲儿 [bái fèijìnr]

헛수고하다.

你白费劲了，已经过期了。

Nǐ bái fèijìnle, yǐjīng guòqì le.

당신 헛수고 했네요, 시일이 이미 지났어요.

真倒霉，白费劲儿。

Zhēn dǎoméi, bái fèijìnr.

진짜 재수 없네, 헛수고만 했어.

白开水 [báikāishuǐ]

끓인 맹물. 맹탕. 무미건조하다.

父亲退休后，一直在家过着白开水般的生活。
Fùqīn tuìxiū hòu, yìzhí zài jiā guòzhe báikāishuǐ bān de shēnghuó.
아버지는 퇴직한 이후 하루 종일 집에서 무미건조한 생활을 하고 계신다.

老实说，你的作文就像一碗白开水，你还得好好儿修改。
Lǎoshí shuō, nǐ de zuòwén jiù xiàng yì wǎn báikāishuǐ, nǐ hái děi hǎohāor xiūgǎi.
솔직히 말해서 맹탕 같다. 너 좀 더 열심히 수정해야 해.

摆谱儿 [bǎipǔr]

'족보를 내 놓다'에서 유래
겉치레를 좋아하다. 허세를 부리다. 거드름피우다.

再富裕也不能摆谱儿。
Zài fùyù yě bù néng bǎipǔr.
아무리 부유하더라도 허세를 부려서는 안 된다.

当官为民，不能在老百姓面前摆谱儿。
Dāngguān wèi mín, bù néng zài lǎobǎixìng miànqián bǎipǔr.
국민을 위해 관리가 되었다면, 국민 앞에서 거드름피워서는 안 된다.

败在~的手下(脚下) [bàizài~de shǒuxià(jiǎoxià)]

~의 손아래(발아래)에 무너지다.

美国和中国女子排球赛中，美国队败在中国队的手下。

Měiguó hé Zhōngguó nǚzi páiqiúsài zhong, měiguóduì bài zài zhōngguóduì de shǒuxià.

미국과 중국의 여자 배구 경기에서 미국팀은 중국팀의 손아래에 무너졌다.

昨天晚上的足球比赛，日本队败在韩国队的脚下。

Zuótiān wǎnshang de zúqiúbǐsài, rìběnduì bài zài hánguóduì de jiǎoxià.

어제 저녁 축구시합에서 일본팀은 한국팀의 발아래에 무너졌다.

~般的 [bān de]

~와 같은.

最近他过得很逍遥，简直过着神仙般的生活。

Zuìjìn tā guò de hěn xiaōyáo, jiǎnzhí guòzhe shénxiān bān de shēnghuó.

최근에 그는 유유자적한 생활을 하고 있는데, 그야말로 신선과 같은 생활을 보내고 있어.

看着她军人般的打扮，我觉得真奇怪。

Kànzhe tā jūnrén bān de dǎban, wǒ juéde zhēn qíguài.

군인과 같은 그녀의 옷차림을 보면, 정말 이상해.

般配 [bānpèi]

짝이 맞다. 걸맞다. 어울리다.

他俩一个活泼一个沉稳，好像不太般配啊。

Tā liǎ yí ge huópō yí ge chénwěn, hǎoxiàng bú tài bānpèi a.
그 둘은 하나는 활발하고 하나는 진중하여, 그다지 어울리지 않는 것 같아요.

新郎新娘真的很般配，简直是天生一对。
Xīnláng xīnniáng zhēn de hěn bānpèi, jiǎnzhí shì tiānshēngyíduì.
신랑과 신부가 정말 잘 어울린다. 그야말로 천생연분이다.

半边天 [bànbiāntiān]

하늘의 반쪽. 사회(세상)의 반쪽. 신시대 여성.

妇女能顶半边天。
Fùnǚ néng dǐng bànbiāntiān.
여성이 사회의 절반을 떠받칠 수 있다. (1950년대 마오쩌둥이 한 말)

这么大的事儿，没有半边天的力量，行吗?
Zhème dà de shìr, méiyǒu bànbiāntiān de lìliang, xíng ma?
이렇게 큰일을 현대 여성의 역량이 없이 가능할까?

绊脚石 [bànjiǎoshí]

방해물. 장애물. 걸림돌

害怕批评是成功的绊脚石。
Hàipà pīpíng shì chénggōng de bànjiǎoshí.
비평을 두려워하는 것은 성공의 장애물이다.

以前，孔子被认为是现代化的绊脚石，可现在他成为了中国文化的象征。
Yǐqián, Kǒngzǐ bèi rènwéi shì xiàndàihuà de bànjiǎoshí, kě xiànzài tā
chéngwéile Zhōngguó wénhuà de xiàngzhēng.
이전에 공자는 현대화의 걸림돌이라고 여겨졌으나 현재는 중국문화의 상징이 되었다.

半斤八两 [bànjīnbāliǎng]

피차일반. 어슷비슷하다. 도토리 키 재기.

你不要嘲笑他，你跟他都是半斤八两。
Nǐ bú yào cháoxiào tā, nǐ gēn tā dōu shì bànjīnbāliǎng.
너 그 사람 비웃지마, 너랑 그 사람은 피차일반이니까.

你们俩的意见好也好不了多少，彼此半斤八两。
Nǐmen liǎ de yìjiàn hǎo yě hǎobùliǎo duōshǎo, bǐcǐ bànjīnbāliǎng.
너희 둘의 의견은 좋아봐야 얼마 더 좋지도 않고 피차일반이야.

半瓶醋 [bànpíngcù]

병에 식초가 반밖에 없다. 얼치기. 돌팔이. 수준 미달인 사람.

我的汉语是半瓶醋。
Wǒ de hànyǔ shì bànpíngcù.
내 중국어 실력은 수준미달이야.

你这半瓶醋的技术，竟敢把电视机拆了。
Nǐ zhè bànpíngcù de jìshù, jìnggǎn bǎ diànshìjī chāi le.
네 이 돌팔이 기술로 감히 텔레비전을 분해하다니.

伴随着 [bànsuízhe]

~이 뒤따르다.

恋爱总伴随着小麻烦。
Liàn'ài zǒng bànsuízhe xiǎo máfan.
연애에는 언제나 작은 어려움이 뒤따른다.

成功之路总伴随着种种困难。
Chénggōng zhī lù zǒng bànsuízhe zhǒngzhǒng kùnnán.
성공에 이르는 길에는 언제나 갖은 고난이 뒤따른다.

扮演~角色 [bànyǎn~juésè]

~역할을 맡다.

那个演员主要扮演反面角色，所以印象不是很好。
Nàge yǎnyuán zhǔyào bànyǎn fǎnmiàn juésè, suǒyǐ yìnxiàng bú shì hěn hǎo.
그 연예인은 주로 악역을 맡았으므로 인상이 좋지 않다.

美国在本次会谈中扮演着主人公的角色。
Měiguó zài běn cì huìtán zhōng bànyǎnzhe zhǔréngōng de juésè.
미국은 이번 회담에서 주인공의 역할을 맡고 있다.

拌嘴 [bànzuǐ]

말다툼하다. 입씨름하다.

他俩从来不拌嘴。
Tā liǎ cónglái bù bànzuǐ.
그들 둘은 여태껏 말다툼한 적이 없다.

他俩只是拌了几句嘴，算不了什么，一会儿就又玩儿到一块儿了。

Tā liǎ zhǐshì bànle jǐ jù zuǐ, suànbuliǎo shénme, yíhuìr jiù yòu wánr dào yíkuàir le.

그들 둘은 몇 마디 말다툼을 하였으나 별일 아니었기에 조금 있다 또 같이 놀게 되었다.

包圆儿 [bāoyuánr]

(물건 또는 남은 물건을) 통째로 사다. 전부 담당하다(책임지다).

剩菜我包圆儿了。

Shēng cài wǒ bāoyuánr le.

남은 음식은 모두 내가 먹을게.

这几斤苹果您包圆儿吧。

Zhè jǐ jìn píngguó nín bāoyuánr ba.

사과가 몇 근 남았는데, 당신이 모두 사시오.

包在我身上 [bāozài wǒshēnshang]

내가 책임질게! 나한테 맡겨!

包在我身上，你歇一会儿吧。

Bāozài wǒshēnshang, nǐ xiē yīhuìr ba.

저에게 맡기고 당신은 좀 쉬세요.

出国的一切手续都包在我身上，放心吧！

Chūguó de yíqiè shǒuxù dōu bāozài wǒshēnshang, fàngxīn ba!

출국에 관한 모든 수속은 제가 책임질 테니 안심하세요!

保持~局面 [bǎochí~júmiàn]

국면을 지키다.

由于外交官事件, 现在韩俄两国的关系仍然保持着冷淡局面。

Yóuyú wàijiāoguān shìjiàn, xiànzài Hán-É liǎng guó de guānxi réngrán bǎochízhe lěngdàn júmiàn.

외교관 사건으로 인해, 현재 한국과 러시아 두 나라 관계는 여전히 냉담한 국면을 지키고 있다.

韩日两国国家队足球比赛仍保持着一比一平手的局面。

Hán-Rì liǎngguó guójiāduì zúqiúbǐsài, réng bǎochízhe yī bǐ yī píngshǒu de júmiàn.

한일 두 나라 국가대표팀 축구시합은 여전히 일대일 무승부의 국면을 유지하고 있습니다.

保管 [bǎoguǎn]

보관하다. 보증하다. 꼭. 틀림없이. 어김없이.

你尝尝, 保管你这次吃了下次还想吃。

Nǐ chángchang, bǎoguǎn nǐ zhècì chī le xiàcì hái xiǎng chī.

너 한번 시식해봐라, 이번에 먹고 나면 틀림없이 다음에 또 먹고 싶어 질 거야.

你放心吧, 这件事交给我, 保管错不了。

Nǐ fàngxīn ba, zhè jiàn shì jiāogěi wǒ, bǎoguǎn cuòbuliǎo.

걱정하지 마, 이 일을 내게 맡기면 틀림없이 잘못될 리 없어.

保准儿 [bǎozhǔnr]

반드시 틀림없이 ~일 것이다.(= 一定, 必定)

我看你这点儿要求, 爸爸保准儿能满足, 你放心吧!
Wǒ kàn nǐ zhèdiǎnr yāoqiú, bàba bǎozhǔnr néng mǎnzú, nǐ fàngxīn ba!
네가 이정도로 요구하는 것을 보니, 아빠는 틀림없이 만족할 거야, 안심해라!

你批评得那么诚恳, 我保准儿改。
Nǐ pīpíng de nàme chéngkěn, wǒ bǎozhǔnr gǎi.
네가 이렇게 진심으로 지적해주니 내가 반드시 고칠게.

抱不平 [bào bùpíng]

(남이 부당한 대우를 받는 것에 대해) 의분을 느끼다. 불만을 품다. 분노하다.

小明犯了错误, 经理却批评海珍, 大家都为海珍抱不平。
Xiǎomíng fànle cuòwù jīnglǐ què pīpíng Hǎizhēn, dàjiā dōu wèi Hǎizhēn bào bùpíng.
샤오밍이 잘못했는데, 사장은 오히려 해진을 비평해서 모두들 해진을 위해 분노했다.

人家两口子吵嘴, 你何必为谁抱不平呢?
Rénjiā liǎngkǒuzi chǎozuǐ, nǐ hébì wèi shéi bào bùpíng ne?
그들 부부가 말다툼하는데, 네가 구태여 누구를 위해 분노할 필요가 있는가?

抱佛脚 [bào fójiǎo]

급하면 부처를 찾는다. 평소에는 연락도 없다가 급할 땐 애걸한다. 벼락치기.

平时不努力, 临时抱佛脚有什么用?

Píngshí bù nǔlì, línshí bào fójiǎo yǒu shénme yòng?
평소에 열심히 하지 않다가 벼락치기하면 무슨 소용이 있니?

你现在才来抱佛脚已经晚了。
Nǐ xiànzài cái lái bào fójiǎo yǐjīng wǎn le.
네가 이제야 와서 급하게 매달리니 이미 늦었어.

背黑锅 [bēi hēiguō]

남을 대신해서 죄를 뒤집어쓰다. 억울함을 당하다.

凭什么让我背你的黑锅?
Píng shénme ràng wǒ bēi nǐ de hēiguō?
왜 내가 너의 잘못을 뒤집어써야 하는 건데?

背了十年的黑锅, 今天总算洗刷干净了。
Bēile shí nián de hēiguō, jīntiān zǒngsuàn xǐshuā gānjìng le.
10년 동안 억울하게 누명썼는데, 오늘 마침내 깨끗이 누명 벗게 되었다.

笨鸟先飞 [bènniǎoxiānfēi]

둔한 새가 먼저 난다
능력이 모자란 사람이 남에게 뒤질까 봐 먼저 행동을 개시한다.

我比不了大家, 只好笨鸟先飞了。
Wǒ bǐbuliǎo dàjiā, zhǐhǎo bènniǎoxiānfēi le.
나는 남들만큼 안 되니까, 먼저 시작할 수밖에 없어.

我走得慢, 先走了, 笨鸟先飞嘛。
Wǒ zǒu de màn, xiān zǒu le, bènniǎoxiānfēi ma.
난 걸음이 더디니까, 먼저 떠나겠어, 굼뜬 새가 먼저 난다지 않아.

甭说 [béngshuō]

~은 말할 것도 없다.

连小孩儿都知道, 甭说大人了。
Lián xiǎoháir dōu zhīdào, béngshuō dàrén le.
어린이도 다 아는데, 어른은 말할 것도 없다.

这箱子三个人都抬不动, 更甭说您一个人了。
Zhè xiāngzi sān ge rén dōu táibudòng, gèng béngshuō nín yí ge rén le.
이 상자는 세 사람도 들지 못하는데, 더군다나 한 사람은 더 말할 것도 없지.

鼻子不是鼻子, 脸不是脸 [bízi búshì bízi, liǎn búshì liǎn]

코가 코가 아니고, 얼굴이 얼굴이 아니다. 무척 노하고 있다. 버럭 화를 내다.

他刚刚挨了老师的批评! 怪不得, 鼻子不是鼻子, 脸不是脸的。
Tā gānggāng áile lǎoshī de pīpíng! guàibude, bízi búshì bízi, liǎn búshì liǎn.
그는 지금 막 선생님한테 꾸지람을 들었어! 어쩐지 안색이 안 좋더라.

我又没招惹你, 干吗鼻子不是鼻子, 脸不是脸的?
Wǒ yòn méi zhāorě nǐ, gànmá bízi búshì bízi, liǎn búshì liǎn?
내가 너를 건드린 것도 아닌데, 왜 버럭 화를 내고 그래?

彼此彼此 [bǐcǐbǐcǐ]

피차일반.

咱们彼此彼此, 我的英语水平也比你好不了多少。
Zánmen bǐcǐbǐcǐ, wǒ de Yīngyǔ shuǐpíng yě bǐ nǐ hǎobuliǎo duōshǎo.

우리는 피차일반이야, 내 영어 수준도 너보다 얼마 더 좋지도 않아.

您太客气了，咱们**彼此彼此**。
Nín tài kèqi le, zánmen bǐcǐbǐcǐ.
너무 겸손하시네요. 우리는 피차 마찬가지입니다.

比上不足，比下有余 [bǐshàngbùzú, bǐxiàyǒuyú]
위에 비하면 조금 떨어지고, 아래에 비하면 조금 낫다.
현 상황에 만족하다. 좋지도 나쁘지도 않다.

我们住的这套房子，可以说**比上不足，比下有余**。
Wǒmen zhù de zhè tào fángzi, kěyǐ shuō bǐshàngbùzú, bǐxiàyǒuyú.
우리가 머무는 이 집은 좋지도 나쁘지도 않다고 말할 수 있지.

我的收入**比上不足，比下有余**，也就不错了。
Wǒ de shōurù bǐshàngbùzú, bǐxiàyǒuyú, yě jiù búcuò le.
내 수입은 위에 비하면 적지만, 아래에 비하면 좀 낫죠, 그래도 괜찮은 편입니다.

比谁都~ [bǐ shéi dōu~]
그 누구보다도~하다.

你的心**比谁都**懦弱，你成不了大事。
Nǐ de xīn bǐ shéi dōu nuòruò, nǐ chéngbuliǎo dàshì.
너의 마음은 그 누구보다도 나약해서 너는 큰일을 이룰 수 없어.

她**比谁都**善良，绝对干不了坏事。
Tā bǐ shéi dōu shànliáng, juéduì gànbuliǎo huàishì.
그녀는 누구보다도 선량하여 절대로 나쁜 짓을 하지 못할 거야.

避风港 [bìfēnggǎng]

대피소. 피난처. 안전지대.

文革时期, 医院成了他的避风港。
Wéngé shíqī, yīyuàn chéngle tā de bìfēnggǎng.
문혁(문화대혁명) 시기에 병원은 그의 피난처가 되었다.

战争是一场巨大的灾难, 我们根本找不到避风港。
Zhànzhēng shì yì chǎng jùdà de zāinàn, wǒmen gēnběn zhǎobudào bìfēnggǎng.
전쟁은 거대한 재앙으로 우리는 안전지대를 전혀 찾을 수 없다.

毕竟 [bìjìng]

필경. 여하튼. 결국.

别生他的气了, 毕竟他还是个孩子。
Bié shēng tā de qì le, bìjìng tā hái shì ge háizi.
걔한테 화내지 마세요, 어쨌든 걔는 아직 어린아이잖아요.

他毕竟是个快要离开这里的外国人, 你干嘛对他那么刻薄？
Tā bìjìng shì ge kuàiyào líkāi zhèli de wàiguórén, nǐ gànma duì tā nàme kèbó?
그는 필경 이 곳을 곧 떠날 외국인인데, 왜 그렇게 박정하게 그를 대하지요?

变卦 [biànguà]

(본래 약정한 것을) 갑자기 바꾸다. 마음을 바꾸다. 사정이 변하다.

他一点儿主见也没有, 别人一说他就变卦。

Tā yìdiǎnr zhǔjiàn yě méiyǒu, biérén yì shuō tā jiù biànguà.
그는 조금의 주관도 없이 다른 사람이 말하자 바로 마음을 바꾸었다.

说不定你又要变卦，现在走吧！
Shuōbudìng nǐ yòu yào biànguà, xiànzài zǒu ba!
네 마음이 또 바뀔지도 모르니까 지금 가자!

变着法儿 [biànzhefǎr]

갖가지 방법을 쓰다. 갖가지 계략을 강구하다.

妈妈每天变着法儿地给孩子做好吃的。
Māma měitiān biànzhefǎr de gěi háizi zuò hǎochī de.
엄마는 매일 여러 가지 방법으로 아이에게 맛있는 것을 만들어준다.

百货公司总是变着法儿地让大家买他们的东西。
Bǎihuògōngsī zǒngshì biànzhefǎr de ràng dàjiā mǎi tāmen de dōngxi.
백화점에서는 늘 갖가지 수단으로 사람들이 그들의 물건을 사게끔 한다.

表露~看法 [biǎolù~kànfǎ]

견해를 표하다.

对于南北统一的问题，他表露了和平第一的看法。
Duìyú Nán-Běi tǒngyī de wèntí, tā biǎolùle hépíng dì-yī de kànfǎ.
남북한 통일 문제에 대해 그는 평화제일의 견해를 드러냈다.

经济部长在昨晚的记者招待会上表露了大力支援中小企业的看法。
Jīngjì bùzhǎng zài zuówǎn de jìzhě zhāodàihuì shàng biǎolùle dàlì zhīyuán
zhōngxiǎoqǐyè de kànfǎ.
경제부장관은 어제 저녁 기자 회견에서 중소기업을 크게 지원하는 관점을 표하였다.

表面上~, 骨子里~ [biǎomiànshàng~, gǔzilǐ~]

겉으로는~하나 속으로는 ~하다.

他表面上不动声色, 骨子里却早有打算。
Tā biǎomiànshàng búdòngshēngsè, gǔzilǐ què zǎo yǒu dǎsuàn.
그는 겉으로는 내색을 하지 않지만, 내심으로는 벌써 계획이 있다.

他表面上宽宏大量, 可骨子里却在斤斤计较。
Tā biǎomiànshàng kuānhóngdàliàng, kě gǔzilǐ què zài jīnjīnjìjiào.
그는 표면적으로는 관대하고 통이 큰 듯하나 속으로는 속이 좁아 매사를 따진다.

别看~ [bié kàn~]

~라고 여기지 마라. ~이나. ~지만. ~보지 마라.

别看他的头发都白了, 年纪并不老。
Bié kàn tā de tóufa dōu bái le, niánjì bìng bù lǎo.
그의 머리는 벌써 하얗게 세었으나 나이는 결코 많지 않아.

别看这个智能手机很小, 其实它的功能很多。
Bié kàn zhège zhìnéngshǒujī hěn xiǎo, qíshí tā de gōngnéng hěn duō.
이 스마트폰이 작다고 여기지 마세요, 기능은 엄청 많아요.

并不是 [bìng búshì~]

결코 ~이 아니다.

插队的行为并不是文化市民该有的行动。
Chāduì de xíngwéi bìng búshì wénhuà shìmín gāi yǒu de xíngdòng.
새치기 하는 행위는 결코 문화시민이 해야 할 행동이 아니야.

她说的**并不是**真的。

Tā shuō de bìng búshì zhēn de.

그녀의 말은 결코 진짜가 아니야.

不把~当一回事 [bù bǎ~dāng yìhuíhshì]

~을 개의치 않다. ~을 대수롭지 않게 여기다.

他根本**不把考试当一回事**。

Tā gēnběn bù bǎ kǎoshì dāng yìhuíhshì.

그는 시험을 조금도 개의치 않아.

敌人已逼到眼前了，可他根本**没把它当一回事**。

Dírén yǐ bì dào yǎnqián le, kě tā gēnběn méi bǎ tā dāng yìhuíhshì.

적은 이미 눈앞으로 다가왔으나 그는 전혀 그것을 대수롭지 않게 여겼다.

A 不比 [bùbǐ] B +형용사 (≒ A≦B)

A는 B보다 ~하지 않다. (A 和 B 差不多 : A는 B와 비슷할 수도 있다.)

A 不如 [bùrú] B +형용사 (≒ A<B)

A는 B보다 못하다. (형용사 생략 가능)

※ A 没有 B +형용사

　　A는 B만큼 ~하지 않다. (형용사 생략 불가)

这个味道**不比**我在大街上吃的差。

Zhège wèidào bùbǐ wǒ zài dàjiē shàng chī de chà.

이 맛은 내가 길가에서 먹었던 것보다 맛없지 않다.(비슷하거나 더 맛있다.)

这次考试**不比**上次难。

Zhècì kǎoshì bùbǐ shàngcì nán.

이번 시험은 지난번보다 어렵지 않다.(지난번과 같거나 더 쉽다)

他的汉语**不如**我好。
Tā de Hànyǔ bùrú wǒ hǎo.
그의 중국어 실력은 나만 못해.

讲能力，我**不如**你。
Jiǎng nénglì, wǒ bùrú nǐ.
능력으로 말하면, 내가 너보다 못하다.

我**没有**你那么胖。
Wǒ méiyǒu nǐ nàme pàng.
나는 너만큼 그렇게 뚱뚱하지 않다.

~不到哪儿去 [~budào nǎr qù]

별로(그다지) ~하지 않다.

上海的冬天也**冷不到哪儿去**。
Shànghǎi de dōngtiān yě lěngbudào nǎr qù.
상해의 겨울도 그다지 춥지 않아.

你写的汉字比我的**好不到哪儿去**。
Nǐ xiě de Hànzi bǐ wǒ de hǎobudào nǎr qù.
네가 쓴 한자는 내 것에 비해 그다지 좋지는 않아.
(네가 쓴 한자를 내 것과 비교하면 또한 거기서 거기야)

不得 [bùdé]

这是老板交代的任务, 马虎**不得**。
Zhè shì lǎobǎn jiāodài de rènwù, mǎhǔ bùdé.
이건 사장님이 분부하신 임무라서 그냥 대충해서는 안 돼.

这些文物动**不得**, 一动就不能恢复原样了。
Zhèxiē wénwù dòngbude, yí dòng jiù bù néng huīfù yuányàng le.
이 문물은 옮기면 안 되네, 옮기면 원상태를 회복할 수 없어.

不得无礼。
Bùdé wúlǐ.
무례해서는 안 된다.

墙上不是写着吗? **不得**随地吐痰.
Qiángshang búshi xiězhe ma? bùdé suídì tǔ tán。
벽에 쓰여 있지 않나요? 아무데나 침을 뱉어서는 안 된다고.

不得不 [bùdebù]

부득불. 부득불. 반드시 ~해야 한다. ~하지 않으면 안 된다.

客户一直建议我干杯, **不得不**喝呀。
Kèhù yìzhí jiànyì wǒ gānbēi, bùdebù hē ya.
바이어가 계속 건배하자고 하는 바람에 어쩔 수 없이 마셨다니까.

同屋最讨厌烟味儿, 我**不得不**到外面去抽烟。
Tóngwū zuì tǎoyàn yānwèir, wǒ bùdebù dào wàimiàn qù chōuyān.
룸메이트가 담배 냄새를 제일 싫어해서 나는 어쩔 수 없이 밖으로 나가 담배를 핀다.

不得了 [bùdeliǎo]

큰일이다. 야단났다. 심하다. 대단하다.
'동사/형용사 +得 +不得了'처럼 정도 보어의 형태로 쓰이면 대단히 심함을 나타낸다.

这事要让她知道可不得了，非病一场不可。
Zhè shì yào ràng tā zhīdào kě bùdeliǎo, fēi bìng yì chǎng bùkě.
이 일을 그녀가 알게 되면 큰일이야, 반드시 한차례 앓을 거야.

父母从美国来北京看他，他高兴得不得了。
Fùmǔ cóng Měiguó lái Běijīng kàn tā, tā gāoxìng de bùdeliǎo.
부모님이 미국에서 북경으로 그를 보러 오자 그는 한없이 기뻤다.

不得已 [bùdéyǐ]

부득이하다. 마지못하다. 하는 수 없이.

做手术也是不得已的事，你别着急了。
Zuò shǒushù yě shì bùdéyǐ de shì, nǐ bié zháojí le.
수술하는 것도 부득이한 일이니, 너는 조급해하지 마라.

实在不得已，飞机又飞回了仁川。
Shízài bùdéyǐ, fēijī yòu fēihuíle Rénchuān.
정말 어쩔 수 없어서 비행기가 다시 인천으로 회항했다.

他肚子疼得很厉害，不得已才放弃了足球比赛。
Tā dùzi téng de hěn lìhai, bùdéyǐ cái fàngqìle zúqiú bǐsài.
그는 배가 너무 아파서 하는 수 없이 축구시합을 포기했다.

不妨 [bùfáng]

무방하다. 괜찮다.

要是你喜欢这件衣服, 不妨试试一下。
Yàoshì nǐ xǐhuan zhè jiàn yīfu, bùfáng shìshi yíxià.
당신이 이 옷을 좋아한다면 입어 봐도 괜찮아요.

你不妨出差回来以后再还给我三百块。
Nǐ bùfáng chūchāi huílái yǐhòu zài huángěi wǒ sānbǎi kuài.
출장에서 돌아온 후에 내게 300위안을 돌려줘도 괜찮아.

不放在眼里 [búfàng zài yǎnli]

눈에 차지 않다. 마음에 들지 않다. 안중에 없다.

那个女的不把工薪族放在眼里。
Nàge nǚ de bù bǎ gōngxīnzú fàng zài yǎnli.
그 여자는 봉급쟁이 따위는 안중에도 없다.

连这件衣服她都不放在眼里, 她到底喜欢什么样的?
Lián zhè jiàn yīfu tā dōu búfàng zài yǎnli, tā dàodǐ xǐhuan shénmeyàng de?
이런 옷조차도 그녀는 모두 마음에 들어 하지 않는데, 그녀는 도대체 어떤 옷을 좋아하지?

他狂妄自大, 总不把别人放在眼里。
Tā kuángwàngzìdà, zǒng bú bǎ biérén fàng zài yǎnli.
그는 오만하고 방자하여 언제나 남을 무시한다.

不服老 [bùfúlǎo]

노인과 같은 행동을 취하기를 좋아하지 않다. 늙음을 인정하지 않다.

岁月不饶人，不服老不行啊。
Suìyuè bù ráo rén, bùfúlǎo bùxíng a.
세월을 속일 수 없군, 늙음을 인정하지 않을 수 없네.

他都八十多岁了，可一点也不服老。
Tā dōu bāshí duō suì le, kě yìdiǎn yě bùfúlǎo.
그는 여든이 넘었는데도 늙었다고 체념하는 부분이 조금도 없어.

不管/不论/无论~，都/也~ [bùguǎn/búlùn/wúlùn~, dōu/yě~]

~을 막론하고 ~하다. ~에 관계없이 ~하다.

你不管怎么说，我都要去。
Nǐ bùguǎn zěnme shuō, wǒ dōu yào qù.
네가 뭐라 한들 나는 갈 거야.

不管减不减肥，你都是个美女。
Bùguǎn jiǎn bù jiǎnféi, nǐ dōu shì ge měinǚ.
살을 빼든 안 빼든, 너는 예쁜 사람이야.

不管别人怎么说，她一点儿也不在乎。
Bùguǎn biérén zěnme shuō, tā yìdiǎnr yě búzàihu.
다른 사람이 뭐라고 말하든 그녀는 조금도 신경 쓰지 않는다.

不管三七二十一 [bùguǎn sānqīèrshíyī]

앞뒤를 가리지 않고 무턱대고. 다짜고짜로. 물불을 가리지 않고.

我知道那儿在大甩卖，于是我就**不管三七二十一**挤了进去。
Wǒ zhīdào nàr zài dà shuǎimài, yúshì wǒ jiù bùguǎn sānqīèrshíyī jǐ le jìnqù.
나는 저기서 대폭 할인한다는 것을 알고 앞뒤 가리지 않고 비집고 들어갔다.

一拖再拖就没救了，我**不管三七二十一**，背起她向急诊室跑去。
Yìtuō zàituō jiù méi jiù le, wǒ bùguǎn sānqīèrshíyī, bèiqǐ tā xiàng jízhěnshì pǎoqù.
질질 끌면 못 구할 것 같아 나는 물불가리지 않고 그녀를 등에 업고 응급실로 향해 뛰어갔다.

什么事都**不管三七二十一**就同意，真是不负责任的行为。
Shénme shì dōu bùguǎn sānqīèrshíyī jiù tóngyì, zhēn shì bú fùzérèn de xíngwéi.
어떤 일이든 무턱대고 동의하는 것은 정말 무책임한 행위이다.

不管怎么样 [bùguǎn zěnmeyàng]

여하튼간에.

不管怎么样，我都要去中国。
Bùguǎn zěnmeyàng, wǒ dōu yào qù Zhōngguó.
여하튼간에 나는 중국에 갈 거야.

不管怎么样，他是你的亲生爸爸。
Bùguǎn zěnmeyàng, tā shì nǐ de qīnshēng bàba.
여하튼간에 그는 너의 생부야.

~不过 [~buguò]

说不过我，就承认吧。
Shuōbuguò wǒ, jiù chéngrèn ba.
말로 나를 못 이기겠으면 인정하시지.

他是长跑冠军，我跑不过他。
Tā shì chángpǎo guànjūn, wǒ pǎobuguò tā.
그는 장거리 달리기 우승자여서 나는 그를 앞지를 수 없어.

他打网球打得非常好，你打不过他。
Tā dǎ wǎngqiú dǎ de fēicháng hǎo, nǐ dǎbuguò tā.
그는 테니스를 굉장히 잘 쳐서 너는 그를 이길 수 없어.

~不过来 [~bu guòlái]

~할 수 없다. 즉, 많거나 정도가 심하거나 능력 부족으로 ~할 수 없다.

展示的东西这么多啊，我看不过来。
Zhànshì de dōngxi zhème duō a, wǒ kàn bu guòlái.
전시된 물건이 이렇게 많으니 나는 다 못 보겠다.

最近事情太多了，我一个人做不过来。
Zuìjìn shìqíng tài duō le, wǒ yí ge rén zuò bu guòlái.
최근에 일이 너무 많아서 나 혼자 다 해낼 수 없다.

天啊！假期去长城的人那么多啊，数不过来。
Tiān a! jiàqī qù chángchéng de rén nàme duō a, shǔ bu guòlái.
아이고! 쉬는 날 만리장성에 가는 사람이 그렇게 많으니 헤아릴 수 없겠다.

不含糊 [bùhánhu]

대충하지 않다. 빈틈이 없다. 소홀하지 않다. 우물쭈물하지 않다. 야무지다. 진지하다.

她办起事来一点儿也不含糊。
Tā bànqǐ shì lái yìdiǎnr yě bùhánhu.
그녀가 일을 처리하면 조금도 빈틈이 없다.

这么重要的事，他绝不含糊。
Zhème zhòngyào de shì, tā jué bùhánhu.
이렇게 중요한 일에 대해 그는 절대 우물쭈물하지 않는다.

小明真不含糊，什么工作都完成得这么好。
Xiǎomíng zhēn bùhánhu, shénme gōngzuò dōu wánchéng de zhème hǎo.
샤오밍은 정말 야무져서 어떤 일도 이렇게 잘 완성한다.

不记~的仇 [bújì~de chóu]

누구와의 원한을 잊다.

事情过去就过去吧，我也不记你的仇。
Shìqing guòqù jiù guòqù ba, wǒ yě bújì nǐ de chóu.
지난 일은 잊어버려요, 나도 당신과의 원한을 잊을게요.

他心胸宽大，不会记你的仇。
Tā xīnxiōng kuāndà, bú huì jì nǐ de chóu.
그는 마음이 넓어 당신과의 원한을 생각하지 않을 것입니다.

不见得 [bújiàndé]

반드시 ~라고는 할 수 없다. ~라고는 생각되지 않다. (= 不一定)
주관적인 판단을 나타내므로, 我看、看样子 등이 들어가기도 한다.

补药吃多了不见得对身体好。
Bǔyào chī duō le bújiàndé duì shēntǐ hǎo.
보약을 많이 먹는다고 해서 몸에 반드시 좋은 것은 아니야.

看样子, 他不见得能参加会议。
Kànyàngzi, tā bújiàndé néng cānjiā huìyì.
보아하니, 그가 반드시 회의에 참석할 수 있는 것은 아니야.

下这么大的雨, 我看他不见得会来。
Xià zhème dà de yǔ, wǒ kàn tā bújiàndé huì lái.
이렇게 많은 비가 오는데, 내 보기에 그가 반드시 온다고 볼 수는 없을 거 같아.

不禁 [bùjīn]

~을 금할 수 없다. 금치 못하다. 견디지 못하다.

50岁以上的人每10名中就有4名, 我不禁感到惊讶。
50 suì yǐshàng de rén měi 10 míng zhōng jiù yǒu 4 míng, wǒ bùjīn gǎndào jīngyà.
인구 10명 가운데 4명이 50세 이상이라니, 나는 놀라움을 금치 못했다.

看着这些情景, 我不禁想起了妈妈。
Kànzhe zhèxiē qíngjǐng, wǒ bùjīn xiǎngqǐ le māma.
이런 상황을 보고 있자니, 나도 모르게 절로 엄마 생각이 났다.

不仅 A 而且 B [bùjǐn A érqiě B]

A할뿐만 아니라 게다가 B하다.(= 不光/不但 A /也/还/并且 B)
A, B의 내용이 비슷해야 한다. 둘 다 긍정적이거나 부정적이어야 한다.

不仅无用**而且**有害。
Bùjǐn wúyòng érqiě yǒuhài.
쓸모없을 뿐만 아니라 해롭다.

中国**不仅**面积很大，**而且**人也很多.
Zhōngguó bùjǐn miànjī hěn dà, érqiě rén yě hěn duō.
중국은 면적이 클 뿐만 아니라 사람도 많아.

不可开交 [bùkěkāijiāo]

눈코 뜰 새 없다. 해결할 수 없다. 벗어날 수 없다. (한데 뒤엉켜) 떼어 놓을 수
없다. ('得' 뒤의 보어로 쓰이며, 정도가 심함을 나타냄)

现在我忙得**不可开交**。
Xiànzài wǒ máng de bùkěkāijiāo.
지금 나는 눈코 뜰 새 없이 바쁘다.

他们俩吵得**不可开交**，谁劝也不行.
Tāmen liǎ chǎo de bùkěkāijiāo, shéi quàn yě bùxíng.
그들 둘이 싸우는 걸 말릴 수 없어, 누구도 말릴 수 없어.

谁都不愿意放弃自己的意见，争得**不可开交**。
Shéi dōu bú yuànyì fàngqì zìjǐ de yìjiàn, zhēng de bùkěkāijiāo.
누구도 자신의 의견을 포기하려고 하지 않아 논쟁이 끝날 기미가 보이지 않는다.

不愧~ [búkuì~]

~에 부끄럽지 않다. ~라고 할만하다. 손색없다.

英语考试得了满分，你真不愧是我的学生。
Yīngyǔ kǎoshì dé le mǎnfēn, nǐ zhēn búkuì shì wǒ de xuésheng.
영어 시험에서 만점 받았네, 넌 정말 내 제자라고 할만하다.

他不愧是我们的班长。
Tā búkuì shì wǒmen de bānzhǎng.
그는 우리들의 반장이 되기에 손색이 없다.

不了了之 [bùliǎoliǎozhī]

대충 마무리 짓다. 중간에서 흐지부지 그만두다.

那件事就这样不了了之了。
Nà jiàn shì jiù zhèyàng bùliǎoliǎozhī le.
그 일은 그냥 이렇게 흐지부지 되었다.

做什么事都应该有始有终，不能这样不了了之。
Zuò shénme shì dōu yīnggāi yǒushǐyǒuzhōng, bù néng zhèyàng
bùliǎoliǎozhī.
어떤 일을 하던지 유종의 미를 거두어야지, 이렇게 흐지부지하면 안 된다.

不免~ [bùmiǎn~]

~을 면할 수 없다. 피치 못하다.

做了坏事，不免受良心的责备。
Zuò le huàishì, bùmiǎn shòu liángxīn de zébèi.

나쁜 짓을 하면 반드시 양심의 가책을 받게 된다.

你这样当面拒绝他，**不免**太绝了一点。
Nǐ zhèyàng dāngmiàn jùjué tā, bùmiǎn tài jué le yìdiǎn.
네가 이렇게 면전에서 그를 거절하면 아무래도 너무 좀 심하죠.

不配 [búpèi]

~할 자격이 없다.

你**不配**当我的丈夫。
Nǐ búpèi dāng wǒ de zhàngfu.
당신은 내 남편이 될 자격이 없어요.

你**不配**留在学校受人尊敬。
Nǐ búpèi liúzài xuéxiào shòu rén zūnjìng.
당신은 학교에 남아서 사람들의 존경을 받을 자격이 없어요.

不起眼(儿) [bùqǐyǎn(r)]

눈에 띄지 않다. 눈에 차지 않다. 볼품없다. 남의 주목을 끌지 못하다.

她长得**不起眼**，但是很聪明。
Tā zhǎng de bùqǐyǎn, dànshì hěn cōngmíng.
그녀는 눈에 띄지 않지만, 매우 총명해요.

别看这把梳子**不起眼儿**，这可是一千年前的东西。
Bié kàn zhè bǎ shūzi bùqǐyǎnr, zhè kěshì yìqiān nián qián de dōngxi.
이 빗을 보잘 것 없다고 보지 마라, 이것은 천 년 전의 것이야.

不起眼儿的那个小孩子，在奥运会上却拿了个冠军，真没想到。
Bùqǐyǎnr de nàge xiǎoháizi, zài Àoyùnhuì shàng què ná le ge guànjūn, zhēn méi xiǎngdào.
볼품없게 생긴 저 아이가 올림픽에서 우승을 하다니, 정말 상상도 못했어.

不三不四 [bùsānbúsì]

(인품이) 너절하다. 단정하지 않다. 이도저도 아니다. 하찮다. 볼품이 없다. 행실이 바르지 않다. 얼토당토않다.

别跟那些**不三不四**的人来往。
Bié gēn nàxiē bùsānbúsì de rén láiwǎng.
저렇게 행실이 바르지 않는 사람과 왕래하지 마라.

她的打扮总显得**不三不四**的。
Tā de dǎban zǒng xiǎnde bùsānbúsì de.
그녀의 차림새는 늘 볼품없어 보인다.

你不要老说**不三不四**的话。
Nǐ bú yào lǎo shuō bùsānbúsì de huà.
너 자꾸 얼토당토한 말을 하지마라.

不胜~ [búshèng~]

~을 이길 길이 없다. 감당할 수 없다.

承蒙你们的盛情邀请，我们**不胜**感激。
Chéngméng nǐmen de shèngqíng yāoqǐng, wǒmen búshèng gǎnjī.
당신들의 두터운 정에 의한 초대를 받게 되어 그 고마움은 이루 헤아릴 수 없네요.

她**不胜**酒力，才喝了三杯就醉了。

Tā búshèng jiǔlì, cái hē le sān bēi jiù zuì le.

그녀는 술기운을 이기지 못하여 세 잔만 마시고 바로 취했다..

A 不是 A, B 不是 B [A búshì A, B búshì B]
= A 不像 A, B 不像 B [A búxiàng A, B búxiàng B]

A도 아니고 B도 아니다. A같지도 않고 B같지도 않다.

鬼**不是**鬼，人**不是**人，那是什么？

Guǐ búshì guǐ, rén búshì rén, nà shì shénme?

귀신도 아니고, 사람도 아닌 저게 뭐지?

现在有的年轻男人的样子，可以说是男**不像**男，女**不像**女。

Xiànzài yǒu de niánqīng nánrén de yàngzi, kěyǐ shuō shì nán búxiàng nán,
nǚ búxiàng nǚ.

요즘 어떤 젊은 남자들의 모습은 남자같지도 않고 여자같지도 않다고 할 수 있
어.

不是 A 而是 B [búshì A érshì B]

A가 아니고 B이다.

我**不是**学生，**而是**上班族。

Wǒ búshì xuésheng, érshì shàngbānzú.

나는 학생이 아니라 직장인이다.

我**不是**不想帮助你，**而是**没有能力帮助你。

Wǒ búshì bù xiǎng bāngzhù nǐ, érshì méiyǒu nénglì bāngzhù nǐ.

내가 너를 돕고 싶지 않은 것이 아니라 너를 도울 능력이 없어.

不是 A 就是 B [búshì A jiùshì B]

A가 아니면 B이다. (A거나 B이다. 둘 중 하나)

我周末**不是**在家里看电视，**就是**去咖啡厅看书。
Wǒ zhōumò búshì zài jiā li kàn diànshì, jiùshì qù kāfēitīng kàn shū.
나는 주말에 집에서 텔레비전을 보든지 카페에 가서 책을 본다.

他太忙了，**不是**在开会，**就是**在写报告。
Tā tài máng le, búshì zài kāihuì, jiùshì zài xiě bàogào.
그는 너무 바쁘다. 회의하지 않으면 보고서를 쓰고 있다.

不是 A 也是 B [bú shì A yě shì B]

A가 아니면 반드시 B이다.
= 不在 A 也在 B [bú zài A yě zài B]
= 不 A 也得 B [bú A yě děi B]

去英国**不**坐飞机**也得**坐船，反正不能坐火车。
Qù Yīngguó bú zuò fēijī yě děi zuò chuán, fǎnzhèng bù néng zuò huǒchē.
영국에 갈 때 비행기 아니면 반드시 배로 간다, 어쨌든 기차는 안 된다.

现在他**不在**教室**也在**电脑室，你去找吧。
Xiànzài tā bú zài jiàoshì yě zài diànnǎoshì, nǐ qù zhǎo ba.
지금 그가 교실에 있지 않으면 틀림없이 컴퓨터실에 있으니 네가 가서 찾아 봐.

不是时候 [búshì shíhou]

적합[적당]하지 않다. 때가 아니다.

你来得**不是时候**，他这几天病了，现在在家休息。

Nǐ lái de búshì shíhou, tā zhè jǐ tiān bìng le, xiànzài zài jiā xiūxi.
네가 때에 맞지 않게 왔구나, 그는 요 며칠 병이 나서 지금 집에서 쉬고 있어.

我去得不是时候，商店已经关门了。
Wǒ qù de búshì shíhou, shāngdiàn yǐjīng guānmén le.
가는 날이 장날이라더니 내가 갔을 때 상점은 이미 문 닫았다.

不是事儿 [búshì shìr]

(좋은) 방법(일)이 아니다.

你不吃饭，这么减肥可不是事儿。
Nǐ bù chī fàn, zhème jiǎnféi kě búshì shìr.
너는 밥도 안 먹어, 이렇게 살 빼는 것은 정말 좋은 방법이 아니야.

老师病了一个月了，总让别人代课真不是事儿。
Lǎoshī bìngle yí ge yuè le, zǒng ràng biérén dàikè zhēn búshì shìr.
선생님이 병난 지 한 달 되는데, 늘 남이 수업을 대신하는 것은 정말 방법이 아니지.

不是(滋)味儿 [búshi(zī)wèir]

재미없다. 맛없다. 기분이 언짢다. 마음이 괴롭다.

刚才他说的话，我越想越不是味儿。
Gāngcái tā shuō de huà, wǒ yuè xiǎng yuè búshìwèir.
방금 그가 한 말을 생각하면 할수록 기분이 더욱 언짢아.

看她那痛苦的样子，心里真不是滋味儿。
Kàn tā nà tòngkǔ de yàngzi, xīnli zhēn búshìzīwèir.
그녀가 그렇게 고통스러워하는 것을 보니 마음이 정말 괴로워.

不像话 [búxiànghuà]

(언행이) 말이 아니다. 꼴이 말이 아니다. 꼴불견이다.

无缘由地单方面悔约，真不像话。
Wú yuányóu de dānfāngmiàn huǐ yuē, zhēn búxiànghuà.
아무런 이유 없이 일방적으로 계약을 취소하다니, 정말로 말이 안 된다.

要放弃这样的工作，真不像话。
Yào fàngqì zhèyàng de gōngzuò, zhēn búxiànghuà.
이와 같은 일로 포기하는 것은 진짜 말이 안 된다.

不行了 [bùxíng le]

임종이 가깝다.

婆婆病重，快不行了，你得马上回来。
Lǎopópo bìngzhòng, kuài bùxíng le, nǐ děi mǎshàng huílái.
시어머니가 위독하여 곧 돌아가실 거 같아요, 당신은 즉시 돌아와야 해요.

他八成是不行了，通知家属吧。
Tā bāchéng shì bùxíng le, tōngzhī jiāshǔ ba.
그는 십중팔구 글렀네, 가족에게 알려라.

不要紧 [búyàojǐn]

괜찮다. 문제될 것 없다. 대수롭지 않다. 문제없다.

这次他只受了点儿轻伤，不要紧，休息几天就好了。
Zhècì tā zhǐ shòule diǎnr qīngshāng, búyàojǐn, xiūxi jǐ tiān jiù hǎo le.
이번에 그는 조금 다쳤을 뿐, 괜찮아, 며칠 쉬면 괜찮아질 거야.

他丢了那么多钱还说**不要紧**, 看来他真有钱。

Tā diūle nàme duō qián hái shuō búyàojǐn, kànlái tā zhēn yǒu qián.

그는 그렇게 많은 돈을 잃어버리고도 여전히 괜찮다고 말하는 걸 보니 그는 정말 돈이 많나봐.

不~也罢 [bù~yě ba]

~하지 않으면 어때요! ~하지 않아도 돼.

那种无情无义的女人**不等也罢**。

Nà zhǒng wúqíngwúyì de nǚren bù děng yě ba.

그런 무정하고 의리 없는 여자를 기다리지 않아도 돼!

打电话就行了, **不去也罢**。

Dǎ diànhuà jiù xíng le, bú qù yě ba.

전화하면 돼, 가지 않아도 된다!

不一定 [bùyídìng]

반드시 ~하는 것은 아니다. 꼭 ~한 것은 아니다. (未必)

他什么时候去还**不一定**。

Tā shénme shíhòu qù hái bùyídìng.

그가 언제 갈지 아직 미정이야.

他说的**未必尽然**。

Tā shuō de wèibì jìnrán.

그의 말이 반드시 다 그런 것은 아니야.

~不已 [~bùyǐ]

끝없이 ~하다. 그치지 않다. ~해 마지않다. 그만두지 않다.

春天樱花盛开的景色，真是令人陶醉不已。
Chūntiān yīnghuā shèngkāi de jǐngsè, zhēnshì lìng rén táozuì bùyǐ.
봄날 벚꽃이 활짝 핀 풍경은 정말이지 사람을 끝없이 취하게 한다.

BLACKPINK的服装、刀群舞令人惊叹不已。
BLACKPINK de fúzhuāng, dāoqūnwǔ lìng rén jīngtàn bùyǐ.
블랙핑크의 복장과 칼군무는 사람들을 끝없이 경탄하게 만드네.

不怎么~ [bùzěnme~]

별로 ~하지 않다. 그다지 ~하지 않다.

可以看得出来，她不怎么喜欢这里的环境。
Kěyǐ kàn de chūlái, tā bùzěnme xǐhuan zhèli de huánjìng.
그녀가 이 곳 환경을 그다지 좋아하지 않는 것을 알 수 있다.

他对中国文化不怎么感兴趣。
Tā duì Zhōngguó wénhuà bùzěnme gǎnxìngqù.
그는 중국문화에 대해 그다지 관심이 없다.

不怎么样 [bùzěnmeyàng]

그저 그렇다. 보통이다. 별로다. 평범하다. 별로 좋지 않다.

我认为那部电影不怎么样。
Wǒ rènwéi nà bù diànyǐng bùzěnmeyàng.

나는 그 영화가 별로라고 생각한다.

这个人**不怎么样**, 别理他。
Zhège rén bùzěnmeyàng, bié lǐ tā.
이 사람 별로야, 그와 상대하지 마라.

不知所措 [bùzhīsuǒcuò]

어찌할 바를 모르다. 갈팡질팡하다.

我从来没见过这样的场面, 一时**不知所措**。
Wǒ cónglái méi jiànguò zhèyàng de chǎngmiàn, yìshí bùzhīsuǒcuò.
나는 여태껏 이런 장면을 본 적이 없어서 잠시 어쩔 줄 몰랐다.

我一站上讲台就**不知所措**。
Wǒ yí zhàn shàng jiǎngtái jiù bùzhīsuǒcuò.
나는 교단에 서기만 하면 어쩔 줄을 모르겠어요.

不至于 [búzhìyú]

~에 이르지 못하다. ~에 미치지 않다. ~할 정도까지는 아니다.

你**不至于**连这么简单的道理也不明白吧?
Nǐ búzhìyú lián zhème jiǎndān de dàoli yě bù míngbai ba?
네가 이런 간단한 도리조차도 이해 못하는 건 아니지?

我虽然没有钱, 但**不至于**连吃饭的钱都没有。
Wǒ suīrán méiyǒu qián, dàn búzhìyú lián chī fàn de qián dōu méiyǒu.
내가 비록 돈이 없어도 밥 먹을 돈조차 없을 정도는 아니야.

不足挂齿 [bùzúguàchǐ]

거론할 만한 것이 못 되다. 문제로 삼을 만한 것이 못 되다. 보잘것없다.

这点小事不足挂齿，干脆忘掉吧。
Zhèdiǎn xiǎoshì bùzúguàchǐ, gāncuì wàngdiào ba.
이런 사소한 일은 거론할 만한 가치도 없으니 깨끗이 잊어버리세요.

请他帮忙找个好工作，对他来说，是不足挂齿的。
Qǐng tā bāngmáng zhǎo ge hǎo gōngzuò, duì tā láishuō, shì bùzúguàchǐ de.
그에게 좋은 직장을 찾는 데에 도와달라고 부탁하는 것은, 그의 입장에서는 사소한 것이다.

C

采取~措施 [cǎiqǔ~cuòshī]

조치를 취하다. 대책을 강구하다(마련하다). 손을 쓰다.

我们会采取一切措施查明事实真相。
Wǒmen huì cǎiqǔ yíqiè cuòshī chámíng shìshí zhēnxiāng.
우리는 모든 조치를 취하여 사실의 진상을 분명히 조사하여 밝힐 겁니다.

她指出面临变局，我们要及时采取紧急措施。
Tā zhǐchū miànlín biànjú, wǒmen yào jíshí cǎiqǔ jǐnjí cuòshī.
그녀는 비상사태에 직면하여 긴급 대책을 빨리 강구해야 한다고 제시했다.

插手 [chāshǒu]

개입하다. 간섭하다. 끼어들다.

我不想插手这件事。
Wǒ bù xiǎng chāshǒu zhè jiàn shì.
나는 이 일에 끼어들고 싶지 않아.

他们的爱情问题千万别插手。
Tāmen de àiqíng wèntí qiānwàn bié chāshǒu.
그들의 사랑 문제에 제발 함부로 끼어들지 마세요.

差点儿 [chàdiǎnr]

거의~할 뻔하다. 가까스로~할 뻔하다. 하마터면~할 뻔하다.
① 差点儿+동사
주로 就와 호응하여 바라던 일이 안타깝게 이루어지지 않음을 나타낸다.
② 差点儿 +没 +동사
바라던 일이 실현되지 않아서 다행이라는 의미를 가진다.
③ 바라지 않던 일이 가까스로 일어나지 않음을 나타낼 때에는
'差点儿+동사 = 差点儿+没+동사'의 형태가 같은 의미를 지닌다.

我妹妹差点儿就考上大学了。
Wǒ mèimei chàdiǎr jiù kǎoshàng dàxué le.
여동생은 거의 대학에 합격할 뻔했다. (대학에 불합격했다)

英语考试得了59分, 差点儿就通过了。
Yīngyǔ kǎoshì déle 59 fēn, chàdiǎnr jiù tōngguò le.
영어 시험 성적 59점 받았습니다, 거의 통과할 뻔했는데 말입니다. (통과 못했다)

他差点儿没考上大学。
Tā chàdiǎnr méi kǎoshàng dàxué.

그는 하마터면 대학에 떨어질 뻔했다. (다행히 대학에 붙었다)

这次我差点儿没买到这本名著。
Zhècì wǒ chàdiǎnr méi mǎidào zhè běn míngzhù.
이번에 나는 하마터면 이 명작을 사지 못할 뻔했다. (다행히 명작을 샀다)

今天我差点儿迟到。= 今天我差点儿没迟到。
Jīntiān wǒ chàdiǎnr chídào. = Jīntiān wǒ chàdiǎnr méi chídào.
오늘 나는 하마터면 지각할 뻔했다. (지각 안했다)

差劲儿 [chàjìnr]

(사람, 물건, 공연 등의 수준이) 형편없다. 수준이 떨어진다.
真(很)+差劲儿으로 흔히 사용된다.

你的身体可真差劲儿，怎么老感冒啊！
Nǐ de shēntǐ kě zhēn chàjìnr, zěnme lǎo gǎnmào a!
너 몸이 정말 형편없구나, 어떻게 늘 감기 걸리니!

这产品质量太差劲儿了。
Zhè chǎnpǐn zhìliàng tài chàjìnr le.
이 상품의 품질 수준 정말 떨어진다.

唱白脸(儿) [chàng báiliǎn(r)] ↔ 唱红脸(儿) [chàng hóngliǎn(r)]

악역을 맡다. 악인인 체하다. ↔ 좋은 역을 맡다. 좋은 사람 노릇을 하다.
(중국의 전통극에서 악역을 맡은 이는 얼굴을 하얗게 분장하고, 주인공은 얼굴을 붉게 분장한 데서 유래한 말)

他总是唱红脸。
Tā zǒngshì chàng hóngliǎn.

그는 늘 좋은 역할을 한다.

他们俩一个唱红脸，一个唱白脸，很配合。
Tāmen liǎ yí ge chàng hóngliǎn, yí ge chàng báiliǎn, hěn pèihé.
그 둘 중 하나는 좋은 역을 맡고, 하나는 악당 역을 맡아 서로 호흡이 잘 맞는다.

唱白脸的那个人演得很精彩。
Chàng báiliǎn de nàge rén yǎn de hěn jīngcǎi.
악역을 맡은 그 사람은 연기가 정말 뛰어나다.

唱高调(儿) [chàng gāodiào(r)]

말만 번드르르하다. 이상론만 늘어놓다. 흰소리하다. 허풍 치다.

老实人从来就不会唱高调。
Lǎoshi rén cónglái jiù bú huì chàng gāodiào(r).
성실한 사람은 절대 말을 번드르르하게 하지 않는다.

除了唱高调他还会什么？
Chúle chàng gāodiào(r) tā hái huì shenme?
허풍떠는 것 외에 그가 또 뭘 할 수 있는가?

朝~方向走 [cháo~fāngxiàng zǒu]

~의 방향을 향해 가다.

请问，去火车站应该朝哪个方向走？
Qǐngwèn, qù huǒchēzhàn yīnggāi cháo nǎgè fāngxiàng zǒu?
실례합니다, 기차역까지 가는데 어느 방향으로 가야 되요?

我们国家一直朝着世界化的方向走。

Wǒmen guójiā yìzhí shì cháozhe shìjièhuà de fāngxiàng zǒu.

우리나라는 줄곧 세계화의 방향으로 나아가고 있다.

炒鱿鱼 [chǎoyóuyú]

해고하다.

他昨天被公司炒鱿鱼了。

Tā zuótiān bèi gōngsī chǎoyóuyú le.

그는 어제 회사에서 잘렸어.

不想被炒鱿鱼, 只能听老板的话。

Bù xiǎng bèi chǎoyóuyú, zhǐ néng tīng lǎobǎn de huà.

잘리고 싶지 않다면 사장님의 말을 들을 수밖에.

车到山前必有路 [chē dào shānqián bì yǒu lù]

수레가 산 앞에 이르면 길이 있는 법이다 즉, 일정한 단계까지 노력하면 결국은 해결책이 있게 마련이다. 하늘이 무너져도 솟아날 구멍이 있다.

这点儿困难算什么？车到山前必有路嘛。

Zhèdiǎnr kùnnan suàn shénme? chē dào shānqián bì yǒu lù ma.

이만한 곤란이 대수로울 게 뭐 있는가? 하늘이 무너져도 솟아날 구멍이 있는 거야.

别泄气, 车到山前必有路, 我们坚持下去吧！

Bié xièqì, chē dào shānqián bì yǒu lù, wǒmen jiānchí xiàqù ba!

기죽지 마, 궁하면 통하는 법이야, 우리는 계속 밀고 나가자!

趁钱 [chènqián]

돈을 벌다. 돈이 있다. 돈이 많다.

他年轻时劳碌趁钱，现在趁了不少钱。
Tā niánqīng shí láolù chènqián, xiànzài chèn le bùshǎo qián.
그는 젊을 때 악착같이 돈 벌어서 지금은 돈이 많다.

他离开家好几年了，结果就趁了这么点儿钱啦。
Tā líkǎi jia1 hǎo jǐ nián le, jiéguǒ jiù chènle zhèmediǎnr qián la.
그는 집 떠난 지 몇 년 되었으나 결국 돈은 조금밖에 벌지 못했어.

趁着 [chènzhe]

~의 기회를 이용하여.

趁着天还没有黑，赶快去办事吧！
Chènzhe tiān hái méiyǒu hēi, gǎnkuài qù bànshì ba!
날이 어두워지기 전에 빨리 가서 일을 처리하지요.

趁着他还没回来，打扫一下房间吧！
Chènzhe tā hái méi huílái, dǎsǎo yíxià fángjiān ba!
그가 아직 돌아오지 않는 틈을 이용해 방청소 좀 합시다.

撑着点 [chēngzhediǎn]

조금만 참다.

你没事吧？撑着点。
Nǐ méi shì ba? chēngzhediǎn.

괜찮으세요? 조금만 참으세요.

撑着点, 快到医院了。
Chēngzhediǎn, kuàidào yīyuàn le.
조금만 참으세요, 곧 병원에 도착해요.

成家 [chéngjiā]

장가들다. 가정을 이루다.

在取得博士学位之前，他一直忙于学业，所以还没**成家**。
Zài qǔdé bóshìxuéwèi zhīqián, tā yìzhí mángyú xuéyè, suǒyǐ hái méi chéngjiā.
그는 박사 학위를 받을 때까지 공부만 해서 아직 결혼을 하지 못했다.

我希望你早点儿**成家**立业。
Wǒ xīwàng nǐ zǎo diǎnr chéngjiā lìyè.
나는 네가 일찍 결혼하여 자립하기를 바란다.

承蒙 [chéngméng]

~힘입어.

过去我一废人，**承蒙**各位相帮，才获得新生。
Guòqù wǒ yí fèirén, chéngméng gèwèi xiāngbāng, cái huòdé xīnshēng.
과거의 저는 폐인이었으나 여러분들의 도움에 힘입어 비로소 새 삶을 살게 되었습니다.

承蒙你的帮助，我的中文水平越来越好了呢！
Chéngméng nǐ de bāngzhù, wǒ de zhōngwén shuǐpíng yuèláiyuè hǎo le ne!
당신의 도움에 힘입어 제 중국어 실력이 나날이 좋아지네요!

成气候 [chéngqìhòu]

성공하다. 성과가 있다. 장래가 밝다. (주로 부정형으로 쓰인다)

他是走后门儿进来的，怎能成得了气候！
Tā shì zǒuhòuménr jìnlái de, zěnnéng chéngdeliǎo qìhòu!
그는 낙하산으로 들어왔는데, 어떻게 성공할 수 있겠어！

你这样下去，这件事肯定成不了什么大气候。
Nǐ zhèyàng xiàqù, zhè jiàn shì kěndìng chéngbuliǎo shénme dà qìhòu.
네가 이런 식으로 하면, 이 일은 분명 어떤 큰 성과도 없을 것이다.

成全 [chéngquán]

(남을 도와) 성사시키다. 완성시키다. 일을 이루게 해 주다.

这种好事希望你能成全。
Zhè zhǒng hǎoshì xīwàng nǐ néng chéngquán.
이렇게 좋은 일을 당신이 완성시키길 기원합니다.

父母成全了孩子的婚事。
Fùmǔ chéngquán le háizi de hūnshì.
부모님은 아이의 혼사를 성사시켰다.

吃不开 [chībukāi]

통하지 않다. 환영을 받지 못하다. ↔ 吃得开 [chīdekāi]

像他这种内向的人，在现在的社会生活中是吃不开的。
Xiàng tā zhè zhǒng nèixiàng de rén, zài xiànzài de shèhuì shēnghuó zhōng

shì chībukāi de.
그 사람처럼 내성적인 사람은 현재 사회생활에서 환영받지 못해.

别看现在吃不开, 不定什么时候又吃得开了。
Bié kàn xiànzài chībukāi, búdìng shénmeshíhòu yòu chīdekāi le.
지금은 통하지 않는 걸로 보이지만 언제 또 통할지 몰라요.

吃不了兜着走 [chībuliǎo dōuzhezǒu]

다 먹을 수 없어서 싸 가지고 가다. (문제가 생기면) 끝까지 책임을 지다.

你要继续捣乱, 我让你吃不了兜着走。
Nǐ yào jìxù dǎoluàn, wǒ ràng nǐ chībuliǎo dōuzhezǒu.
네가 계속 소란을 피우면 내가 너에게 책임지게 할 거야.

主意是你出的, 出了事儿你可吃不了兜着走。
Zhǔyì shì nǐ chū de, chū le shìr nǐ kě chībuliǎo dōuzhezǒu.
의견은 네가 냈으니, 문제가 생기면 네가 끝까지 책임을 져야한다.

吃不消 [chībuxiāo]

견딜 수 없다. 참을 수 없다.

今天经理又让我加班, 我可吃不消了。
Jīntiān jīnglǐ yòu ràng wǒ jiābān, wǒ kě chībuxiāo le.
오늘 사장이 또 잔업을 시켜서 나는 정말 견딜 수 없다.

他的臭脾气, 我真吃不消。
Tā de chòu píqì, wǒ zhēn chībuxiāo.
그의 더러운 성질머리 때문에 나는 정말 참을 수 없어.

吃不准 [chībuzhǔn]

파악할 수 없다. 확신할 수 없다. 확정 지을 수 없다.

这种药的药效灵不灵, 我还吃不准, 你可以试试。
Zhè zhǒng yào de yàoxiào líng bùlíng, wǒ hái chībuzhǔn, nǐ kěyǐ shìshi.
이 약이 효과가 있는지 없는지 나는 아직 확신이 없어, 시험 삼아 먹어봐.

他说的是什么意思, 我还吃不准。
Tā shuō de shì shénme yìsi, wǒ hái chībuzhǔn.
그가 말한 것이 무슨 뜻인지 나는 파악할 수 없다.

吃醋 [chīcù]

질투하다. 시기하다. 강짜를 부리다.

你怎么那么爱吃醋?
Nǐ zěnme nàme ài chīcù?
너는 왜 그렇게 질투가 심하니?

夫人吃醋了, 你快回去安慰一下吧。
Fūrén chīcù le, nǐ kuài huíqù ānwèi yíxià ba.
부인이 질투가 났어요, 당신이 빨리 돌아가서 좀 위로해주세요.

吃后悔药 [chī hòuhuǐyào]

후회하다.

现在吃后悔药已经来不及了。
Xiànzài chī hòuhuǐyào yǐjīng láibulí le.

지금 후회한다고 해도 이미 늦었어요.

你又**吃后悔药**了吧，谁让你不听我的劝告呢！
Nǐ yòu chī hòuhuǐyào le ba, shéi ràng nǐ bù tīng wǒ de quàngào ne!
너 또 후회하고 있지, 누가 너더러 내 충고 듣지 말라고 했니!

吃力 [chīlì]

힘들다. 애를 쓰다. 힘을 들이다. 피로하다.

这个问题对我来说，太**吃力**了。
Zhège wèntí duì wǒ lái shuō, tài chīlì le.
이 문제는 저에게 너무 힘들어요.

年纪大了，爬山真**吃力**。
Niánjì dà le, páshān zhēn chīlì.
나이가 많아서 등산하는 것이 정말 힘들어.

吃软不吃硬 [chīruǎn bù chīyìng]

부드럽게 나오면 받아들이나, 강하게 나오면 반발하다.

你别对我太过分了，我是**吃软不吃硬**的，什么事情只要好好说，都好商量。
Nǐ bié duì wǒ tài guòfèn le, wǒ shì chīruǎn bù chīyìng de, shénme shìqíng zhǐyào hǎohao shuō, dōu hǎo shāngliang.
너 나한테 심하게 하지 마, 나는 부드럽게 나오면 받아들이지만 강하게 나오면 반발하거든, 무슨 일이든 잘 말해서 좋게 상의하면 되잖아.

对**吃软不吃硬**的人多说几句好话就行了。
Duì chīruǎn bù chīyìng de rén duō shuō jǐ jù hǎohuà jiù xing le.
부드럽게 나오면 받아들이고 강압적이면 받아들이지 않는 사람한테는 좋은 말

몇 마디를 많이 해주면 된다.

吃香 [chīxiāng]

환영을 받다. 평판이 좋다. 인기가 있다. 중시 받다.

最近公务员和老师最吃香。

Zuìjìn gōngwùyuán hé lǎoshī zuì chīxiāng.

최근에 공무원과 선생이 가장 인기가 있다.

没有专长的人在哪儿都不吃香。

Méiyǒu zhuāncháng de rén zài nǎr dōu bù chīxiāng.

전문 특기가 없는 사람은 어디에서건 환영받지 못한다.

吃心 [chīxīn]

걱정하다. 마음을 쓰다. 의심하다.

他跟谁都爱开玩笑，你可别吃心。

Tā gēn shéi dōu ài kāiwánxiào, nǐ kě bié chīxīn.

그는 누구라도 곧잘 농담하니까 네가 너무 신경 쓰지 마.

其实我是好意劝她，可她又吃心了，真没办法。

Qíshí wǒ shì hǎoyì quàn tā, kě tā yòu chīxīn le, zhēn méibànfǎ.

사실 나는 호의로 그녀에게 권했는데, 그녀가 또 의심하니 정말 방법이 없네.

吃哑巴亏 [chīyǎbakuī]

손해를 보고도 호소할 곳이 없거나 감히 소리를 내지 못하다. 말 못할 손해를 입다.

如今这社会，越老实的人越受欺负，总是吃哑巴亏。
Rújīn zhè shèhuì, yuè lǎoshi de rén yuè shòu qīfu, zǒngshì chīyǎbakuī.
지금 이 사회에서는 성실한 사람일수록 괴롭힘 당하고 항상 손해를 입는다.

他买了一辆走私汽车，刚开了一个月就坏了，吃了个哑巴亏。
Tā mǎile yí liàng zǒusī qìchē, gāng kāile yíge yuè jiù huàile, chīle ge yǎbakuī.
그는 밀수 차 한 대 샀는데, 차를 몬 지 한 달 만에 고장 나서 말 못할 손해를 봤어.

吃盐比你吃米还多 [chīyán bǐ nǐ chīmǐ hái duō]

너보다 훨씬 오래 살았다.

我吃盐比你吃米还多，不听老人言，吃亏在眼前。
Wǒ chīyán bǐ nǐ chīmǐ hái duō, bù tīng lǎorén yán, chīkuī zài yǎnqián.
내가 너보다 훨씬 오래 살았는데, 나이든 사람의 말을 안 들으면 눈앞에서 손해를 봐.(곤란한 일을 당한다)

我吃盐比你吃米还多，你怎么老不听我的话呢？
Wǒ chīyán bǐ nǐ chīmǐ hái duō, nǐ zěnme lǎo bù tīng wǒ de huà ne?
내가 너보다 훨씬 더 살았는데, 왜 항상 내 말을 듣지 않니?

丑话说在前头 [chǒuhuà shuō zài qiántóu]

(확실히 하기 위해) 듣기 싫은 소리부터 먼저 말하다. 비위에 거슬리는 말을 먼저 하다.丑话 : 뼈 있는 말. 귀에 거슬리는 말. 단도직입적인 말.

丑话说在前头，省得到时候怪我。

Chǒuhuà shuō zài qiántóu, shěngde dào shíhòu guài wo.
들기 싫은 소리 먼저 하는 것은 그때 가서 내 탓으로 돌리지 않기 위한 거야.

丑话说在前头，跟我在一起，你得一辈子过苦日子。
Chǒuhuà shuō zài qiántóu, gēn wǒ zài yìqǐ, nǐ děi yíbèizi guò kǔ rìzi.
단도직입적으로 말해 나와 함께 있으면 너는 아마 평생 힘들게 살 거야.

出点子 [chūdiǎnzi]

(해결책이나 방법을) 제안하다.

按着他出的点子办，肯定没错。
Ànzhe tā chū de diǎnzi bàn, kěndìng méi cuò.
그가 제안한 대로 처리하면 분명 틀림없을 거야.

这是我们公司的重要项目，大家帮忙出一下点子。
Zhè shì wǒmen gōngsī de zhòngyào xiàngmù, dàjiā bāngmáng chū yíxià diǎnzi.
이것은 우리 회사의 중요한 프로젝트이니, 모두들 해결책을 제안해 주세요.

出风头 [chūfēngtou]

자기를 내세우다. 앞에 나서다.

他这个人非常喜欢出风头。
Tā zhège rén fēicháng xǐhuan chūfēngtou.
그 사람은 앞에 나서기를 유난히 좋아한다.

今天的晚会上她出尽了风头。
Jīntiān de wǎnhuì shàng tā chūjìnle fēngtou.
오늘 만찬회에서 그녀는 한껏 자신을 드러냈다.

예상을 벗어나다.

比赛的结果往往出乎意料之外，实力强的队伍不一定会赢。
Bǐsài de jiéguǒ wǎngwǎng chūhūyìliào zhīwài, shílì qiáng de duìwu bùyídìng huì yíng.
시합 결과는 종종 예상을 벗어나기도 해서 실력이 강한 팀이 반드시 이기는 것은 아니다.

真没想到我们的队伍最后输给他们了，真是出乎意料之外！
Zhēn méi xiǎngdào wǒmen de duìwu zuìhòu shū gěi tāmen le, zhēnshì chūhūyìliào zhīwài!
우리 팀이 그들에게 진다는 것은 생각도 못했어, 정말 예상 밖의 일이야!

出难题 [chū nántí]

고의로 남을 애먹이다. 남을 곤란하게 하다. 대답하기 어려운 문제를 내놓다.

你对这个情况不太熟悉，请别给我出难题。
Nǐ duì zhège qíngkuàng bú tài shúxī, qǐng bié gěi wǒ chū nántí.
당신이 이 상황에 대해 잘 모르니, 저를 곤란하게 하지 마세요.

我的女朋友对我的要求太高，常常给我出难题。
Wǒ de nǚ péngyou duì wǒ de yāoqiú tài gāo, chángcháng gěi wǒ chū nántí.
내 여자 친구는 나에 대해 요구하는 것이 너무 높아서 종종 나를 곤란하게 한다.

出圈儿 [chūquānr]

상도(常道)를 벗어나다. 정도에 넘치다.

最近有些学生太没有礼貌，太出圈儿了。
Zuìjìn yǒuxiē xuésheng tài méiyǒu lǐmào, tài chūquānr le.
요즘 어떤 학생들은 예의가 너무 없어, 정도가 너무 지나쳐.

如果你说话出了圈儿，惹了麻烦，我可不管。
Rúguǒ nǐ shuōhuà chū le quānr, rě le máfan, wǒ kě bùguǎn.
네가 말이 지나쳐 분란을 일으키면 나는 (너한테) 신경 안 쓸 거야.

出色 [chūsè]

특별히 훌륭하다. 보통(일반적인 것)을 뛰어넘다.

这部电影的主人公在美国是很出色的演员。
Zhè bù diànyǐng de zhǔréngōng zài Měiguó shì hěn chūsè de yǎnyuán.
이 영화의 주인공은 미국에서 아주 유명한 배우이다.

那位京剧演员表演得十分出色，吸引了无数观众。
Nà wèi jīngjù yǎnyuán biǎoyǎn de shífēn chūsè, xīyǐnle wúshù guānzhòng.
저 경극배우는 연기를 너무 잘해서 수많은 관중의 마음을 사로잡았다.

出现 ~现象 [chūxiàn ~xiànxiàng]

~현상이 드러나다.

这几个月国内银行界出现了大批裁员的现象。
Zhè jǐ ge yuè guónèi yínhángjiè chūxiànle dàpī cáiyuán de xiànxiàng.

요 몇 달 동안 국내 은행계에서는 대규모의 감원 현상이 나타났다.

这几年来地球上经常**出现**气象异变的**现象**。
Zhè jǐnián lái dìqiúshàng jīngcháng chūxiàn qìxiàng yìbiàn de xiànxiàng.
요 몇 년 사이 지구상에서는 기상이변 현상이 자주 나타났다.

出洋相 [chūyángxiàng]

보기 흉한 꼴을 보이다. 웃음거리가 되다. 추태를 보이다.

不懂装懂就容易**出洋相**。
Bù dǒng zhuāng dǒng jiù róngyì chūyángxiàng.
모르면서 아는 척하면 웃음거리가 되기 쉽다.

没想到今天在这么多熟人面前**出尽了洋相**。
méi xiǎngdào jīntiān zài zhème duō shúrén miànqián chū jìn le yángxiàng.
오늘 이렇게 많은 지인들 앞에서 웃음거리가 되리라곤 생각도 못했다.

出于无奈 [chūyúwúnài]

어찌할 도리가 없어. 어쩔 수 없이.

当时我**出于无奈**，只好答应他的要求。
Dāngshí wǒ chūyúwúnài, zhǐhǎo dāying tā de yāoqiú.
당시 나는 어쩔 수 없어서 그의 요구를 들어주고 말았다.

我**出于无奈**，把所有的土地都卖掉了。
Wǒ chūyúwúnài, bǎ suǒyǒu de tǔdì dōu màidiào le.
나는 어쩔 도리가 없어서 모든 토지를 팔아버렸다.

出主意 [chūzhǔyì]

생각을 짜내다. 방도를 생각해 내다. 계책을 세우다.

你是股票行家，快给我出个主意吧。
Nǐ shì gǔpiào hángjiā, kuài gěi wǒ chū ge zhǔyì ba.
당신은 주식 전문가이니 어서 저에게 계책을 세워 주세요.

我到现在也还没有给他出主意。
Wǒ dào xiànzài yě hái méiyǒu gěi tā chūzhǔyì.
나는 지금까지도 아직 그에게 아이디어를 내어 주지 못하고 있어.

除非 A, 否则 B [chúfēi A, fǒuzé B]

반드시 A해야지, 그렇지 않으면 B한다. (= 只有 A, 否则 B [zhǐyǒu A, fǒuzé B])
※ 否则＝要不然＝要不＝不然

除非 A 才 B [chúfēi A, cái B]

A해야만 비로소 B한다. (유일한 조건인 A가 충족되어야 B라는 결과가 나올 수 있다)
= 只有 A 才 B [zhǐyǒu A, cái B]

除非我今天翻译完这篇文章，否则明天我就会被炒鱿鱼。
Chúfēi wǒ jīntiān fānyì wán zhè piān wénzhāng, fǒuzé míngtiān wǒ jiù huì bèi chǎoyóuyú.
오늘까지 이 글 다 번역해야해, 그렇지 않으면 나 내일 잘릴지도 몰라.

只有得到大夫的同意，不然他不能出院。
Zhǐyǒu dédào dàifu de tóngyì, bùrán tā bùnéng chūyuàn.
의사의 허락을 받아야만, 그는 여행갈 수 있다.

除非有十分重要的事，他才请假。

Chúfēi yǒu shífēn zhòngyào de shì, tā cái qǐngjià.
아주 중요한 일이 있어야 그는 휴가를 낸다.

除非得了重病，他才去医院，否则连药也不吃。
Chúfēi déle zhòngbìng, tā cái qù yīyuàn, fǒuzé lián yào yě bù chī.
큰 병을 얻어야만 그는 병원에 가지, 그렇지 않으면 약도 안 먹어.

除非~，绝不~ [chúfēi~, juébù~]

~가 아니면, 결코 ~해선 안 된다.

现在的经济萧条，除非必要，绝不能浪费。
Xiànzài de jīngjì xiāotiáo, chúfēi bìyào, juébù néng làngfèi.
지금 경제가 불안하니 꼭 필요한 데가 아니면 결코 돈을 낭비해서는 안 된다.

除非本校学生，绝不准进图书馆。
Chúfēi běnxiào xuésheng, juébù zhǔn jìn túshūguǎn.
본교 학생이 아니면 절대로 도서관 출입이 허용되지 않아.

除了 A 还是 A [chúle A háishì A]

A를 제외하여도 역시 A이다.

我最近的生活，除了无聊还是无聊。
Wǒ zuìjìn de shēnghuó, chúle wúliáo háishì wúliáo.
나의 최근의 생활은 무료함, 바로 그 자체다.

我第一次见到她的时候，她给我留下的印象是，除了贤淑还是贤淑。
Wǒ dìyīcì jiàndào tā de shíhou, tā gěi wǒ liúxià de yìnxiàng shì, chúle xiánshū háishì xiánshū.

내가 처음으로 그녀를 보았을 때, 그녀가 내게 남긴 인상은 바로 현숙함 그 자체였다.

穿不出去 [chuān bù chūqù]

(옷이 예쁘지 않거나 유행에 뒤떨어져 다른 사람 앞에) 입고 나갈 수 없다.

样子太过时了, 根本穿不出去。
Yàngzi tài guòshí le, gēnběn chuān bù chūqù.
너무 구닥다리잖아, 아예 못 입고 나가겠다.

这件衣服太花哨, 我穿不出去。
zhè jiàn yīfu tài huāshao, wǒ chuān bù chūqù.
이 옷은 너무 화려해서 남 앞에 입고 나설 수가 없어.

穿小鞋(儿) [chuānxiǎoxié(r)]

못살게 굴다. 괴롭히다. 해코지하다.

你别给他穿小鞋, 以后他会报复你的。
Nǐ bié gěi tā chuānxiǎoxié, yǐhòu tā huì bàofù nǐ de.
너 그 사람 괴롭히지 마, 이후에 그가 너에게 보복할지도 몰라.

小明不敢提意见, 怕领导给他穿小鞋。
Xiǎomíng bùgǎn tí yìjiàn, pà lǐngdǎo gěi tā chuānxiǎoxié.
샤오밍은 감히 의견을 제기하지 못해, 상사가 그에게 해코지할까봐.

串门(儿) [chuànmén(r)]

마실 다니다. (남의 집에) 놀러 가다.

我不喜欢串门儿。
Wǒ bù xǐhuan chuànménr.
나는 마실 다니는 거 좋아하지 않아.

没事看看书，你别天天串门儿。
Méishì kànkan shū, nǐ bié tiāntiān chuànménr.
일 없으면 책 좀 봐, 매일 남의 집에 놀러 다니지 말고.

吹风儿 [chuīfēngr]

(폭로하듯이) 소식이나 사정을 알리다(말하다).

他们队早就吹出风来了，这次一定得拿冠军。
Tāmenduì zǎojiù chuīchū fēnglái le, zhècì yídìng děi ná guànjūn.
그들팀은 일찍감치 말해 왔으니까 이번에 반드시 우승해야 돼.

我警告你，别乱吹风儿。
Wǒ jǐnggào nǐ, bié luàn chuīfēngr.
내 너한테 경고하는데, 함부로 얘기하지 마라.

吹胡子瞪眼 [chuīhúzi dèngyǎn]

눈을 부릅뜨고 성을 내다. 남에게 아주 무섭게 하다.

你老实点儿，别惹得老爷子又吹胡子瞪眼。
Nǐ lǎoshi diǎnr, bié rěde lǎoyézi yòu chuīhúzi dèngyǎn.

너는 좀 온순해져 봐라, 아버지를 또 화나게 하지 말고.

真是莫名其妙的，那个人今天怎么这么吹胡子瞪眼呢？
Zhēn shì mòmíngqímiào de, nàgerén jīntiān zěnme zhème chuīhúzi dèngyǎn ne?
정말 영문을 모르겠네, 그 사람 오늘 왜 이렇게 성을 내지?

吹了 [chuīle]

일이 틀어지다. 성공하지 못한다.

因为父母的反对，他们的婚事吹了。
Yīnwèi fùmǔ de fǎnduì, tāmen de hūnshì chuī le.
부모님의 반대로 그들의 혼사가 깨졌어.

看来这个月的写作计划又要吹了。
Kànlái zhège yuè de xiězuò jìhuà yòu yào chuī le.
이번 달의 창작계획이 또 성공하지 못할 것 같아.

吹牛 [chuīniú]

허풍을 떨다. 흰소리하다.

吹牛也吹得太厉害了！
Chuīniú yě chuī de tài lìhài le!
허풍도 너무 심하네!

你越吹牛越没人相信你的话。
Nǐ yuè chuīniú yuè méi rén xiāngxìn nǐ de huà.
네가 허풍 떨수록 네 말을 믿을 사람이 없어.

此时此刻 [cǐshícǐkè]

바로 이 순간.

此时此刻我们不单是手握在一起, 更是心连在一块儿了。
Cǐshícǐkè wǒmen bùdān shì shǒuwò zài yìqǐ, gèngshì xīn lián zài yíkuàir le.
바로 이 순간 우리들은 비단 손만 같이 움켜쥔 것이 아니라 우리들의 마음은 더욱 함께 연결되어 있었다.

此时此刻的感觉我永远不会忘怀。
Cǐshícǐkè de gǎnjué wǒ yǒngyuǎn búhuì wànghuái.
지금 이 순간의 기분을 나는 영원히 잊지 못할 것이다.

次 [cì]

(품질이) 떨어지다. 좋지 않다.

这些产品质量很次。
Zhèxiē chǎnpǐn zhìliàng hěn cì.
이 상품들은 품질이 너무 떨어져.

这件丝绸衬衣比那件还次。
Zhè jiàn sīchóu chènyī bǐ nà jiàn hái cì.
이 실크 셔츠가 저거보다 훨씬 좋아.

刺儿头 [cìrtóu]

성미가 괴팍한 사람. 까다로운 사람.

我们周围总有那么一两个刺儿头。

Wǒmen zhōuwéi zǒng yǒu nàme yīlǎngge cìtóu.
우리 주변에 그렇게 까다로운 사람 한 둘은 꼭 있다.

谁也不敢惹刺儿头。
Shéi yě bù gǎn rě cìértóu.
누구도 괴팍한 사람에게는 비위를 건드리지 않는다.

从何说起 [cónghéshuōqǐ]

무슨 말을 해야 할까. 어떻게 말을 해야 할지. 어디서부터 말을 할지.

真不知道从何说起。
Zhēn bùzhīdào cónghéshuōqǐ.
정말 무슨 말부터 해야 할지 모르겠군요.

这个事情，应该从何说起才好呢？
Zhège shìqing, yīnggāi cónghéshuōqǐ cái hǎo ne?
이 일을 응당 어디서부터 말을 해야 좋을까요?

从今以后 [cóngjīnyǐhòu]

지금부터.

从今以后别再让我听到她的名字。
Cóngjīnyǐhòu bié zài ràng wǒ tīngdào tā de míngzi.
지금부터 나에게 다시는 그녀의 이름을 듣지 않도록 해 줘요.

从今以后我再也不想和他来往了。
Cóngjīnyǐhòu wǒ zài yě bù xiǎng hé tā láiwǎng le.
지금부터 나는 다시는 그와 왕래를 하고 싶지 않아요.

从来没有 [cónglái méiyǒu]

여지껏 ~한 적이 없다.

我从来没有把她当成是个女人。
Wǒ cónglái méiyǒu bǎ tā dāngchéng shì ge nǚren.
나는 여태껏 그녀를 여자로 생각해 본 적이 없다.

他从来没有迟到过。
Tā cónglái méiyǒu chídào guò.
지금까지 한 번도 늦은 적이 없었다.

从事 ~行业 [cóngshì ~hángyè]

~일에 종사하다.

您的父亲从事什么行业?
Nín de fùqīn cóngshì shénme hángyè?
당신의 부친께서는 무슨 일에 종사하십니까?

我哥哥从事买卖中古汽车行业。
Wǒ gēge cóngshì mǎimài zhōnggǔ qìchē hángyè.
우리 형은 중고 자동차를 매매하는 일에 종사해.

凑合 [còuhé] = 凑合事儿 [còuheshìr]

아쉬운 대로 할 만하다. 그런대로 ~할 만하다.

手机不太好, 凑合着用吧。
Shǒujī bú tài hǎo, còuhézhe yòng ba.

별로 좋지 않는 휴대폰이지만 아쉬운 대로 쓰세요.

太忙了，午饭随便**凑合**了一下，就继续工作。
Tài máng le, wǔfàn suíbiàn còuhé le yíxià, jiù jìxù gōngzuò.
너무 바빠서 점심을 되는대로 대충 때우고 일을 계속하고 있어.

你干什么都是**凑合事儿**，一点儿也不用心。
Nǐ gàn shénme dōu shì còuheshìr, yìdiǎnr yě bú yòngxīn.
너는 어떤 일이든지 모두 대충하고 조금도 신경 쓰지 않는구나.

你准备好了吗？不要到时又**凑合事儿**。
Nǐ zhǔnbèi hǎo le ma? búyào dàoshí yòu còuheshìr.
준비는 다 됐어요? 그때 돼서 또 대강하지 마세요.

D

搭(起)~桥梁 [dā(qǐ)~qiáoliáng]
다리를 놓다. 교량역할을 하다.

我们都希望这次活动能够为我们**搭起**友谊的**桥梁**。
Wǒmen dōu xīwàng zhècì huódòng nénggòu wèi wǒmen dāqǐ yǒuyì de qiáoliáng.
우리는 이번 행사가 우리를 위해 우의의 교량 역할을 할 수 있기를 희망합니다.

这里只要下大雨溪水就膨胀得不能过人，该**搭**一座桥梁了。
Zhèlǐ zhǐyào xià dàyǔ xīshuǐ jiù péngzhàng de bùnéng guò rén, gāi dā yí zuò qiáoliáng le.
이곳은 큰 비가 오기만 하면 시냇물이 불어 사람들이 건너지 못하니, 마땅히 다리를 놓아야 합니다.

达成协议 [dáchéngxiéyì]

협의에 도달하다.

韩中两国环境保护协会已**达成协议**，要同时尽力保护渤海湾。
Hán-Zhōng liǎngguó huánjìngbǎohù xiéhuì yǐ dáchéngxiéyì, yào tóngshí jìnlì bǎohù Bóhǎiwān.
한중 양국의 환경보호협회는 발해만을 같이 힘껏 보호해야 한다는 협의에 이미 도달했다.

他们之间谁都不让谁，开会好几天都无法**达成协议**。
Tāmen zhījiān shuí dōu bú ràng shuí, kāihuì hǎo jǐtiān dōu wúfǎ dáchéngxiéyì.
그들 사이에 누구도 양보하려고 하지 않아 회의가 열린지 며칠 되어도 협의에 도달하지 못했다.

达到~地步 [dádào~dìbù]

경지에 도달하다.

她的唱歌实力超越了业余的水平，已经**达到**了职业歌手的**地步**。
Tā de chànggē shílì chāoyuèle yèyú de shuǐpíng, yǐjīng dádàole zhíyè gēshǒu de dìbù.
그녀의 노래 실력은 아마추어 수준을 넘어 이미 프로가수의 경지에 도달했어.

你的少林武功还没**达到**下山的**地步**。
Nǐ de Shǎolín wǔgōng hái méi dádào xiàshān de dìbù.
너의 소림 무공은 아직 하산할 정도까지 이르지는 않았어.

打发 [dǎfa]

回去吧，怕晚了，等着吧，真不知道怎么打发这两个小时。
Huíqù ba, pà wǎn le, děngzhe ba, zhēn bùzhīdào zěnme dǎfa zhè liǎng ge xiǎoshi.
돌아가자니 늦을까봐 걱정되고, 기다리자니 두 시간을 어떻게 보내야 할지 모르겠다.

看样子他最近非常忙，他又把儿子打发走了。
Kànyàngzi tā zuìjìn fēicháng máng, tā yòu bǎ érzi dǎfa zǒu le.
그는 최근에 매우 바쁜가 봐, 또 아들을 돌려보냈어.

打官腔 [dǎ guānqiāng]

你别给我打官腔。
Nǐ bié gěi wǒ dǎ guānqiāng.
너 내게 원론적인 얘기 하지 마.

我去找工作，接待我的人跟我打官腔。
Wǒ qù zhǎo gōngzuò, jiēdài wǒ de rén gēn wǒ dǎ guānqiāng.
내가 직장을 찾아가니 나를 맞이한 사람은 내게 관료적이었다.

打官司 [dǎ guānsi]

소송을 걸다. 고소하다. 재판을 걸다.

打官司既费时间又伤感情。
Dǎ guānsi jì fèi shíjiān yòu shāng gǎnqíng.
소송하는 것은 시간도 걸리고 감정도 상한다.

他**打官司**打赢了。
Tā dǎ guānsi dǎyíng le.
그는 소송하여 이겼어.

打好~基础 [dǎhǎo~jīchǔ]

기초를 닦다.

学汉语时候，最重要的事就是**打好**坚实的**基础**。
Xué Hànyǔ shíhòu, zuì zhòngyào de shì jiùshì dǎhǎo jiānshí de jīchǔ.
중국어를 배울 때, 가장 중요한 일은 기초를 튼튼히 하는 거야.

为了巩固实力，开始时要**打好基础**。
Wèile gǒnggù shílì, kāishǐ shí yào dǎhǎo jīchǔ.
실력을 공고히 하기 위해서는 처음에 기초를 잘 닦아야 한다.

打退堂鼓 [dǎtuìtánggǔ]

퇴청의 북을 울리다. (함께 하던 일을 사정에 의해 그만두다)

当时我很想**打退堂鼓**，但最后我没放弃。
Dāngshí wǒ hěn xiǎng dǎtuìtánggǔ, dàn zuìhòu wǒ méi fàngqì.

당시에 나는 정말 그만두고 싶었지만, 결국 포기하지 않았다.

你可别打退堂鼓啊！
Nǐ kě bié dǎtuìtánggǔ a!
너 절대 포기하지만.

大而化之 [dàérhuàzhī]

일을 대충 처리하다. 대강대강 해치우다. 덤비다.

她是个呆头鹅，办事情也总是大而化之的。
Tā shì ge dāitóu'é, bàn shìqing yě zǒngshì dàérhuàzhī de.
그녀는 머리도 둔하고 일을 하는 데에도 늘 대충대충 해.

他平时大而化之的，经常丢三落四。
Tā píngshí dàérhuàzhī de, jīngcháng diūsānlàsì.
그는 평소에 무턱대고 덤벼들어서 언제나 이것저것 잘 잊어버린다.

大锅饭 [dàguōfàn]

'큰 가마솥의 밥을 나누어 먹다'에서 유래하여 공동 분배. 평등 분배를 의미한다.

改革开放以前习惯于吃大锅饭，不过现在时代变了。
Gǎigé kāifàng yǐqián xíguànyú chī dàguōfàn, búguò xiànzài shídài biàn le.
개혁 개방 이전에는 평등 분배에 익숙했지만, 지금은 시대가 변했다.

多劳多得，不能吃大锅饭。
Duō láo duō dé, bùnéng chī dàguōfàn.
일한 만큼 얻어야지, 똑같이 대우할 수 없다.

大路货 [dàlùhuò]

품질은 보통이나 판로가 넓은 상품. 일반 상품. 잘 팔리는 상품.

他们生产的商品，都是大路货，没什么特别的。
Tāmen shēngchǎn de shāngpǐn, dōushì dàlùhuò, méishénme tèbié de.
그들이 생산한 상품은 모두 일반 상품으로 별다른 것이 없다.

这些都是大路货，想要买名牌，应该到对面去。
Zhèxiē dōushì dàlùhuò, xiǎng yào mǎi míngpái, yīnggāi dào duìmiàn qù.
이것들은 모두 일반 상품이에요, 명품을 사려면 건너편에 가야 되요.

大手大脚 [dàshǒu dàjiǎo]

돈을 물 쓰듯 쓰다. 돈이나 물건을 마구 헤프게 쓰다.

我们今年花钱真的大手大脚。
Wǒmen jīnnián huā qián zhēn de dàshǒu dàjiǎo.
우리는 올해 정말 돈을 헤프게 썼다.

你还是节约点儿吧，别那么大手大脚。
Nǐ háishi jiéyuē diǎnr ba, bié nàme dàshǒu dàjiǎo.
너 절약 좀 해라, 그렇게 막 쓰지 말고.

待答不理 [dàidābùlǐ]

본체만체하다. 못 본체하다.

自从这位科长升了局长，对谁都是待答不理的。
Zìcóng zhè wèi kēzhǎng shēngle júzhǎng, duì shuí dōushì dàidābùlǐ de.
과장님이 국장으로 승진한 후부터 누구에게도 본체만체해.

她待答不理的样子让我真的很生气。
Tā dàidābùlǐ de yàngzi ràng wǒ zhēn de hěn shēngqì.
그녀가 본체만체해서 난 엄청 화났었어.

戴高帽(子) [dàigāomào(zi)]

칭찬의 말로 아첨하고 비위를 맞추다.

你再给他戴高帽(子)的话，我看他就要飞上天了。
Nǐ zài gěi tā dàigāomào(zi) de huà, wǒ kàn tā jiùyào fēi shàngtiān le.
네가 다시 그를 비행기 태우면, 내가 보건데 그는 하늘로 날아갈 거야.

一般来说，人们都喜欢别人给自己戴高帽子。
Yībānláishuō, rénmen dōu xǐhuan biérén gěi zìjǐ dàigāomàozi.
대체로 사람들은 남이 자기를 칭찬해 주는 것을 좋아한다.

担任~任务 [dānrèn~rènwù]

~임무를 맡다.

小金在系上担任班代表的任务。
Xiǎojīn zài xì shàng dānrèn bān dàibiǎo de rènwù.
김군은 과에서 학년 대표의 임무를 맡고 있다.

李先生在公司担任什么任务？
Lǐxiānsheng zài gōngsī dānrèn shénme rènwù?
이선생님은 회사에서 어떤 임무를 맡고 있어요?

但愿 [dànyuàn]

단지(오로지)~을 원하다.

但愿我从来没见过你。
Dànyuàn wǒ cónglái méi jiànguò nǐ.
오직 당신을 만나지 않았기를 바랄 뿐입니다.]

但愿人长久。
Dànyuàn rén cháng jiǔ.
오직 그 사람이 오랫동안 무사하기를 바랄 뿐입니다.

刀子嘴, 豆腐心 [dāozizuǐ, dòufuxīn]

입은 칼인데 마음은 두부다. (비유) 말씨는 날카로워도 마음은 부드럽다.

你不要把他的话放在心上, 其实那个人刀子嘴, 豆腐心。
Nǐ búyào bǎ tā de huà fàngzài xīnshàng, qíshí nàge rén dāozizuǐ, dòufuxīn.
그가 한 말을 마음에 담아두지 마, 사실 그 사람 말은 험하게 해도 마음은 약하거든.
别太责怪自己, 熟悉你的人都知道你是刀子嘴, 豆腐心。
Bié tài zéguài zìjǐ, shúxī nǐ de rén dōu zhīdào, nǐ shì dāozizuǐ, dòufuxīn.
너무 자신을 탓하지 마, 너를 잘 아는 사람들은 네가 말은 막 해도 마음은 부드럽
단 걸 알아.

到处都是 [dàochù dōu shì]

도처에 깔려 있다.

北极地方, 到处都是冰天雪地。
Běijí dìfang, dàochù dōu shì bīngtiānxuědì.

북극지방은 어느 곳이나 얼음과 눈으로 뒤덮여 있다.

微博、微信、博客、身边的朋友，**到处都是**"來自星星的你"。
Wēibó、Wēixìn、bókè、shēnbian de péngyou, dàochù dōu shì "Laizì xīngxing de nǐ".
웨이보, 웨이신, 블로그, 주변 친구들, 모두 다 "별에서 온 그대"야.

到~的头上来 [dào~de tóushàng lái]

~누구의 머리 꼭대기에 오르다.

他没有礼貌，都骑**到**父母的**头上来**了。
Tā méiyǒu lǐmào, dōu qídào fùmǔ de tóushàng lái le.
그는 예의가 없어, 벌써 부모님 머리 꼭대기까지 올라갔어.

歹东西，既然骗**到我的头上来**，你快说，为什么要骗我？
Dǎidōngxi, jìrán piàndào wǒ de tóushàng lai, nǐ kuài shuō, wèishénme yào piàn wǒ?
나쁜 놈, 내 머리 꼭대기에 올라와 나를 속이다니, 어서 말해, 왜 나를 속이려 했어?

到家 [dàojiā]

절정에 이르다. 최고도에 달하다. 완숙해지다. (보어로 많이 쓰임)

节省**到家**了。
Jiéshěng dàojiā le.
절약의 끝이네.

话说得**不到家**，容易引起误会。
Huà shuō de bú dàojiā, róngyì yǐnqǐ wùhuì.
말을 끝까지 하지 않으면 오해를 불러일으키기 쉬워.

到头来 [dàotóulái]

마침내. 결국.

吃亏的到头来还是老百姓。
Chīkuī de dàotóulái háishì lǎobǎixìng.
손해 보는 쪽은 결국 역시 국민이다.

说来说去到头来还是那个结论而已。
Shuōláishuōqù dàotóulái háishì nàge jiélùn éryǐ.
이러쿵저러쿵 얘기했으나 결국은 역시 결론일 뿐이야.

到~为止 [dào~wéizhǐ]

~할 때까지.

我陪你喝到你满意为止。
Wǒ péi nǐ hēdào nǐ mǎnyì wéizhǐ.
당신이 만족할 때까지 당신과 함께 술을 마시겠어요.

昨天晚上我看电视看到天亮为止。
Zuótiān wǎnshang wǒ kàn diànshì kàndào tiānliàng wéizhǐ.
나는 어제 밤 텔레비전을 날이 새도록 보았다.

~倒也罢了, 可是~ [~dàoyě bàle, kěshì~]

~는 그렇다 치더라도 그래도~

你不懂倒也罢了, 可是千万别乱说。
Nǐ bù dǒng dàoyě bàle, kěshì qiānwàn bié luàn shuō.

네가 이해 못하는 것은 그렇다 치더라도 그래도 절대 함부로 말하지 마라.

我丢了钱倒也罢了，不过钱包里的证券可不能遗失呀。
Wǒ diūle qián dàoyě bàle, búguò qiánbāo li zhèngquàn kě bùnéng yúshī yā.
돈을 잃어버린 것은 그렇다 치더라도 지갑속의 신분증은 잃어버려서는 안 되는데.

得到~好评 [dédào~hǎopíng]

호평을 얻다.

他写的每本书都在学术界得到了好评。
Tā xiě de měi běn shū dōu zài xuéshùjiè dédào le hǎopíng.
그가 쓴 모든 책은 학술계의 호평을 얻었다.

他这次写的那部著作在小说界得不到什么好评。
Tā zhècì xiě de nà bù zhùzuò zài xiǎoshuōjiè débudào shénme hǎopíng.
그가 이번에 쓴 그 작품은 소설계에서 좋은 호평을 얻지 못했다.

得人心 [dérénxīn]

인심을 얻다. 신임을 얻다.

这是件得人心的好事。
Zhè shì jiàn dérénxīn de hǎoshì.
이것은 인심을 얻는 좋은 일이야.

怎么可能得人心呢？
zěnme kěnéng dérénxīn ne?
어떻게 인심을 얻을 수 있겠나?

得罪不起 [dézuìbùqǐ]

~를 건드리지 못하다.

他横行霸道，我们得罪不起他。
Tā héngxíngbàdào, wǒmen dézuìbùqǐ tā.
그가 막대한 권력으로 전횡을 부리니 우리는 그를 건드릴 수가 없어요.

他的父亲是那地方的官吏，谁都得罪不起他。
Tā de fùqīn shì nà dìfang de guānlì, shuí dōu dézuìbùqǐ ta.
그의 아버지가 그 지방의 관리였기에 아무도 그를 건드리지 못했다.

~得慌 [~dehuāng]

심하게 ~하다. 지나치게 ~하다. 너무 ~하다.

我没事，只是有点闷得慌。
Wǒ méishì, zhǐshì yǒudiǎn mēndehuang.
나는 괜찮아요, 다만 좀 너무 답답하군요.

我现在饿得慌，快给我吃的吧。
Wǒ xiànzài èdehuang, kuài gěi wǒ chī de ba.
제가 지금 몹시 배고파요, 빨리 먹을 것을 주세요.

等到 ~时候 [děngdào ~shíhou]

~할 때까지를 기다렸다가.

等到太阳出来的时候，你别忘记浇花。
Děngdào tàiyáng chūlái de shíhou, nǐ bié wàngjì jiāohuā.

태양이 나올 때까지 기다렸다가 꽃에 물주는 걸 잊지 마.

等到上冻的时候, 才开始就已经晚了。
Děngdào shàngdòng de shíhou, cái kāishǐ jiù yǐjīng wǎn le.
땅이 얼 때를 기다려, 시작하면 이미 늦은 거야.

等于~ [děngyú~]

~와 동일하다. ~와 같다. ~에 해당한다. = (相当于 [xiāngdāngyú])

千年古都庆州等于中国的西安。
Qiānnián gǔdū Qìngzhōu děngyú Zhōngguó de Xī'ān.
천년의 고도인 경주는 중국의 시안과 같다.

你对他不尊敬就等于你不尊敬我。
Nǐ duì tā bù zūnjìng jiù děngyú nǐ bù zūnjìng wǒ.
당신이 그를 존경하지 않는 것은 바로 나를 존경하지 않는 것과 같아요.

地道 [dìdao]

진짜의. 본고장의. 순수하다. 오리지널의.

他说一口地道的普通话。
Tā shuō yìkǒu dìdao de pǔtōnghuà.
그는 본토 표준말을 구사한다.

他是个地道的中国通。
Tā shì ge dìdao de zhōngguótōng.
그는 진정한 중국통이다.

点到为止 [diǎndàowéizhǐ]

(말이나 작문에서) 살짝 언급하다. 간단하게 언급하다.

喝酒要点到为止。
Hējiǔ yào diǎndàowéizhǐ.
술을 마실 때는 적당히 마셔야 해.

冬天做运动要点到为止，运动过了头会伤身体。
Dōngtiān zuò yùndòng yào diǎndàowéizhǐ, yùndòng guòletóu huì shāng shēntǐ.
겨울철 운동은 적당히 해야 되지, 지나치게 운동하면 몸을 상하게 해.

吊胃口 [diàowèikǒu]

식욕을 돋우다. 흥미를 일으키다. 궁금증을 유발하다.

最近新上市的这类商品很吊女人的胃口。6
Zuìjìn xīn shàngshì de zhè lèi shāngpǐn hěn diào nǚrén wèikǒu.
최근에 새로 출시된 이 상품은 여자들의 흥미를 자아낸다.

你这样说是想吊大家的胃口吧?
Nǐ zhèyàng shuō shì xiǎng diào dàjiā de wèikǒu ba?
당신이 이렇게 말하는 건 모두의 흥미를 일으키고 싶어서죠?

顶得住 [dǐngdezhù] ⇔ 顶不住 [dǐngbuzhù]

짊어질 수 있다. 막아낼 수 있다. 감당해내다.

她年轻，还顶得住。
Tā niánqīng, hái dǐngdezhù.

그녀는 나이가 젊어서 그래도 지탱해 나갈 수 있어요.

我顶不住这么多的责任。
Wǒ dǐngbuzhù zhème duō de zérèn.
이렇게 많은 부채를 나는 지탱할 수 없어요.

顶多 [dǐngduō]

원래 '가장 많다'의 의미이나 '기껏해야. 겨우. 고작해서' 등으로 더 많이 사용한다.

顶多也不过三四个人。
Dǐngduō yě búguò sān-sì gèrén.
고작해야 서너 명이겠지요.

从这里到那里，顶多走十分钟就可以。
Cóng zhèli dào nàli, dǐngduō zǒu shífēn zhōng jiù kěyǐ.
여기에서 저기까지는 기껏해야 10분만 걸으면 됩니다.

东南西北 [dōngnánxīběi]

동서남북. 방향을 분간하지 못할 정도로 바쁘거나 어떤 일에 몰두하는 것을 말한다.

这几天忙得我都不知东南西北了。
Zhè jǐ tiān máng de wǒ dōu bùzhī dōngnánxīběi le.
요 며칠 동서남북도 모를 정도로 바빴어.

玩了一整天，都分不清东南西北了吧。
Wánle yìzhěngtiān, dōu fēnbuqīng dōngnánxīběi le ba.
하루 종일 놀았더니, 사방도 분간하지 못하겠네.

动不动 [dòngbudòng]

걸핏하면. 언제나. 늘.
(원하지 않는 어떤 행동이 매우 쉽게 발생하는 것을 의미함. 항상 '就'와 함께 연용)

他们动不动就吵架。
Tāmen dòngbudòng jiù chǎojià.
그들은 걸핏하면 싸워.

这里的气候不太好，动不动就下雨，咱们还是回家吧。
Zhèli de qìhòu bútài hǎo, dòngbudòng jiù xiàyǔ, zánmen háishi huíjiā ba.
여기 날씨는 별로야, 걸핏하면 비오네, 우리 집으로 돌아가는 게 낫겠어.

动身 [dòngshēn]

출발하다. 여행을 떠나다. (원래 장소에서 다른 곳으로 이동을 의미하며, 차, 말, 선반 등에 쓰이지 않고 사람에게만 쓴다.)

我们还是早点儿动身吧。
Wǒmen háishì zǎodiǎnr dòngshēn ba.
우리 조금 일찍 출발하는 게 좋겠다.

准备好了吗？动身的日期快到了。
Zhǔnbèi hǎole ma? dòngshēn de rìqì kuài dào le.
준비 다 됐나요? 떠날 날짜가 다가오네요.

都什么时候了 [dōu shénme shíhou le]

지금이 어느 때인데.

都什么时候了，你还有心情看电影！

Dōu shénme shíhou le, nǐ háiyǒu xīnqíng kàn diànyǐng.
지금이 어느 때인데, 아직도 영화 볼 마음이 있어!

都什么时候了，你还在睡觉。
Dōu shénme shíhou le, nǐ hái zài shuìjiào.
지금이 어느 때인데, 너는 아직도 자고 있니?

斗来斗去 [dòuláidòuqù]
서로 싸우다.

整天你算计我，我算计你，斗来斗去有什么意思！
Zhěngtiān nǐ suànji wǒ, wǒ suànji nǐ, dòuláidòuqù yǒu shénme yìsi!
매일 네가 나를 모략하면 내가 너를 모략하고, 옥신각신 서로 다투는 게 무슨 의미가 있겠나!

什么事情都要斗来斗去，就象狗和猫一样。
Shénme shìqíng dōu yào dòuláidòuqù jiù xiàng gǒu hé māo yíyàng.
무엇이든 서로 싸우려들면 그건 개와 고양이와 같다.

读不进书 [dúbùjìnshū]
공부가 머리에 들어오지 않다.

今天我读不进书，出去看电影散散心好了。
Jīntiān wǒ dúbùjìnshū, chūqù kàn diànyǐng sànsànxīn hǎo le.
오늘은 공부가 머리에 들어오지 않으니, 나가서 영화 보면서 머리를 좀 식혀야겠다.

他读不进书，中学一毕业就去外地打工了。
Tā dúbùjìnshū, zhōngxué yí bìyè jiù qù wàidì dǎgōng le。
그는 공부가 머리에 들어오지 않아서 중학교 졸업하자 바로 아르바이트하러 외지로 갔다.

断~的生路 [duàn~de shēnglù]

누구의 살 길을 끊어버리다.

这个不就断了他的生路吗？ 做人别那么恨心。
Zhège bú jiù duàn le tā de shēnglù ma? zuòrén bié nàme hèn xīn.
이것이 바로 그의 살길을 끊어버리는 것이 아닌가요? 사람이 그렇게 독하면 안 돼요.

你这样不让我们上班, 这不就是断了我们的生路吗？
Nǐ zhèyàng bú ràng wǒmen shàngbān, zhè bú jiùshì duàn le wǒmen de shēnglù ma?
당신이 이렇게 우리를 출근 못하게 하니, 이는 분명 우리의 살 길을 끊어버리는 것이 아닌가요?

对路 [duìlù]

(수요나 요구에) 맞다. 맞춤이다. 부합하다.
(자기에게) 어울리다. 적합하다.

他进了一批对路商品, 一下子就卖光了。
Tā jìnle yìpī duìlù shāngpǐn, yíxiàzi jiù màiguāng le.
그가 기호에 맞는 상품을 한 무더기 들여오자 단번에 매진되었다.

请中医看这种疾病, 恐怕不对路吧。
Qǐng zhōngyī kàn zhè zhǒng jíbìng, kǒngpà bú duìlù ba.
한의사에게 이 병을 진찰받아봐, 설사 맞지 않더라도 말이지.

对台戏 [duìtáixì]

서로 다른 연극 극단이 경쟁하기 위해 똑같은 내용을 동시에 상영하는 것을 말함.
경쟁. 대항

和上司唱对台戏没你什么好处。
Hé shàngsi chàng duìtáixì méi nǐ shénme hǎochù.
상사와 겨뤄 봤자 너에게는 아무런 이득도 없어.

两家百货商店唱对台戏，同天开展优惠促销活动。
Liǎng jiā bǎihuòshāngdiàn chàng duìtáixì, tóng tiān kāizhǎn yōuhuì cùxiāo huódòng.
두 백화점이 한창 경쟁에 열 올리고 있어서 같은 날에 판촉할인 행사를 진행했다.

对~有看法 [duì~yǒu kànfǎ]

~에 다른 의견을 가지고 있다. ~에 불만이 있다.

你对爱情有什么看法？
Nǐ duì àiqíng yǒu shénme kànfǎ
당신은 사랑에 대해 어떤 의견을 가지고 있어요?

我知道你对他有看法。
Wǒ zhīdào nǐ duì tā yǒu kànfǎ.
네가 그 사람에 대해 불만이 있다는 거 알아.

他们对领导所做的决定有看法。
Tāmen duì lǐngdǎo suǒ zuò de juédìng yǒu kànfǎ.
그들은 팀장이 내린 결정에 대해 불만을 가지고 있어.

多半都(是) [duōbàn dōu (shi)]

모두가 다 그렇다.

男人**多半都**是这样。
Nánrén duōbàn dōu shì zhèyàng.
남자는 모두가 다 그래요.

女人**多半都**喜欢别人送她花。
Nǚren duōbàn dōu xǐhuan biérén sòng tā huā.
여자는 모두가 다른 사람이 자기에게 꽃 주는 것을 좋아해요.

多亏 [duōkuī]

덕분에. 다행히.

多亏你的帮助我才找到失散了十年的亲人。
Duōkuī nǐ de bāngzhù wǒ cái zhǎodào shīsàn le shí nián de qīnrén.
다행히 너의 도움으로 난 10년 간 헤어졌던 친척을 겨우 찾았어.

我今天的成功, **多亏**了你。
Wǒ jīntiān de chénggōng, duōkuī le nǐ.
오늘날 나의 성공은 네 덕분이다.

多少 [duōshao] : 얼마나.(추정할 수 없을 만큼 많다.) 얼마. 몇.

多少 [duōshǎo] : 약간. 조금. 얼마간(다소간, 많든 적든).

〜多少, 〜多少 [〜duōshao, 〜duōshao] : 얼마든지. 얼마라도

为了写毕业论文, 他不知道看了**多少**资料。

Wèile xiě bìyè lùnwén, tā bùzhīdào kàn le duōshao zīliào.
졸업 논문을 쓰기 위해 그는 얼마나 많은 자료를 보고 있는지 모르겠다.

玛丽，你还是多少吃点吧。
Mǎlì, nǐ háishì duōshǎo chī diǎn ba.
마리야, 그래도 조금 더 먹어봐.

我对中国历史多少了解一些。
Wǒ duì Zhōngguó lìshǐ duōshǎo liǎojiě yìxiē.
나는 중국 역사에 관해 다소간 어느 정도 이해한다.

你们学校有多少学生？
Nǐmen xuéxiào yǒu duōshao xuésheng?
너희 학교는 학생이 몇 명 있니?

你能吃多少就吃多少，不要勉强。
Nǐ néng chī duōshao jiù chī duōshao, búyào miǎnqiǎng.
네가 먹을 수 있는 만큼 먹어, 억지로 먹지 말고.

多嘴 [duōzuǐ]

쓸데없는 말을 하다. 말참견하다.

你整天多嘴多舌的，太讨人厌了。
Nǐ zhěngtiān duōzuǐ duō shé de, tài tǎo rén yàn le.
네가 하루 종일 쓸데없이 말하니 사람들이 너무 싫어하잖아.

你不了解情况，别多嘴。
Nǐ bù liǎojiě qíngkuàng, bié duōzuǐ.
상황을 모르면 조용히 좀 해.

E

而我呢 [ér wǒ ne]

그런데, 저는요. (= 至于我呢 [zhìyú wǒ ne])

你喜欢猪肉，而我呢，牛肉最好吃。
Nǐ xǐhuan zhūròu, ér wǒ ne, niúròu zuì hǎochī.
당신은 돼지고기를 좋아하지만, 저는요, 쇠고기가 제일 맛있어요.

你说爱春天，而我呢，比较喜欢秋天。
Nǐ shuō ài chūntiān, ér wǒ ne, bǐjiào xǐhuan qiūtiān.
당신은 봄이 좋다지만 저는요, 가을이 비교적 좋아요.

至于我呢，最重要的是爱情。
zhìyú wǒ ne, zuì zhòngyào de shì àiqíng.
저에게는요, 무엇보다 중요한 것은 사랑입니다.

二把刀 [èrbǎdāo]

미숙한 사람. 얼치기. 풋내기. 대강 알다. 미숙하다.

他那二把刀的水平哪能胜任这个任务。
Tā nà èrbǎdāo de shuǐpíng nǎ néng shèngrèn zhège rènwù.
그 엉터리 같은 수준으로 그가 이 임무를 어찌 감당할 수 있겠는가?

我可不敢坐你这个二把刀开的车。
Wǒ kě bùgǎn zuò nǐ zhège èrbǎdāo kāi de chē.
나는 정말이지 너 같은 얼치기가 운전하는 차를 못 타겠어.

二百五 [èrbǎiwǔ]

천치. 멍청이. 바보. 멍텅구리

你真是个二百五。
Nǐ zhēnshì ge èrbǎiwǔ.
너 정말 멍청이야.

你又犯傻了，这个二百五。
Nǐ yòu fànshǎ le, zhège èrbǎiwǔ.
너 또 게으름피웠지, 이 멍텅구리.

耳朵软 [ěrduoruǎn]

귀가 여리다. 귀가 얇다. = (耳根软, 耳软)

他耳朵软，别人一说就动心。
Tā ěrduoruǎn, biérén yì shuō jiù dòngxīn.
그는 귀가 얇아 누가 뭐라 하면 금방 마음이 흔들린다.

耳朵软的人当不了领导。
Ěrduoruǎn de rén dāngbùliǎo lǐngdǎo.
귀가 얇은 사람은 지도자가 될 수 없다.

耳朵真尖 [ěrduo zhēn jiān] : 귀가 정말 예민하다.
鼻子尖 [bízǐ jiān] : 코가 민감하다.
眼睛尖 [yǎnjing jiān] : 눈썰미가 있다. 눈이 밝다.

别乱说话，他耳朵尖着呢！

Bié luàn shuōhuà, tā ěrduo jiān zhe ne!
함부로 말하지 마세요, 그는 귀가 밝아요.

我的针丢了, 小李眼睛尖, 一下子就找到了。
Wǒ de zhēn diū le, Xiǎolǐ yǎnjing jiān, yíxiàzi jiù zhǎodào le.
내가 바늘을 잃어버렸는데, 샤오리가 눈이 밝아 단번에 찾아냈지.

他鼻子太尖了, 稍微有点儿味儿都能闻见。
Tā bízi tài jiān le, shāowēi yǒudiǎnr wèir dōu néng wénjiàn.
그는 코가 정말 예민해서 냄새가 조금만 나도 맡을 수 있어.

二话没说 [èrhuàméishuō]

두말(딴말)하지 않다.

他二话没说就把钱都借给我了。
Tā èrhuàméishuō jiù bǎ qián dōu jiègěi wǒ le.
그는 두말하지 않고 돈을 전부 내게 빌려 주었다.

我请他帮忙, 他二话没说, 全都答应了。
Wǒ qǐng tā bāngmáng, tā èrhuàméishuō, quándōu dāyìng le.
내가 그에게 도와달라고 부탁하자 그는 두말없이 전부 허락하였다.

耳旁风 [ěrpángfēng]

귀 넘어 듣다. 귀담아 듣지 않다. 마이동풍. = [耳边风]

我平日和你说的, 你全当耳旁风吗?
Wǒ píngrì hé nǐ shuō de, nǐ quán dāng ěrpángfēng ma?
내가 평소 너한테 말한 것을 너는 전부 흘려들었나?

我们的话都是**耳旁风**，你爱听不听。

Wǒmen de huà dōu shì ěrpángfēng, nǐ ài tīng bùtīng.

우리의 말을 모두 귀담아 듣지 마, 듣고 안 듣고는 네가 알아서 해라.

二皮脸 [èrpíliǎn]

철면피. 낯이 두꺼운 사람

在这个行业里过了半辈子，他是谁都公认的**二皮脸**。

Zài zhège hángyè lǐ guò le bànbèizǐ, tā shì shuí dōu gōngrèn de èrpíliǎn.

이 업종에 반평생 일했는데, 그는 누구나 다 아는 낯이 두꺼운 사람이다.

他可真是个**二皮脸**，未经我同意，就拿走了我的笔记本。

Tā kě zhēnshì ge èrpíliǎn, wèijīng wǒ tóngyì, jiù názǒu le wǒ de bǐjìběn.

걔는 정말이지 철면피구나. 내 동의도 없이 내 노트북을 가져갔어.

二五眼 [èrwǔyǎn]

(사람의) 능력이 모자라다. (물품의) 질이 떨어지다. 능력이 모자란 사람. 얼치기.

你办事认真点儿，别总那么**二五眼**的。

Nǐ bànshì rènzhèn diǎnr, bié zǒng nàme èrwǔyǎn de.

너는 일을 할 때 좀 열심히 해라, 늘 그렇게 엉성하게 하지 말고.

他这个人是**二五眼**，哪家单位也不想用他。

Tā zhège rén shì èrwǔyǎn, nǎ jiā dānwèi yě bùxiǎng yòng ta.

그는 무능력해서 어느 부서도 그를 쓰지 않으려 해.

F

发呆 [fādāi]

넋을 잃다. 멍하다.

你发什么呆？
Nǐ fā shénme dāi?
너는 뭣 땜에 멍하게 있니?

他一直站在窗前发呆。
Tā yìzhí zhànzài chuāng qián fādāi
그는 줄곧 창문 앞에 멍하게 서 있다

发福 [fāfú]

몸이 좋아지셨습니다. 후덕해지다. 신수가 훤하다. 살이 찌다.
(주로 중년 이상의 사람에게 살이 쪘다고 말할 때 부드럽게 돌려서 표현)

最近您发福了。
Zuìjìn nín fāfú le.
최근에 신수가 훤해졌군요.

现在生活好了，发福的人多起来了。
Xiànzài shēnghuó hǎo le, fāfú de rén duō qǐláile.
요즘 생활이 좋아지면서 살찌는 사람이 많아지기 시작했어요.

发挥~实力 [fāhuī~shílì]

실력을 발휘하다. 저력을 발휘하다.

上次足球比赛, 韩国队没有完全**发挥**自己应有的**实力**。
Shàngcì zúqiú bǐsài, Hánguóduì méiyǒu wánquán fāhuī zìjǐ yīngyǒu de shílì.
지난번 축구시합에서 한국팀은 자신이 가지고 있던 원래의 실력을 다 발휘하지
못했다.

来看一下小明**发挥实力**的样子吧。
Lái kàn yíxià Xiǎomíng fāhuī shílì de yàngzi ba.
샤오밍이 실력 발휘하는 모습을 보자.

发酒疯 [fā jiǔfēng]

술주정하다.

他每天这样**发酒疯**。
Tā měitiān zhèyàng fā jiǔfēng.
그는 매일 이렇게 술주정을 해.

他喝醉酒就会**发酒疯**, 你要特别小心。
Tā hē zuì jiǔ jiù huì fā jiǔfēng, nǐ yào tèbié xiǎoxīn.
그는 술 마시고 취하면 술주정을 하니 당신이 각별히 조심하세요.

发痒 [fāyǎng]

가렵다. 근질근질하다.

啊, 怎么突然耳根**发痒**, 一定是谁在说我。
A, zěnme tūrán ěrgēn fāyǎng, yídìng shì shuí zài shuō wǒ.

어, 갑자기 귀가 가렵네요, 누가 내 이야기 하나 봐요.

我是个足球迷，一天不和朋友踢一场脚就发痒。
Wǒ shì ge zúqiúmí, yìtiān bù hé péngyou tī yì chǎng jiǎo jiù fāyǎng.
나는 축구광이라 하루에 친구들과 한 게임 하지 않으면 발이 근질거려.

犯不上 [fànbushàng]

~할 만한 가치가 없다. ~할 필요는 없다. ~할 만한 것이 못 된다.= 犯不着
[fànbuzháo]

他一个孩子，犯不上跟他计较。
Tā yíge háizi, fànbushàng gēn tā jìjiào.
쟤는 어린애니까 같이 승강이할 계제가 못 돼.

犯不着为这点小事生气。
Fànbuzháo wèi zhèdiǎn xiǎo shì shēngqì.
이만한 일로 성낼 필요 없다.

饭碗 [fànwǎn]

원래 '밥그릇'란 뜻이나 비유적으로 '직업', '직장'이란 뜻으로 쓰인다.
① **铁饭碗** [tiěfànwǎn] : 철 밥그릇. 안정적인 직업. 평생 직업. 金饭碗 [jīnfànwǎn]
: 금 밥그릇. 좋은 직장. 확실한 직업. (金饭碗이 铁饭碗보다 더 좋은 직업)
② **泥饭碗** [nífànwǎn] : 흙 밥그릇. 瓷饭碗 [cífànwǎn] : 자기 밥그릇. 纸饭碗
[zhǐfànwǎn] : 종이 밥그릇. 玻璃饭碗 [bōlífànwǎn] : 유리 밥그릇 ⇒ 모두 안정
적이지 못한 직업을 의미한다.
③ **砸饭碗** [záfànwǎn] : 밥그릇을 깨다. 打破饭碗 [dǎpòfànwǎn] : 밥그릇을
깨다. 丢饭碗 [diūfànwǎn] : 밥그릇을 잃다. ⇒ 모두 실직하다의 의미를 지닌다.
④ **抢饭碗** [qiǎngfànwǎn] : 남의 직장이나 직위를 빼앗다.

谁都想拥有像铁饭碗一样的工作。

Shuí dōu xiǎng yōngyǒu xiàng tiěfànwǎn yíyàng de gōngzuò.
누구나 철밥통같은 안정적인 직장을 가지고 싶어 한다.

名牌大学的MBA学费太贵，但还是很热门，因为毕业后大部分人可以找到金饭碗。
Míngpái dàxué de MBA xuéfèi tài guì, dàn háishì hěn rèmén, yīnwèi bìyè hòu dàbùfèn rén kěyǐ zhǎodào jīnfànwǎn.
명문대의 MBA 학비는 정말 비싼데도 여전히 인기가 높은 것은 졸업 후에 대부분 좋은 직장을 잡을 수 있기 때문이야.

以前是铁饭碗，现在变成了泥饭碗，谁敢不努力了？
Yǐqián shì tiěfànwǎn, xiànzài biànchéng le nífànwǎn, shuí gǎn bù nǔlì le?
전에는 안정적인 직장이었지만, 지금은 안정적이지 못한 상황으로 변했으니 누가 감히 게으름 피우겠어?

这件事做得好可以升迁，做得不好就砸饭碗啊。
Zhè jiàn shì zuò de hǎo kěyǐ shēngqiān, zuò de bùhǎo jiù záfànwǎn a.
이 일을 잘 처리하면 승진할 수 있고, 잘못하면 실직하게 될 거야.

仿佛 [fǎngfú]

마치~인 듯하다.

他仿佛没听明白我说什么。
Tā fǎngfú méi tīng míngbai shuō shénme.
그는 내가 무슨 말을 했는지 못 알아들은 것 같아.

我初次见她的时候，心里仿佛有一种似曾相识的感觉。
Wǒ chūcì jiàn tā de shíhòu, xīnlǐ fǎngfú yǒu yìzhǒng sìcéngxiāngshí de gǎnjué.
내가 그녀를 처음 보았을 때 마음속에서 마치 이전에 서로 알고 지낸 듯한 느낌을 받았다.

非~不可 [fēi~bùkě]

~하지 않으면 안 된다. 꼭 ~(해야) 한다.

他非要回国不可。
Tā fēi yào huíguó bùkě.
그는 꼭 귀국해야 돼.

咱们再不出发，非误了火车不可。
Zánmen zàibù chūfā, fēi wù le huǒchē bùkě.
우리가 바로 출발하지 않으며 틀림없이 기차를 놓칠 거야.

非同小可 [fēitóngxiǎokě]

이만저만한 일이 아니다. 작은 일이 아니다. 예삿일이 아니다. 경시할 수 없다.

这件事非同小可，我们必须认真对待。
Zhè jiàn shì fēitóngxiǎokě, wǒmen bìxū rènzhēn duìdài.
이 일은 작은 일이 아니니, 우리는 반드시 진지하게 대응해야 합니다.

飞机出了问题，非同小可，它关系到几百人的生命。
Fēijī chū le wèntí, fēitóngxiǎokě, tā guānxidào jǐ bǎi rén de shēngmìng.
비행기에 문제 생기면 보통 일이 아니지, 몇 백 명의 목숨과 직결되니까.

分寸 [fēncun]

(일이나 말의) 적당한 정도나 범위. 한계. 분수. 한도.

说话注意分寸，别冲撞了客人。
Shuōhuà zhùyì fēncun, bié chōngzhuàngle kèrén.

말할 때는 정도를 잘 지켜야지 손님을 화나게 해서는 안 된다.

你这样做有失分寸。
Nǐ zhèyàng zuò yǒushī fēncun.
네가 이렇게 하니 정도가 지나치지.

符合~要求 [fúhé~yāoqiú]
요구에 부합하다.

那家工厂制造的产品在品质方面不符合我们公司的要求。
Nà jiā gōngchǎng zhìzào de chǎnpǐn zài pǐnzhì fāngmiàn bù fúhé wǒmen
gōngsī de yāoqiú.
그 공장에서 제조한 제품은 품질에서 우리 회사의 요구에 부합되지 않는다.

贵公司的打印机样品符合我们的要求。
Guì gōngsī de dǎyìnjī yàngpǐn fúhé wǒmen de yāoqiú.
귀하의 회사에서 보내주신 프린터 샘플이 우리의 요구조건에 잘 맞습니다.

付出~代价 [fùchū~dàijià]
대가를 지불하다.

就是我付出再大的代价我也不会失去她的。
Jiùshì wǒ fùchū zài dà de dàijià wǒ yě búhuì shīqù tā de.
설령 내가 큰 대가를 지불한다 하더라도 나는 그녀를 놓치지 않을 거야.

他为了争取那分工作，可真付出了不少的代价。
Tā wèile zhēngqǔ nà fēn gōngzuò, kě zhēn fùchūle bùshǎo de dàijià.
그는 그 일을 쟁취하기 위해 실로 적지 않은 대가를 지불했다.

负(起)~责任 [fù(qǐ)~zérèn]

책임을 지다.

老师和家长都要对学童的健康发展**负责任**。
Lǎoshī hé jiāzhǎng dōu yào duì xuétóng de jiànkāng fāzhǎn fùzérèn.
선생님과 학부모들은 아동의 건강발전에 대해 모두가 책임을 져야 한다.

对这次发生的事故，政府也要**负起**政治**责任**。
Duì zhècì fāshēng de shìgù, zhèngfǔ yě yào fùqǐ zhèngzhì zérèn.
이번에 발생한 사고에 대해 정부도 정치적 책임을 져야 한다.

G

该不该~ [gāibugāi~]

~를 해야 할지 말아야 할지.

该不该告诉你其实我不爱你。
Gāibugāi gàosu nǐ qíshí wǒ bú ài nǐ.
내가 널 사랑하지 않는 것을 말해야 할까 말아야 할까.

我有些事要跟你一起干，可不知**该不该**现在干。
Wǒ yǒuxiē shì yào gēn nǐ yìqǐ gàn, kě bùzhī gāibugāi xiànzài gàn.
내가 당신과 함께 해야 할 일이 좀 있어, 하지만 지금 해야 할지를 모르겠어.

该怎么样就怎么样 [gāi zěnmeyàng jiù zěnmeyàng]

~해야 하는 대로 그렇게 하다.

虽然他是你的老板, 但有的事该怎么样就怎么样。
Suīrán tā shì nǐ de lǎobǎn, dàn yǒude shì gāi zěnmeyàng jiù zěnmeyàng.
비록 그가 너의 사장이지만 어떤 일은 (네가) 해야 하는 대로 그렇게 하는 거야.

别担心, 没有人会在意, 你该怎么样就怎么样吧。
Bié dānxīn, méiyǒu rén huì zàiyì, nǐ gāi zěnmeyàng jiù zěnmeyàng ba.
걱정 말아요, 신경 쓸 사람이 없으니 당신이 하고자 하는 대로 그렇게 하세요.

敢情 [gǎnqing]

① 물론. 정말. 당연히
② 알고 보니. 원래. 뜻밖에도.

要在这儿建一个公园, 那敢情好!
Yào zài zhèr jiàn yí ge gōngyuán, nà gǎnqing hǎo!
여기에 공원을 조성하다니 정말 잘 됐다!

哟, 这么多好事敢情都是他做的呀!
Yō, zhème duō hǎoshì gǎnqing dōu shì tā zuò de ya!
오, 이렇게 좋은 일을 많이 한 게 알고 보니 모두 그가 한 거였군!

赶着鸭子上架 [gǎnzhe yāzi shàngjià]

오리를 내몰아 횃대에 오르게 하다. 즉, 할 수 없는 일을 무리하게 시키다.

让我唱歌, 这不是赶着鸭子上架吗?
Ràng wǒ chànggē, zhè búshì gǎnzhe yāzi shàngjià ma?

저보고 노래하라니, 이건 제게 억지를 부리는 게 아닌가요?

这次演讲我根本就没准备，完全是被领导赶着鸭子上架。
Zhècì yǎnjiǎng wǒ gēnběn jiù méi zhǔnbèi, wánquán shì bèi lǐngdǎo gǎnzhe yāzi shàngjià.
나는 이번 발표를 전혀 준비하지 못했어, 완전 상사에게 강요당하고 말았지 뭐야.

搞得有声有色 [gǎo de yǒushēngyǒusè]
훌륭히 잘하다.

他小小年纪把工作搞得有声有色，真是前途无量。
Tā xiǎoxiǎo niánjì bǎ gōngzuò gǎo de yǒushēngyǒusè, zhēn shì qiántú-wúliàng.
그는 어린 나이에도 일을 잘 처리하니 진실로 장래가 촉망됩니다.

医学论坛方面的活动搞得有声有色。
Yīxué lùntán fāngmiàn de huódòng gǎo de yǒushēngyǒusè.
의학 논단 방면의 활동이 잘 되고 있습니다.

搁 [gē]
한쪽으로 제쳐두다. 잠깐 놓아두다.

我不难为你了，这事儿先搁着，我们慢慢再谈。
Wǒ bù nánwei nǐ le, zhè shìr xiān gēzhe, wǒmen mànman zài tán.
내가 당신을 난처하게 하지 않겠소, 이 일은 우선 제쳐두고 우리 다음에 천천히 다시 얘기하지요.

这东西颇占空间，先搁在你们那儿吧！
Zhè dōngxi pō zhàn kōngjiān, xiān gē zài nǐmen nàr ba!

이 물건은 꽤 공간을 차지하니 우선 당신 쪽에 두세요.

~个头 [~getóu]

~하는 것 좋아하네.

不可以个头呀，我都知道了，你说实话吧。
Bù kěyǐ getóu ba, wǒ dōu zhīdào le, nǐ shuō shíhuà ba.
안 되는 것 좋아하시네, 내가 다 알고 있으니 너는 바른대로 말해라.

爱你个头，我再也不想听你的谎言了。
Ài nǐ getóu, wǒ zàiyě bùxiǎng tīng nǐ de huǎngyán.
사랑하는 것 좋아하시네, 다시는 당신의 거짓말을 듣고 싶지 않아.

各有各的 [gèyǒugède]

제각기 다른.

对于这个问题，他们各有各的看法。
Duìyú zhège wèntí, tāmen gèyǒugède kànfǎ.
이 문제에 대해 그들은 제각기 다른 견해를 가지고 있어.

不同品牌的汽车各有各的长处。
Bùtóng pǐnpái de qìchē gèyǒugè de chǎngchù.
서로 다른 브랜드 자동차는 제각기 장점을 가지고 있다.

归功(于) [guīgōng(yú)]

~의 덕택이다. ~의 공으로 돌리다.

这次的赫赫成果应该**归功于**政府行政单位。
Zhècì de hèhè chéngguǒ yīnggāi guīgōngyú zhèngfǔ xíngzhèngdānwèi.
이번의 혁혁한 성과는 정부의 행정부서에 그 공을 돌려야 한다.

我认为这次的成功应该**归功于**勤奋的李老夫妇。
Wǒ rènwéi zhècì de chénggōng yīnggāi guīgōngyú qínfèn de lǐ lǎo fūfù.
이번에 성공한 것은 부지런한 이씨 노부부의 덕택이라고 저는 생각합니다.

归咎于 [guījiùyú]

~의 탓으로 돌리다.

不要把那事**归咎于**你的错，我们都有责任。
Búyào bǎ nà shì guījiùyú nǐ de cuò, wǒmen dōu yǒu zérèn.
그 일을 너의 탓으로 돌리지마, 우리 모두 책임이 있어.

这次事故应该**归咎于**政府。
Zhècì shìgù yīnggāi guījiùyú zhèngfǔ.
이번 불행한 사고는 마땅히 정부 탓으로 돌릴 수 있어.

给~带来麻烦 [gěi~dàilái máfan]

~에게 폐를 끼치다.

我给你**带来**很多**麻烦**，临行之前特意赶来给您陪罪。
Wǒ gěi nǐ dàilái hěnduō máfan, línxíng zhīqián tèyì gǎnlái gěi nín péizuì.

제가 당신에게 많은 폐를 끼쳤는데, 떠나기 전에 특별히 당신을 찾아와 사죄하는 바입니다.

你这些招风的言论早晚会给你带来麻烦。
Nǐ zhèxiē zhāofēng de yánlùn zǎowǎn huì gěi nǐ dàilái máfán.
너의 이런 시비를 일으키는 언사는 조만간 너에게 번거로움을 가져다줄 거야.

给~脸色看 [gěi~liǎnsè kàn]

~에게 불쾌한 표정을 짓다. ~에게 싫은 내색을 보이다.

我最恨别人给我脸色看。
Wǒ zuì hèn biérén gěi wǒ liǎnsè kàn.
나는 남이 내게 불쾌한 표정을 짓는 게 가장 싫어.

怎么? 不服气啊? 干嘛给我脸色看?
Zěnme? bùfúqì a? gànma gěi wǒ liǎnsè kàn?
왜 그래? 억울해? 왜 내게 인상을 쓰지?

给~颜色看 [gěi~yánsè kàn]

누구에게 본때를 보여주다.

我一定要给他点颜色看。
Wǒ yídìng yào gěi tā diǎn yánsè kàn.
나는 반드시 본때를 보여주고 말거야.

这个仇我记下了, 我一定要给他颜色看。
Zhège chóu wǒ jìxià le, wǒ yídìng yào gěi tā yánsè kàn.
이 원한을 내가 기억해서 반드시 그에게 본때를 보여주고 말거야.

天天吃这种饭, 我都吃够了。
Tiāntiān chī zhè zhǒng fàn, wǒ dōu chī gòu le.
매일 이런 밥 먹는 거, 나는 물리도록 먹었어.(더 이상 안 먹고 싶어)

这种工作我干够了。
Zhè zhǒng gōngzuò wǒ gān gòu le.
이런 일 나는 싫증나도록 했어.

你真够朋友。
Nǐ zhēn gòu péngyou.
너는 정말 진정한 친구야. (너는 정말 친구가 될 만해.)

当篮球运动员个子必须要够高。
Dāng lánqiú yùndòngyuán gèzi bìxū yào gòu gāo.
농수선수 되려면 키가 반드시 충분히 커야 돼.

够丢人的。
Gòu diūrén de.
정말 창피해요.

够呛 [gòuqiàng]

힘겹다. 죽겠다. 지독하다. 힘들 것 같다.

这几天气温都在三十度以上, 热得够呛。
Zhè jǐ tiān qìwēn dōu zài sānshí dù yǐshàng, rè de gòuqiàng.
요 며칠 기온이 30도 이상 계속되어 더워 죽겠어.

你说妈妈能同意吗？我看够呛。

Nǐ shuō māma néng tóngyì ma? wǒ kàn gòuqiàng.
너 엄마가 허락해 주실 것 같아? 내가 보기에 힘들 것 같아.

辜负~的好意 [gūfù~de hǎoyì]

호의를 저버리다.

他对你是一片真心，你千万别辜负他对你的好意。
Tā duì nǐ shì yípiàn zhēnxīn, nǐ qiānwàn bié gūfù tā duì nǐ de hǎoyì.
그는 너에게 일편단심이야, 너에 대한 그의 호의를 절대로 저버리면 안 돼.

你这样粗心做事会辜负人家的好意。
Nǐ zhèyàng cūxīn zuòshì huì gūfù rénjiā de hǎoyì.
네가 이렇게 경솔하게 일을 처리하면 남의 호의를 저버리게 되는 거지.

姑息 [gūxī]

지나치게(무원칙적으로) 관용을 베풀다. 제멋대로 하게 두다.

对这样的人不应该姑息。
Duì zhèyàng de rén bù yīnggāi gūxī.
이런 사람은 제멋대로 하게 둬서는 안 돼.

他公开姑息他的家人，引起了人们的不满。
Tā gōngkāi gūxī tā de jiārén, yǐnqǐle rénmen bùmǎn.
그가 공공연히 그의 가족에게 관대하게 대하여 남들의 불만을 일으켰다.

怪 [guài]

这件事怪我提前没说清楚。
Zhè jiàn shì guài wǒ tíqián méi shuō qīngchu.
이 일은 미리 확실하게 말하지 못한 내 탓이다.

这次没考好，不怪老师，怪我自己没复习。
Zhècì méi kǎo hǎo, bú guài lǎoshī, guài wǒ zìjǐ méi fùxí.
이번 시험 잘 못 친 것은 선생님 탓이 아니라 내 자신이 복습하지 않았기 때문이다.

怪不得 [guàibude]

어쩐지~라더니.

怪不得他一天都很难过，原来跟女朋友分手了。
Guàibude tā yìtiān dōu hěn nánguò, yuánlái gēn nǚpéngyou fēnshǒu le.
어쩐지 그가 종일 우울해 하더라니, 알고 보니 여자 친구랑 헤어진 거였구나.

怪不得今天这么冷，原来下雪了。
Guàibude jīntiān zhème lěng, yuánlái xiàxué le.
어쩐지 오늘 이렇게 춥다했더니, 알고 보니 눈이 왔군.

管闲事 [guǎnxiánshì]

쓸데없이 참견하다. 자기와 무관한 남의 일에 간섭하다. 오지랖이 넓다.

你最好不要管闲事。
Nǐ zuìhǎo búyào guǎnxiánshì.
너는 가능하면 쓸데없이 남의 일에 참견하지 않는 게 좋아.

管闲事落不是，何苦呢？

guǎnxiánshì luò búshì, hékǔ ne?

주제 넘는 일을 하면 비난 받을 건데, 그럴 필요가 있니?

惯 [guàn]

① 습관이 되다. 익숙해지다.
② ~하기를 좋아하다. 애지중지하다.

奶奶太惯孙子了。

Nǎinai tài guàn sūnzi le.

할머니는 손자를 너무 애지중지 하신다.

你别惯着他，对他没好处。

Nǐ bié guànzhè tā, duì tā méi hǎochù.

너는 그를 편애하지 마라, 그에게 좋지 않아.

过度 [guòdù]

과도하게 ~을 하다.

我妈一直担心我过度操劳。

Wǒ mā yìzhí dānxīn wǒ guòdù cāoláo.

우리 엄마는 내가 과도하게 일을 할까 늘 걱정합니다.

他运动过度，结果反而伤了自己的身体。

Tā yùndòng guòdù, jiéguǒ fǎn'ér shāngle zìjǐ de shēntǐ.

그는 운동을 과도하게 하여 결과적으로 도리어 자신의 몸을 해쳤다.

过了头 [guòletóu]

~가 지나치다.

小心减肥减过了头。
Xiǎoxīn jiǎnféi jiǎn guòletóu.
다이어트 하다가 정도가 지나치지 않도록 주의해야 해.

你别高兴得过了头，小心你的高血压。
Nǐ bié gāoxìng de guòletóu, xiǎoxīn nǐ de gāoxuèyā.
너무 지나치게 기뻐하지 마세요, 당신의 고혈압을 주의해야지요.

过问 [guòwèn]

참견하다. 따져 묻다. 간섭하다. 관심을 가지다. 관여하다.

你别过问这件事。
Nǐ bié guòwèn zhè jiàn shì.
너는 이 일에 지나치게 참견하지 마라.

不要过问朋友的私事儿。
Búyào guòwèn péngyou de sī shìr.
친구의 사적인 일에 참견하지 마라.

H

还不~! [hái bù~!]

어서~하지 않고 뭘 해.

还不跪下来!
Hái bù guì xiàlái!
어서 꿇어앉지 않고 뭘 해!

还不赶快出去找她!
Hái bù gǎnkuài chūqù zhǎo tā!
어서 빨리 그녀를 찾지 않고 뭘 해!

还~吗 [hái~ma]

(아직도, 또) ~하려 하냐?

你已经喝了两瓶啤酒了, **还**喝**吗**?
Nǐ yǐjīng hēle liǎng píng píjiǔ le, hái hē ma?
너 벌써 맥주 두병이나 마셨는데, 또 먹니?

老家没有亲人了, 咱们**还**回去**吗**?
Lǎojiā méiyǒu qīnrén le, zánmen hái huíqù ma?
고향에 친척이 없는데, 우리는 그래도 고향에 돌아가야 되요?

还有什么可~的？ [háiyǒu shénme kě~de?]

~할 만한 것이 어디 있겠어요?

A : 你生气了吗？

　　Nǐ shēngqì le ma?

　　너 화났니?

B : 我还有什么可气的！

　　Wǒ háiyǒu shénme kě qì de!

　　내가 화낼 게 뭐 있겠어요!

那个粗手笨脚的家伙，还有什么可指望的。

Nàge cūshǒubènjiǎo de jiāhuo, háiyǒu shénme kě zhǐwàng de.

그렇게 굼뜬 인간에게 바랄 게 어디 있겠어요.

孩子气 [háiziqì]

철이 없어 어린애 같다.

那时候我太孩子气，可现在我长大懂事了。

Nàshíhòu wǒ tài háiziqì, kě xiànzài wǒ zhǎngdà dǒngshì le.

그때 나는 너무 철이 없어 어린애 같았지만 지금은 자라서 철들었어요.

虽然他那张脸孩子气未减，不过他的想法很成熟。

Suīrán tā nà zhāng liǎn háiziqì wèi jiǎn, búguò tā de xiǎngfǎ hěn chéngshú.

비록 그의 얼굴은 어린 티가 가시지 않았으나 생각하는 것이 어른스럽다.

害 [hài]

손해를 입히다. 해를 끼치다. 해치다.

你没来，**害**得我等了一个小时。
Nǐ méilái, hài de wǒ děng le yí ge xiǎoshí.
네가 안 오는 바람에 난 한 시간 동안 기다렸어.

忘了带钥匙，**害**得我在门外冻了半天。
Wàngle dài yàoshi, hài de wǒ zài ménwài dòngle bàntiān.
열쇠를 가져온다는 걸 잊어버려서 문밖에서 나는 한참동안 떨었다.

毫不~地 [háobù~de]

조금도~하지 않고.

她**毫不**保留**地**当众公开了自己的私生活。
Tā háobù bǎoliú de dāngzhòng gōngkāile zìjǐ de sīshēnghuó.
그녀는 조금도 보류하지 않고 대중 앞에서 자신의 사생활을 공개했다.
他**毫不**隐瞒**地**吐露自己的心事。
Tā háobù yǐnmán de tǔlù zìjǐ de xīnshì.
그는 조금도 숨기지 않고 자신의 속마음을 토로했다.

好 [hǎo]

① 好 [hǎo] +동사 : 잘 ~하다. ~하기 쉽다. ~하기 일쑤.
② ~하도록. ~하기 위하여

这么多东西不**好**带。
Zhème duō dōngxi bù hǎo dài.
이렇게 많은 물건은 가지고 다니기 쉽지 않아.

那首歌很好学，连小朋友都学会了。

Nà shǒu gē hěn hǎo xué, lián xiǎo péngyou dōu xuéhuì le.

그 노래는 배우기 쉬워서 어린 아이도 배워서 부를 수 있어.

今天早点儿睡，明天好早起。

Jīntiān zǎo diǎnr shuì, míngtiān hǎo zǎoqǐ.

오늘 조금 일찍 자야 돼, 내일 일찍 일어나기 위해.

你到了以后马上来个电话，好叫家里人放心。

Nǐ dào le yǐhòu mǎshàng lái ge diànhuà, hǎo jiào jiāli rén fàngxīn.

너 도착한 후에 바로 전화해, 가족들이 안심하도록.

好不 [hǎobù]

매우. 아주. 몹시.
好不 +쌍음절 형용사 = 긍정의 뜻을 의미함.

今天的足球比赛韩国队赢了，球迷们好不高兴。

Jīntiān de zúqiú bǐsài hánguóduì yíng le, qiúmímen hǎobù gāoxìng.

오늘 축구시합은 한국팀이 이겨서 축구팬들이 매우 기뻐했다.

春节到了，百货商店里好不热闹。

Chūnjié dào le, bǎihuòshāngdiàn li hǎobù rènao.

설날이 되니, 백화점이 매우 시끌벅적하네.

好歹 [hǎodǎi]

좌우간. 되는대로. 대충대충. 그런대로.

这儿的条件不太好，你们好歹住两天吧。

Zhèr de tiáojiàn bútài hǎo, nǐmen hǎodǎi zhù liǎng tiān ba.

여기 조건이 그다지 좋지 않으니 너희는 이틀 동안 대충 지내라.

虽然急着赶火车, 但好歹吃一点儿再走吧。
Suīrán jízhe gǎn huǒchē, dàn hǎodǎi chī yìdiǎnr zài zǒu ba.
서둘러 기차 타러 가야 되지만, 그래도 되는대로 조금 먹고 가자.

好好先生 [hǎohǎo xiānsheng]
무골호인. 예스 맨 (Yes Man)

我何必为这点儿小事得罪人呢, 还是做个好好先生吧。
Wǒ hébì wèi zhèdiǎnr xiǎoshì dézuì rén ne, háishì zuò ge hǎohǎo xiānsheng ba.
내가 구태여 이 조그만 일로 남의 미움 살 필요 있니, 호인이 되는 게 낫지.

他是个好好先生。
Tā shì ge hǎohǎo xiānsheng.
그는 호인이다.

好话 [hǎohuà]
듣기 좋은 말. 칭찬. 유익한 말. 사정하는 말. 유감스러운 뜻. 미안함의 뜻을 표하는 말.

你跟我说好话也没用, 我必须按规定办。
Nǐ gēn wǒ shuō hǎohuà yě méiyòng, wǒ bìxū àn guīdìng bàn.
네가 내게 듣기 좋은 말을 해도 소용없어, 나는 원칙대로 할 거니까.

说了很多好话, 才借到这本书。
Shuō le hěn duō hǎohuà, cái jiēdào zhè běn shūi.
온갖 사정을 말한 후 겨우 이 책을 빌렸다.

好容易 [hǎoróngyì]

겨우. 간신히. 가까스로. (= 好不容易 [hǎobùróngyì])

我好容易找到这些资料，你一定要保存好。
Wǒ hǎoróngyì zhǎodào zhèxiē zīliào, nǐ yídìng yào bǎocún hǎo.
내가 가까스로 이 자료를 찾았으니, 너는 반드시 잘 보존해야 돼.

自行车坏了，好不容易才修好。
Zìxíngchē huài le, hǎobùróngyì cái xiūhǎo.
자전거가 고장 나서 간신히 수리했다.

好说话儿 [hǎoshuōhuàr]

(성격이 좋아) 말을 붙이거나 접촉하기가 쉽다. 말하기 편하다.

这个人好说话儿，你有什么事就去找他吧。
Zhège rén hǎoshuōhuàr, nǐ yǒu shénme shì jiù qù zhǎo tā ba.
이 사람은 말하기가 좋으니 무슨 일이 생기면 그를 찾아가봐라.
你碰上好说话儿的了，要不，决不会饶了你。
Nǐ pèngshàng hǎoshuōhuàr de le, yàobù jué búhuì ráo le nǐ.
네가 우연히 성격 좋은 사람 만나서 말하기가 쉬웠지, 그렇지 않았다면 절대 너를 용서하지 않았을 거야.

好像~似的 [hǎoxiàng~shìde]

아마도 ~인 듯하다.

她今天显得无精打彩，好像有什么心事似的。
Tā jīntiān xiǎnde wújīngdǎcǎi, hǎoxiàng yǒu shénme xīnshì shìde.
그녀가 오늘 힘이 없어 보여, 아마 무슨 고민이 있는 듯해.

他好像小孩似的不懂事。

Tā hǎoxiàng xiǎohái shìde bù dǒngshì。

그는 마치 어린애처럼 철이 없어.

好在 [hǎozài]

다행히도. 운 좋게.

船翻了，好在大家都会游泳，没发生危险。

Chuán fān le, hǎozài dàjiā dōu huì yóuyǒng, méi fāshēng wēixiǎn。

배가 전복되었는데, 운 좋게도 모두 수영할 줄 알아 위험한 일은 일어나지 않았어.

下大雨了，好在我带了雨伞，所以没被淋湿。

Xià dàyǔ le, hǎozài wǒ dài le yǔsǎn, suǒyǐ méi bèi línshī。

비가 많이 왔으나 다행히도 우산을 가져와서 흠뻑 젖지 않았어.

何必 [hébì]

구태여(하필) ~할 필요가 있는가. ~할 필요가 없다.

谁都知道的事实，何必再说呢？

Shuí dōu zhīdào de shìshí, hébì zài shuō ne?

누구나 다 아는 사실인데, 구태여 더 말할 필요가 있는가?

天都这么黑了，何必还要出去呢？

Tiān dōu zhème hēi le, hébì háiyào chūqù ne?

날이 이렇게 어두운데, 구태여 밖에 나가야 할 필요가 있니?

何不~ [hébù~]

~해 보지 그래요.

天气暖和了, 何不去外面看看!
Tiānqì nuǎnhuo le, hébù qù wàimian kànkan!
날이 따뜻해졌어요, 밖에 나가서 좀 보지 그래요!

何不带一把雨伞去!
Hébù dài yì bǎ yǔsǎn qù!
우산을 하나 들고 가지 그래요!

合不来 [hébulái]

마음이(손발이) 맞지 않다. ↔ [合得来]

他的脾气太怪了, 跟谁都合不来。
Tā de píqì tài guài le, gēn shuí dōu hébulái.
그는 성미가 괴팍해서 누구와도 마음이 맞지 않아.

她跟我的同屋合不来。
Tā gēn wǒ de tóngwū hébulái.
그녀는 내 룸메이트와 성격이 맞지 않아.

何尝 [hécháng]

결코~가 아니다. 언제~한 적이 있었느냐 (결코 ~한 적이 없다. 반문의 의미)

我何尝不想去, 只是没时间罢了。
Wǒ hécháng bùxiǎng qù, zhǐshì méi shíjiān bàle.

내가 언제 가지 않으려고 했니, 단지 시간이 없을 뿐이지.

她也何尝不是这么想？
Tā yě héchǎng búshì zhème xiǎng?
그녀 또한 어찌 그렇게 생각하지 않았겠니?

何苦 [hékǔ]

(반문의 어기)무엇이 안타까워서인가. 무엇 때문인가.

你何苦为这点儿小事, 不吃不喝闹情绪呢？
Nǐ hékǔ wèi zhèdiǎnr xiǎoshì, bù chī bù hē nàoqíngxù ne?
너는 무엇 때문에 이 작은 일로 먹지도 마시지도 않고 불만이니?

早知道他不肯帮忙, 我们何苦走这么远的路呢？
Zǎo zhīdào tā bùkěn bāngmáng, wǒmen hékǔ zǒu zhème yuǎn de lù ne?
그가 도와줄 마음이 없다는 걸 진작 알았더라면 우리가 무엇 때문에 이렇게 먼 길을 갔겠나?

何况~呢 [hékuàng~ne]

하물며. 더군다나.

连三岁孩子都知道, 何况我呢？
Lián sān suì háizi dōu zhīdào, hékuàng wǒ ne?
세 살 아이도 아는데, 하물며 내가 모르겠니?

他连方便面都不能泡, 何况泡菜呢？
Tā lián fāngbiànmiàn dōu bùnéng pào, hékuàng pàocài ne?
그는 라면조차도 끓일 줄 모르는데, 하물며 김치를?

和(跟)〜作对 [hé(gēn)〜zuòduì]

~에게 반발하다.

他故意跟我们作对。
Tā gùyì gēn wǒmen zuòduì.
그는 고의적으로 우리에게 반발하는 거야.

你找死吗? 竟敢和他作对!
Nǐ zhǎo sǐ ma? jìnggǎn hé tā zuòduì!
너 죽고 싶어서 그래? 감히 그에게 도전하다니!

黑 [hēi]

(속이) 검다. 나쁘다. 악독하다. 양심을 팔다.

这家伙真黑, 抢了钱还杀人灭口。
Zhè jiāhuo zhēn hēi, qiǎng le qián hái shārénmièkǒu.
이놈은 정말 악독해, 돈 빼앗고 사람을 죽여 증거까지 없앴어.

你可真够黑的, 连房子都收回去了, 让他们娘俩住哪儿呀!
Nǐ kě zhēn gòu hēi de, lián fángzi dōu shōu huíqù le, ràng tāmen niǎngliǎ zhù nǎr ya!
너 정말 지독해, 방조차 모두 취소하면 그들 어머니 둘은 어디에 머무니!

恨不得 A [hènbude] (정말 A하고 싶으나 할 수 없다)
~못하는 것이 한스럽다(안타깝다). 간절히 ~하고 싶다. = [恨不能]
= [巴不得] : 희망사항이 실현 가능한 경우 사용.

他做事太慢了, 我恨不得替她做。
Tā zuòshì tàimàn le, wǒ hènbude tì tā zuò.

그는 일하는 것이 매우 느려, 그녀가 대신 와서 해주길 몹시 바래.

我恨不得一天就学会说汉语。
Wǒ hènbude yìtiān jiù xuéhuì shuō hànyǔ.
나는 하루 만에 중국어를 배워서 말할 수 있으면 좋겠어.

红过脸 [hóngguòliǎn]

얼굴을 붉히다. 서로 싸움을 하거나 말다툼하는 것을 의미한다.

我们俩一次都没红过脸。
Wǒmenliǎ yícì dōu méi hóngguòliǎn.
우리 둘은 한 번도 얼굴 붉힌 적 없었어.

她性格特好，从没跟人红脸过，谁娶了她那算是有福气。
Tā xìnggé tè hǎo, cóng méi gēn rén hóngguòliǎn, shuí qǔ le tā nà suànshì yǒu fúqì.
그녀는 성격이 좋아 지금까지 남과 다툰 적이 없으니, 누가 그녀에게 장가들면 그건 복 받은 셈이지.

红娘 [hóngniáng]

홍낭. (西廂記에 나오는 시녀 이름) 남녀 간의 사랑을 맺어주는 여자. 중매쟁이.
남자 중매쟁이는 月老(月下老人)

我不知给他当过多少次红娘，可是都没成功。
Wǒ bùzhī gěi tā dāngguò duōshǎo cì hóngniáng, kěshì dōu méi chénggōng.
내가 그에게 얼마나 많이 주선해 주었는지 몰라, 그런데 다 성공하지 못했어.

多谢，没有你这个红娘，我们也走不到一起。

Duōxiè, méiyǒu nǐ zhège hóngniáng, wǒmen yě zǒu búdào yìqǐ.
정말 감사해요. 당신이 주선해주지 않았다면 저희는 함께 하지 못했을 거예요.

红人 [hóngrén]

아메리칸 인디언.
윗사람에게 총애 받는 사람. 총아. 인기 있는 사람. 잘 나가는 사람.

你不能跟他比, 在老师面前他可是个大红人。
Nǐ bùnéng gēn tā bǐ, zài lǎoshī miànqián tā kěshì ge dà hóngrén.
너는 그와 비교할 수 없어, 선생님에게 있어 그는 잘 나가는 사람이야.

我怎么能跟你比, 你是领导的大红人呀！
Wǒ zěnme néng gēn nǐ bǐ, nǐ shì lǐngdǎo de dà hóngrén ya!
내가 어떻게 너와 견줄 수 있니, 너는 상사에게 총애 받는 사람이잖아.

糊涂虫 [hútuchóng]

바보. 멍텅구리. = [糊涂蛋]

你这个糊涂虫, 这个坏习惯什么时候能改掉啊？
Nǐ zhège hútuchóng, zhège huài xíguàn shénme shíhòu néng gǎidiào a?
이 멍청아, 이 나쁜 습관을 언제 고칠 수 있을까?

你什么也不懂, 简直是个糊涂虫。
Nǐ shéme yě bù dǒng, jiǎnzhí shì ge hútuchóng.
너는 아무것도 모르는 군, 그야말로 멍텅구리네.

花花公子 [huāhuāgōngzǐ]

부잣집의 방탕한 자식. 난봉꾼. 플레이보이.

原来他是花花公子, 别提他了, 没胃口。
Yuánlái tā shì huāhuāgōngzǐ, biétí tā le, méi wèikǒu.
알고 보니 그 사람 바람둥이였어, 그 사람 얘기 꺼내지 마라, 밥 맛 없어.

人家就是兴趣广泛, 怎么成了花花公子了。
Rénjiā jiùshì xìngqù guǎngfàn, zěnme chéng le huāhuāgōngzǐ le.
그 사람은 다양한 취미가 있는데, 어쩌다가 바람둥이가 되었지?

换言之 [huànyánzhī]

바꿔 말하면. 환언(换言)하면.

她是我母亲的姐姐, 换言之, 是我阿姨。
Tā shì wǒ mǔqīn de jiějie, huànyánzhī, shì wǒ āyí.
그녀는 엄마의 언니예요, 다시 말하면 저의 이모예요.

换言之, 这个产品是合格品。
Huànyánzhī, zhège chǎnpǐn shì hégépǐn.
환언하면, 이 제품은 합격품입니다.

黄 [huáng]

사업이나 일 혹은 계획 등이 실패하다. 망치다. 글렀다.

看来, 我们寒假去旅游的计划又黄了。
Kànlái, wǒmen hánjià qù lǚyóu de jìhuà yòu huáng le.

보아하니, 우리 겨울 방학에 여행 가려던 계획이 또 글렀어.

这桩买卖黄了, 还有那项工程呢, 别灰心。
Zhè zhuāng mǎimài huáng le, háiyǒu nà xiàng gōngchéng ne, bié huīxīn.
이 장사는 실패했는데, 아직 그 프로젝트는 있네, 낙담하지 마.

会来事儿 [huìláishìr]

인간관계에서 생기는 문제를 잘 처리한다. 남의 비위(환심)를 살 줄 안다.

他这个人很会来事儿。
Tā zhège rén hěn huìláishìr.
그는 대인관계를 잘 처리한다.

妻子特别会来事儿, 亲切朋友都很喜欢她。
Qīzi tèbié huìláishìr, qīnqiè péngyou dōu hěn xǐhuan tā.
아내는 특히 붙임성이 좋아서 친척과 친구들이 모두 그녀를 좋아해.

混不下去 [hùnbùxiàqù]

더 이상 생활이나 일의 방도가 없다.
'混'은 생활을 위해 직업을 찾는 방도를 생각하거나 생활이 분주하게 되는 것을 말한다.

你要是混不下去就来找我。
Nǐ yàoshi hùnbùxiàqù jiù lái zhǎo wǒ.
네가 만약 생계를 유지할 수 없으면 나를 찾아와.

他是在国外实在混不下去了才回来的。
Tā shì zài guówài shízài hùnbùxiàqù le cái huílái de.
그는 외국에서 정말로 생업을 꾸릴 수 없게 되자 돌아왔어.

豁出去 [huōchuqu]

어떤 일을 필사적으로 하다. 죽기 살기로 하다.

我觉得女人一旦豁出去，任何人都挡不了。
Wǒ juéde nǚrén yídàn huōchuqu, rènhé rén dōu dǎngbùliǎo.
내 생각에 여자가 일단 필사적으로 하기 시작하면 아무도 말릴 수 없을 것 같아.

实情已到了这种地步，我也只好豁出去了。
Shíqíng yǐ dàole zhè zhǒng dìbù, wǒ yě zhǐhǎo huōchuqu le.
일이 이미 이 지경에 이르렀으니 나도 죽기 살기로 하는 수밖에 없어.

火烧火燎的 [huǒshāohuǒliǎo de]

(속이) 지글지글하다. 몸이 화끈 달다. 마음속이 몹시 초조하다.

听说发生了事故，他心里火烧火燎的。
Tīngshuō fāshēngle shìgù, tā xīnli huǒshāohuǒliǎo de.
사고가 발생했다는 것을 듣자 그는 속으로 매우 초조해 했다.

看她火烧火燎的样子，我也替她捏了把汗。
Kàn tā huǒshāohuǒliǎo de yàngzi, wǒ yě tì tā niē le bǎ hàn.
그녀가 안절부절 하는 모양을 보니, 나도 그녀 때문에 손에 땀을 쥐었다.

和稀泥 [huòxīní]

(사태·불화 따위를) 두리뭉실하게 수습하다. (원칙 없이) 되는대로 하다.
적당히 구슬려 화해(절충)시키다.

你别在这儿和稀泥。
Nǐ bié zài zhèr huòxīní.

너 대충 넘어가려고 하지 마.

家务事很难说谁是谁非，只能和稀泥了事。
Jiāwùshì hěn nánshuō shuí shì shuí fēi, zhǐnéng huòxīní liǎoshì.
집안일은 누가 옳고 누가 그르다고 말하기 어려워 일을 대충 마무리 할 뿐이야.

J

鸡蛋里挑骨头 [jīdànli tiāogǔtou]

계란 안에서 뼈를 찾다. 억지로 남의 결점을 들추어내다.
어떤 사람이 아주 까다롭게 군다.

老板就爱鸡蛋里挑骨头，你们小心点儿。
Lǎobǎn jiù ài jīdànli tiāogǔtou, nǐmen xiǎoxīndiǎnr.
사장님은 그냥 트집 잡는 걸 좋아하니, 너희들 조심해라.

对质量我们要有'鸡蛋里挑骨头'精神，这样才能在市场上站住脚。
Duì zhìliàng wǒmen yào yǒu 'jīdànli tiāogǔtou' jīngshen, zhèyàng cái néng zài shìchǎng shàng zhànzhùjiǎo.
품질에 대해 우리는 '계란 속의 뼈를 찾듯' 까다로운 정신을 가지고 있어야만 우리 상품이 시장에 발을 붙일 수 있어.

鸡毛蒜皮 [jīmáo suànpí]

닭털과 마늘 껍질. 사소하고 보잘것없는 일.

别为这么点儿鸡毛蒜皮的事生气，真不值得。

Bié wèi zhèmediǎnr jīmáo suànpí de shì shēngqì, zhēn bù zhíde.
이런 자질구레한 일로 열내지마, 그럴만한 가치도 없어.

这些鸡毛蒜皮的事还用得着你做，你去看书吧。
Zhèxiē jīmáo suànpí de shì hái yòng de zháo nǐ zuò, nǐ qù kànshū ba.
이런 보잘 것 없는 일을 아직도 네가 할 필요 있니, 너는 가서 책 봐라.

挤对 [jǐdui]

강요하다. 궁지로 몰다. 난처하게 하다. (말이나 행동으로) 업신여기다. 헐뜯다.

他不愿意，就别挤对他了。
Tā bú yuànyì, jiù bié jǐdui tā le.
그가 원하지 않으면 그를 난처하게 하지 마.

我从来没上台唱过歌儿，你这不是挤对人吗？
Wǒ cónglái méi shàngtái chàngguò gēr, nǐ zhè búshì jǐdui rén ma?
나는 여태 무대에서 노래한 적이 없는데, 너 이건 사람을 궁지로 모는 것 아니니?

既然 [jìrán]

기왕 ~하는 마당에. 이미 ~이렇게 된 바에야. 기왕 그렇게 된 이상.

既然你那么喜欢她，为什么不跟她结婚呢？
Jìrán nǐ nàme xǐhuan tā, wèishénme bù gēn tā jiéhūn ne?
그 여자를 그렇게 좋아하게 된 이상 왜 그녀와 결혼하지 않죠？
既然你那么喜欢吃花生米，你就多带一点儿花生去吧。
Jìrán nǐ nàme xǐhuan chī huāshēngmǐ, nǐ jiù duō dài yìdiǎnr huāshēng qù
ba.
당신이 그렇게도 땅콩을 좋아하니 땅콩 좀 많이 갖고 가세요.

家常便饭 [jiāchángbiànfàn]

평소 집에서 먹는 식사(밥). 흔히 있는 일. 다반사.

对他来说加班熬夜是家常便饭。
Duì tā láishuō jiābān áoyè shì jiāchángbiànfàn.
그에게 야근과 철야는 다반사이다.

这种事是家常便饭。
Zhè zhǒng shì shì jiāchángbiànfàn.
이런 일은 아주 흔하다.

家道中落 [jiādàozhōngluò]

가문이 중도에 쇠퇴하다. 가문이 몰락하다.

家有枯树，家道会中落的。
Jiā yǒu kūshù, jiādào huì zhōngluò de.
집에 시든 나무가 있으면 집 운이 몰락할 거야.

他三岁时，家道中落，后来父亲得了重病，不久离开人世。
Tā sān suì shí, jiādàozhōngluò, hòulái fùqīn déle zhòngbìng, bùjiǔ líkāi rénshì.
그가 세 살 때 집안이 몰락했고, 후에 부친은 병을 얻어 얼마 되지 않아 세상을 떠났어.

夹生饭 [jiāshēngfàn]

설익은 밥. 선 밥.
어중간하게 된 일(작업). 처음부터 철저하게 하지 않아 나중에도 완성하기 곤란한 일.

学习语言不要煮夹生饭。

Xuéxí yǔyán búyào zhǔ jiāshēngfàn.

언어를 공부하면서 설익은 밥처럼 대충 해서는 안 돼.

事情一旦搞成夹生饭就不好办了。

Shìqíng yídàn gǎo chéng jiāshēngfàn jiù bù hǎobàn le.

일이 일단 어중간하게 되어 버리면 처리하기 쉽지 않아.

见不得人的事 [jiànbùdé rén de shì]

남부끄러운 일.

我又不是干见不得人的事，还怕谁？

Wǒ yòu búshì gàn jiànbùdé rén de shì, hái pà shuí?

남부끄러운 일을 하는 것도 아닌데, 누구를 두려워하겠어요?

你干那么见不得人的事，还有脸见我？

Nǐ gàn nàme jiànbùdé rén de shì, háiyǒu liǎn jiàn wǒ?

너는 그런 남부끄러운 일을 하고도 내 얼굴을 볼 면목이 있니?

见怪 [jiànguài]

탓하다. 나무라다. 언짢아하다. 타박하다. 고깝게 여기다.

小孩子不懂事，请您不要见怪。

Xiǎo háizi bù dǒngshì, qǐng nín búyào jiànguài.

어린아이가 철이 없어서 그러니, 언짢아하지 마십시오.

事先没来得及跟你商量，我们就决定了，你不要见怪。

Shìxiān méi láidejí gēn nǐ shāngliang, wǒmen jiù juédìng le, nǐ búyào jiànguài.

사전에 너와 의논하지 않고 우리가 결정한 것에 너무 탓하지 마.

简直(算)是 [jiǎnzhí(suàn)shì]

거의 ~와 마찬가지다. 그야말로.

那个外国人汉语说得很好，简直是中国人。

Nà ge wàiguórén Hànyǔ shuō de hěn hǎo, jiǎnzhíshì Zhōngguórén.

그 외국인은 중국어를 매우 잘하는데, 그야말로 중국인과 같아요.

修理录音机，对他来说简直是小菜一碟。

Xiūlǐ lùyīnjī, duì tā láishuō jiǎnzhíshì xiǎocài yì dié.

녹음기를 수리하는 것은 그에게는 그야말로 식은 죽 먹기지.

见过世面 [jiànguò shìmiàn]

세상물정을 두루 겪다.

你是见过世面的人，不该跟他们一般见识。

Nǐ shì jiànguò shìmiàn de rén, bù gāi gēn tāmen yìbānjiànshí.

당신은 세상물정을 두루 겪은 사람이니, 그들과 같아서는 안 돼지요.

她是个见过世面的女人，不管遇到什么事儿都不会害怕。

Tā shì ge jiànguò shìmiàn de nǚren, bùguǎn yùdào shénme shìr dōu búhuì hàipà.

그녀는 세상물정을 두루 겪은 여자로, 어떤 일을 만나도 두려워하지 않아요.

讲价儿 [jiǎngjiàr] = 讲价钱 [jiǎngjiàqian]

값을 흥정하다. (임무를 맡거나 담판을 할 때) 요구·조건을 내세우다. 교섭하다.

在自由市场买东西可以讲价儿。
Zài zìyóu shìchǎng mǎi dōngxi kěyǐ jiǎngjiàr.
자유시장에서 물건을 사면 값을 흥정할 수 있어.

'讲价钱'讲得太厉害了，容易引起别人的反感。
'Jiǎngjiàqian' jiǎng de tài lìhai le, róngyì yǐnqǐ biérén de fǎngǎn.
'값을 흥정'하면서 흥정이 너무 심하면 자칫 남의 반감을 사기 쉬워.

骄傲自大 [jiāo'àozìdà]

잘난 체하며 뽐내다.

我最讨厌骄傲自大型的男人。
Wǒ zuì tǎoyàn jiāo'àozìdà xíng de nánrén.
저는 잘난 체하는 남자가 제일 싫어요.

大部分的女性喜欢温柔的男人胜于骄傲自大的男人。
Dàbùfèn de nǚxìng xǐhuan wēnróu de nánrén shèngyú jiāo'àozìdà de nánrén.
대부분의 여성들은 잘난 체하는 남자보다 부드러운 남자를 좋아해.

交白卷(儿) [jiāo báijuàn(r)]

백지를 내다. 아무 성과도 없다.

平时不学习的学生，考试时常常交白卷。
Píngshí bù xuéxí de xuésheng, kǎoshì shí chángcháng jiāo báijuàn.
평소에 공부 안 하는 학생은 시험 볼 때 자주 백지를 낸다.

他没办好那件事儿，看来只能回去交白卷了。

Tā méi bànhǎo nà jiàn shìr, kànlái zhǐnéng huíqù jiāo báijuàn le.

그가 그 일을 잘 처리하지 못했으니, 허탕치고 돌아가는 수밖에 없겠어.

交学费 [jiāo xuéfèi]

수업료(학비)를 내다. 비싼 수업료를 내고서 교훈을 얻다. 대가를 치르다.

妈妈，交学费的钱准备好了吗？

Māma, jiāo xuéfèi de qián zhǔnbèi hǎo le ma?

엄마, 수업료 낼 돈 준비했어요?

他玩儿股票亏了一亿，没办法，只好算交学费。

Tā wánr gǔpiào kuī le yí yì, méibànfǎ, zhǐhǎo suàn jiāo xuéfèi.

그는 주식을 하다가 1억을 손해 봤어, 어쩔 수 없이 대가를 치룬 셈이지.

交椅 [jiāoyǐ]

교의(등받이와 팔걸이가 있고 다리를 접을 수 있는 옛날 의자). 자리. 서열.

坐上了校长这把交椅有什么感想？

Zuò shàng le xiàozhǎng zhè bǎ jiāoyǐ yǒu shénme gǎnxiǎng?

교장이라는 이 자리(직위)에 앉으니 소감이 어때요?

老百姓希望坐这把交椅的人德才兼备。

Lǎobǎixìng xīwàng zuò zhè bǎ jiāoyǐ de rén dé cái jiānbèi.

국민들은 이 자리(직위)에 앉은 사람이 덕과 재주를 겸비하기를 바란다.

较真儿 [jiàozhēnr]

착실하다. 성실하다. 진지하다. 논의하다. 말다툼하다.

这点儿小事，何必较真儿呢？
Zhèdiǎnr xiǎoshì, hébì jiàozhēnr ne?
이런 조그만 일로 굳이 논쟁할 필요 있니?

平时对你太放松了，今儿这事儿非得跟你较真儿不可。
Píngshí duì nǐ tài fàngsōng le, jīnr zhè shìr fēiděi gēn nǐ jiàozhēnr bùkě.
평상시 너를 자유롭게 놔뒀는데, 오늘 이 일로 너와 의논하지 않을 수 없어.

他办事就这么较真儿。
Tā bànshì jiù zhème jiàozhēnr.
그가 일을 처리하는 게 이와 같이 착실해.

接到 ~的消息 [jiēdào~de xiāoxi]

소식을 접수하다.

谁先接到他的消息，谁先通知大家。
Shuí xiān jiēdào tā de xiāoxi, shuí xiān tōngzhī dàjiā.
누구든 그의 소식을 먼저 접수하는 사람이 여러 사람들에게 먼저 알려주기로 하자.

她离开我已经半年了，但我还没接到她的任何消息。
Tā líkāi wǒ yǐjīng bànnián le, dàn wǒ hái méi jiēdào tā de rénhé xiāoxi.
그녀가 나를 떠난 지 이미 반년이 지났지만, 나는 그녀에 관한 어떤 소식도 아직 듣지 못했다.

接济 [jiējì]

(물자나 금전으로) 원조하다. 돕다. 구제하다. 부조하다. (생활비를) 보내다. 보급하다.

别总想着用我的钱接济你弟弟。
Bié zǒng xiǎngzhe yòng wǒ de qián jiējì nǐ dìdi.
늘 내 돈으로 너의 남동생을 도와 줄 거라고 생각하지 마.

要不是我爸每个月接济我，我每天下班都不敢出去。
Yàobúshì wǒ bà měige yuè jiējì wǒ, wǒ měitiān xiàbān dōu bùgǎn chūqù.
아빠가 매달 내게 보내주는 생활비마저 없으면 난 매일 퇴근하고 집밖에 나갈 엄두도 못 냈을 거야.

截然不同 [jiéránbùtóng]

분명히 다르다.

虽然韩中两国一衣带水，却拥有截然不同的文化。
Suīrán HánZhōng liǎngguó yìyīdàishuǐ, què yōngyǒu jiéránbùtóng de wénhuà.
중국이 가까운 이웃이긴 하지만 우리와는 다른 문화를 가지고 있다.

这里的人和我家乡的人截然不同。
Zhèli de rén hé wǒ jiāxiāng de rén jiéránbùtóng.
여기 사람들은 우리 고향 사람과 완전 달라.

尽管 [jǐnguǎn]

얼마든지. 마음 놓고

有什么困难你尽管对我说，我一定帮你解决。

Yǒu shénme kùnnan nǐ jǐnguǎn duì wǒ shuō, wǒ yídìng bāng nǐ jiějué.
무슨 어려움이 있으면 너는 얼마든지 내게 말해, 내가 꼭 해결하도록 너를 도와
줄게.

我家你尽管住, 这几个月家里没人。
Wǒjiā nǐ jǐnguǎn zhù, zhè jǐ ge yuè jiāli méi rén.
우리 집에 너는 얼마든지 머물러도 돼. 요 몇 달 동안 집에 사람이 없어.

紧着 [jǐnzhe]

서두르다. 다그치다. 서둘러 하다. 긴축하다. 축소하다.

眼看就要下雨了, 大家要紧着干。
Yǎnkàn jiùyào xiàyǔ le, dàjiā yào jǐnzhe gàn.
곧 비가 올 것 같은데, 여러분 서둘러 해야 되요.

我的零用钱不多, 得紧着用。
Wǒ de língyòngqián bù duō, děi jǐnzhe yòng.
내 용돈이 적어서 아껴 써야 해.

进行~工作 [jìnxíng~gōngzuò]

~일을 진행하다.

3名编辑对要出版的文章进行了修订工作.
3míng biānjí duì yào chūbǎn de wénzhàng jìnxíngle xiūdìnggōngzuò.
3명의 편집자는 출판하고자 하는 글에 대해 수정 작업을 진행했다.

要做好这个项目, 事前得进行多次讨论工作。
Yào zuòhǎo zhège xiàngmù, shìqián děi jìnxíng duō cì tǎolùn gōngzuò.
이 프로젝트를 잘 수행하려면 사전에 여러 차례 토론 작업을 진행해야 합니다.

究其根由 [jiū qí gēnyóu]

원인을 알아보다.

究其根由皆因贫穷所致。
Jiū qí gēnyóu jiē yīn pínqióng suǒzhì.
그 원인을 알아보니, 모두 빈곤함에서 비롯된 것이었다.

此次的山火, **究其根由**是因登山者丢弃的烟头引发的。
Cǐcì de shānhuǒ, jiū qí gēnyóu shì yīn dēngshānzhe diūqì de yāntóu yǐnfā de.
이번 산불은 그 원인을 알아보니 등산객이 버린 담뱃불로 인한 것이었다.

就 [jiù]

① ~에 대하여
② 오직(뒤에 명사와 같이 와서 매우 적음을 나타냄).
③ 이에. 곧. 즉시. ~하자마자 바로

两国领导人**就**双边关系问题进行了会谈。
Liǎng guó lǐngdǎorén jiù shuāngbiān guānxi wèntí jìnxíng le huìtán.
양 국 지도자들은 양국 관계의 문제에 대하여 회담을 진행했다.

老师**就**一本词典, 肯定不愿意借给你。
Lǎoshī jiù yì běn cídiǎn, kěndìng bú yuànyì jiègěi nǐ.
선생님은 사전이 하나밖에 없어서 분명 너에게 빌려주고 싶어 하지 않을 거야.

你不信, 我**就**是从这个小学毕业的。
Nǐ bú xìn, wǒ jiùshì cóng zhège xiǎoxué bìyè de.
너는 믿지 않겠지만 나는 바로 이 초등학교에서 졸업했어.

~就~ [~jiù~]

~하든지 말든지. 상관없다.
('就' 앞과 뒤에는 같은 단어가 오면서 용인·용납의 어기를 나타냄)

丢就丢了, 着急也没用。
Diū jiù diū le, zháojí yě méiyòng.
잃어버린 것은 어쩔 수 없지, 조급해봤자 소용없어.

大点儿就大点儿, 你还在长个儿, 明年穿就不大了。
Dà diǎnr jiù dà diǎnr, nǐ hái zài zhǎnggèr, míngnián chuān jiù bú dà le.
좀 크면 큰 대로 괜찮아, 너는 아직 자라고 있잖아, 내년에 입으면 크지 않을 거야.

~就好了 [~jiù hǎo le]

~했으면(~이었으면) 좋았을 텐데, ~하면 좋을 텐데.
(일종의 희망이나 소망을 나타내나 사실은 종종 이루어질 수 없음을 의미한다)

我真要讨厌你就好了。
Wǒ zhēn yào tǎoyàn nǐ jiù hǎo le.
내가 정말로 너를 싫어하는 거라면 좋았을 텐데.

要是你能来参加派对就好了。
Yàoshi nǐ néng lái cānjiā pàiduì jiù hǎo le.
만약 네가 파티에 올 수 있으면 좋을 텐데.

我没有去找他就好了。
Wǒ méiyǒu qù zhǎo tā jiù hǎo le.
내가 걔를 안 찾아갔으면 좋았을 텐데.

就是~也~ [jiùshì~yě~]

설령~할지라도(확고하거나 긍정의 어투를 나타낸다)

就是一百万，我也要买。
Jiùshì yìbǎi wàn, wǒ yě yào mǎi.
비록 백만 원이라 하더라도 나는 살 거야.

你就是总统也得买票看球赛。
Nǐ jiùshì zǒngtǒng yě děi mǎi piào kàn qiúsài.
네가 설령 대통령이라도 표를 사서 구기 경기를 관람해야 돼.

~就是了 [~jiùshì le]

~하면 된다. ~하면 되는 거지 뭐. (문미에 쓰여 주저, 의심할 필요 없다)

下雨不下雨没关系，你来就是了。
Xiàyǔ bú xiàyu méiguānxi, nǐ lái jiùshì le.
비가 오던지 안 오던지 네가 오면 되지.

你别哭了，我给你就是了。
Nǐ bié kū le, wǒ gěi nǐ jiùshi le.
울지 마, 내가 너에게 주면 되잖아.

就手儿 [jiùshǒur]

~하는 김에. 겸사겸사 하는 일. = [顺手. 就便儿. 就势儿]

既然你站起来了，就手儿把水杯递给我。
Jìrán nǐ zhàn qǐlái le, jiùshǒur bǎ shuǐ bēi dìgěi wǒ.
일어서는 김에 물 컵 좀 건네주세요.

我出去买东西，就手儿把明天的早饭也买了。

Wǒ chūqù mǎi dōngxi, jiùshǒur bǎ míngtiān de zǎofàn yě mǎi le.

물건 사러 나간 김에 내일 아침밥도 사가지고 왔어요.

就算 [jiùsuàn]

설령 ~이라도 = 即使 [jíshǐ]

就算让你知道又有什么用呢。

Jiùsuàn ràng nǐ zhīdao yòu yǒu shénme yòng ne.

설령 너에게 알게 한들 무슨 소용 있느냐?

你有什么问题尽管问，就算我回答不了，还可以去问老师嘛！

Nǐ yǒu shénme wèntí jǐnguǎn wèn, jiùsuàn wǒ huídábùliǎo, hái kěyǐ qù wèn lǎoshī ma!

너에게 문제가 있거든 얼마든지 물어라, 설령 내가 대답할 수 없어도 선생님한테 여쭤보러 갈 수 있어.

就算是~ [jiùsuàn shì~]

~하는 셈치다.

回去吧，就算是领我一个情，再说，我们也不能见死不救。

Huíqù ba, jiùsuàn shì lǐng wǒ yíge qíng, zàishuō, wǒmen yě bùnéng jiànsǐbújiù.

돌아가세요, 제 사정을 하나 들어주는 셈 치세요, 게다가 우리도 남의 어려움을 보고 가만히 있을 수 없잖아요.

求求你饶了他吧，就算是领我一个情，他也不是故意的。

Qiúqiu nǐ ráo le tā ba, jiùsuàn shì lǐng wǒ yíge qíng, tā yě búshì gùyì de.

부탁드리니 그를 용서해 주세요, 제 사정을 하나 들어주는 셈 치세요. 그도 고의로 그런 것이 아니잖아요.

句句属实 [jùjùshǔshí] = 句句实言 [jùjùshíyán]

모두가 진실이다.

我发誓，我说的话句句属实。
Wǒ fāshì, wǒ shuō de huà jùjùshǔshí.
맹세하건데, 제가 말하는 것은 모두가 사실입니다.

我说的句句实言，若有半句假的，罪该万死。
Wǒ shuō de jùjùshíyán, ruò yǒu bànjù jiǎ de, zuìgāiwàmsǐ.
제 말은 모두가 사실입니다, 만약 조금의 거짓이 있다면 그 죄는 천만 번 죽어
마땅합니다.

据~所知 [jù~suǒzhī]

~가 아는 바에 의하면.

据我所知，能飞的汽车已开发成功了。
Jù wǒ suǒzhī, néng fēi de qìchē yǐ kāifā chénggōng le.
내가 알고 있는 바에 의하면, 날아다니는 자동차는 이미 개발에 성공했다.

据我所知，换率已稳定下来了。
Jù wǒ suǒzhī, huànlǜ yǐ wěndìng xiàlái le.
제가 아는 바에 의하면 환율이 이미 안정되었습니다.

绝 [jué]

심하다. 야멸차다. (극점에 달하여 따뜻함이나 포용의 여지가 없다)

你把话说得这么绝，下次有事儿还求他吗？
Nǐ bǎ huā shuō de zhème jué, xiàcì yǒu shìr hái qiú tā ma?
네가 이렇게 야멸차게 말하고도 다음번에 일 있으면 여전히 그에게 부탁할 거니?

他把事干绝了，不会得到别人的谅解。
Tā bǎ shì gànjué le, búhuì dédào biérén de liàngjiě.
그는 일을 야멸차게 처리해서 다른 사람의 양해를 얻을 수 없을 거야.

K

开绿灯 [kāilǜdēng]

푸른 신호등을 켜다. 허락하다. 제지(금지)하지 않다. 길을 내주다.

不能给不法商贩开绿灯。
bùnéng gěi bùfǎ shāngfàn kāilǜdēng.
불법 소상인들에게 길을 내주어서는 안 된다.

最近我们公司很敏感，特别禁止'开绿灯'的事。
Zuìjìn wǒmen gōngsī hěn mǐngǎn, tèbié jìnzhǐ 'kāilǜdēng' de shì.
요즘 우리 회사 아주 민감해, 특히 '눈 감아 주는' 일은 금지하고 있어.

开明 [kāimíng]

(생각이) 깨어 있다. (사상이 완고하지 않고) 진보적이다.

你有这么开明的父母真幸福啊！
Nǐ yǒu zhème kāimíng de fùmǔ zhēn xìngfú a!
너는 이렇게 깨어있는 부모님이 계셔서 정말 행복하겠다!

我奶奶思想开明, 性格又开明, 很容易和年轻人沟通。
Wǒ nǎinai sīxiǎng kāimíng, xìnggé yòu kāimíng, hěn róngyì hé niánqīngrén gōutōng.
우리 할머니는 생각이 깨어 있으시고, 성격도 진보적이어서 젊은 사람과 잘 통해.

开通 [kāitong]

개명하다. 깨다. 진보적이다.

别那么不开通了, 都什么年代了。
Bié nàme bù kāitong le, dōu shénme niándài le.
그렇게 진보적이지 않으면 안 돼, 지금이 벌써 어떤 시대인데.

思想开通的人受年轻人欢迎。
Sīxiǎng kāitong de rén shòu niánqīngrén huānyíng.
사상이 깨어 있는 사람은 젊은이들의 환영을 받는다.

开夜车 [kāiyèchē]

'야간열차를 운전하다'에서 밤을 꼬박 새우다. 밤을 새워 공부하다(일하다).

有的学生平时学习不努力, 考试前才忙着开夜车。
Yǒude xuésheng píngshí xuéxí bù nǔlì, kǎoshì qián cái mángzhe kāiyèchē.

어떤 학생은 평소에 열심히 공부하지 않다가 시험 전에서야 밤샘하느라 바쁘다.

作业太多了，今晚我得开夜车了。
Zuòyè tài duō le, jīnwǎn wǒ děi kāiyèchē le.
숙제가 너무 많아서 오늘밤에 나는 밤을 새워야 해.

看不惯 [kànbuguàn]

눈에 거슬리다. 마음에 들지 아니하다. 눈꼴이 사납다.

我看不惯他那副样子。
Wǒ kànbuguàn tā nà fù yàngzi.
나는 너의 그 꼴이 마음에 들지 않아.

我不是讨厌你这个人，而是看不惯你处事的方式。
Wǒ búshì tǎoyàn nǐ zhège rén, érshì kànbuguàn nǐ chǔshì de fāngshì.
나는 너 자체가 싫은 게 아니라 너의 일 처리 방식이 마음에 안 들어.

看不过去 [kàn bu guòqù]

간과할 수 없다. 용인할 수 없다. 보고 있을 수 없다. = [看不过, 看不过眼儿, 瞧不过]

你那样对老人说话我们实在是看不过去。
Nǐ nàyàng duì lǎorén shuōhuà wǒmen shízàishì kàn bu guòqù.
어르신에게 말하는 너의 그런 태도는 우리가 정말 가만히 보고 있을 수가 없어.

他那人真没有素质，大家都看不过去了。
Tā nà rén zhēn méiyǒu sùzhì, dàjiā dōu kàn bu guòqù le.
그 사람은 정말 개념이 없어서 모두들 그냥 가만히 보고 있을 수 없다.

看不起 [kànbuqǐ]

경멸하다. 깔보다. 업신여기다.

这个人眼高过顶，老看不起人
zhège rén yǎn gāo guò dǐng lǎo kànbuqǐ rén.
이 사람은 눈이 지나치게 높아 늘 남을 업신여긴다.

看不起别人的人，别人也看不起他。
Kànbuqǐ biérén de rén, biérén yě kànbuqǐ ta.
남을 깔보는 사람은 남들도 그를 깔본다.

看不上 [kànbushàng]

눈에 차지 않다. 마음에 들지 않다.

他看不上我，因为我个子太矮了。
Tā kànbuushàng wǒ, yīnwèi wǒ gèzi tài ǎi le.
그가 나를 탐탁지 않게 여기는 것은 내 키가 너무 작기 때문이야.

商店里的衣服她一件也看不上。
Shāngdiànli de yīfu tā yí jiàn yě kànbushàng.
상점에 있는 옷 한 벌도 그녀는 마음에 들어 하지 않아.

看错人 [kàncuòrén]

사람을 잘못 보다.

我看错人了，真没料到金先生会那样。
Wǒ kàncuòrén le, zhēn méi liàodào Jīn xiānsheng huì nàyàng.
제가 사람을 잘못 봤어요, 김선생님이 그러리라곤 정말 예상 못했어요.

你**看错**人吧，我并不是那种人。

Nǐ kàncuòrén ba, wǒ bìng búshì nà zhǒng rén.

당신 사람을 잘못 봤어요, 나는 결코 그런 사람이 아니에요.

看~的份上 [kàn~de fènshàng]

~을 감안하여.

看在你**的份**上我忍了。

Kàn zài nǐ de fènshàng wǒ rěn le.

너를 봐서 내가 참아야지.

看你上有老下有小**的份上**，我就饶了你的命。

Kàn nǐ shàng yǒu lǎo xià yǒu xiǎo de fènshàng, wǒ jiù ráole nǐ de mìng。

위로는 늙은 부모가 있고, 아래로는 어린 자식이 있는 것을 봐서 목숨만은 살려주겠다.

看得起 [kàndeqǐ]

중시하다. 존중하다.

请我帮忙是**看得起**我，我一定去。

Qǐng wǒ bāngmáng shì kàndeqǐ wo, wǒ yídìng qù.

저를 중요하게 여겨서 도움을 요청하시니, 꼭 가겠습니다.

公司**看得起**你才把这份重要工作交给你的。

Gōngsī kàndeqǐ nǐ cái bǎ zhè fèn zhòngyào gōngzuò jiāogěi nǐ de.

회사가 너를 중요하게 여기니까 너에게 이 중요한 일을 맡긴 거야.

看开 [kànkāi]

(여의치 못한 일을) 마음에 두지 않다. 체념하다. 달관하다. 마음을 넓게 가지다.

这件事你要看开些, 不要过分生气。
Zhè jiàn shì nǐ yào kànkāi xiē, búyào guòfèn shēngqì.
이 일에 너는 마음을 좀 넓게 가져, 너무 화내지 말고.

他想走就走吧, 我不留他, 我早就看开了。
Tā xiǎng zǒu jiù zǒu ba, wǒ bù liú tā, wǒ zǎojiù kànkāi le.
그가 가고 싶으면 가라 해라, 나는 그를 붙들지 않아, 일찌감치 단념했어.

看热闹 [kànrènao]

(남의 일에 개입하거나 도와주는 것 없이 옆에서) 구경하다. 관망하다. 수수방관하다.

别光看热闹, 大家都来帮帮忙。
Bié guāng kànrènao, dàjiā dōu lái bāngbangmáng.
구경만 하지 말고, 모두들 와서 좀 도와주세요.

干活儿的人不多, 看热闹的倒不少。
Gànhuór de rén bù duō, kànrènao de dào bùshǎo.
일 하는 사람은 적은데, 관망하는 자가 오히려 많다.

看头 [kàntóu]

볼 만한 가치. 볼 만한 것.

这部电视剧没什么看头。
Zhè bù diànshìjù méishénme kàntóu.
이 드라마는 별로 볼 것도 없네.

这是名著，写得非常好，很有看头。

Zhè shì míngzhù, xiě de fēicháng hǎo, hěn yǒu kàntóu.

이 책은 명작에다 대단히 잘 써서 볼 만한 가치가 있어.

看样子 [kànyàngzi]

보아하니 ~(것) 같다. (주로 구의 삽입성분으로 쓰임)

看样子要下雨了。

Kànyàngzi yào xiàyǔ le.

보아하니 비올 것 같다.

看样子，他没听懂我们的话。

Kànyàngzi, tā méi tīngdǒng wǒmen de huà.

보아하니, 그는 우리 얘기를 이해하지 못하는 것 같아.

看着办 [kànzhebàn]

보고 알아서 (처리)하다.

没关系，我自己看着办。

Méiguānxi, wǒ zìjǐ kànzhebàn.

괜찮아요, 제가 알아서 하지요.

在这种情况之下，公司也没有固定的规律，你自己看着办吧。

Zài zhè zhǒng qíngkuàng zhīxià, gōngsī yě méiyǒu gùdìng de guīlǜ, nǐ zìjǐ kànzhebàn ba.

이런 상황에서는 회사에서도 일정한 규율이 없으니 당신이 보고 알아서 하세요.

看中 [kànzhòng]

(보고) 마음에 들다. 눈에 들다.

看中的东西最好当时就买，免得后悔。
Kànzhòng de dōngxi zuì hǎo dāngshí jiù mǎi, miǎnde hòuhuǐ.
마음에 드는 물건은 그 당시 바로 사야 가장 좋지, 후회하지도 않고.

她看中的是他的人品，而不是外貌。
Tā kànzhòng de shì tā de rénpǐn, ér búshì wàimào.
그녀가 마음에 들어 하는 것은 그의 인품이지, 외모가 아니다.

看准 [kànzhǔn]

알아차리다. 똑바로 보다. 정확히 보다.

我早就看准那个人很有钱。
Wǒ zǎojiù kànzhǔn nàge rén hěn yǒu qián.
나는 일찌감치 그가 돈이 매우 많다는 걸 알아차렸어.

若你看准了目标，就努力直前吧。
Ruò nǐ kànzhǔn le mùbiāo, jiù nǔlì zhíqián ba.
당신이 목표를 잘 정하였으면 곧바로 매진하세요.

可劲儿 [kějìnr]

전력을 기울이다. 있는 힘을 다하다.

他正在可劲儿地推箱子。
Tā zhèngzài kějìnr de tuī xiāngzi.
그는 힘껏 상자를 밀고 있다.

雨可劲儿地下，都下了三天了。
Yǔ kějìnr de xià, dōu xià le sān tiān le.
비가 너무 많이 와, 벌써 3일 째 내리고 있어.

可能是因为~的缘故吧 [kěnéng shì yīnwèi~de yuángù ba]
아마도 ~한 것이 원인인 것 같다.

可能是因为天气的原因飞机晚起飞了一个小时。
Kěnéng shì yīnwèi tiānqì de yuányīn fēijī wǎn qǐfēile yí ge xiǎoshí.
날씨 때문에 비행기가 한 시간 연착 된 듯하다.

我最近几天一直拉肚子，可能是因为刚来中国水土不服的缘故吧。
Wǒ zuìjìn jǐ tiān yìzhí lādùzǐ, kěnéng shì yīnwèi gāng lái Zhōngguó shuǐtǔbùfú de yuángù ba.
내가 요 며칠 계속 설사하는데, 아마도 중국에 막 와서 물이 잘 안 맞아 그런 것 같다.

可遇(而)不可求 [kě yù (ér) bùkě qiú]
우연히 얻어지는 것이지 억지로 구해지는 것이 아니다.

好的艺术品可遇不可求。
Hǎo de yìshùpǐn kě yù bùkě qiú.
좋은 예술품은 우연히 얻어지는 것이지 억지로 만들어 지는 것이 아니야.

俗话说，贤内助可遇而不可求。
Súhuàshuō, xiánnèizhù kě yù ér bùkě qiú.
속담에 어진 아내는 만날 수는 있어도 얻기는 어렵다고 했다.

哭鼻子 [kūbízi]

훌쩍거리며 울다.
(哭 뒤에 동태조사 了, 着, 过가 있으면 수량 보어가 오기도 한다)

我们班的那个新同学不知为什么又哭鼻子了。
Wǒmenbān de nàge xīn tóngxué bùzhī wèishénme yòu kūbízi le.
우리 반에 새로 온 그 학생은 무슨 일인지 몰라도 또 훌쩍거리며 울었다.

他来了才一个月，已经哭过好几次鼻子了。
Tā láile cái yí ge yuè, yǐjīng kūguò hǎo jǐ cì bízi le.
그는 온 지 겨우 한 달인데, 이미 여러 차례 훌쩍거리며 울었다.

苦口婆心 [kǔkǒupóxīn]

노파심에서 거듭 충고하다. 마음에서 우러나오는 말로 거듭 충고하다.

我苦口婆心地劝他好几次了，可他就是不听。
Wǒ kǔkǒupóxīn de quàn tā hǎo jǐ cì le, kě tā jiùshì bù tīng.
내가 입이 닳도록 그 녀석에게 여러 번 충고했지만 그 녀석은 통 듣질 않아요.

她听了爸爸苦口婆心的劝说流泪了。
Tā tīngle bàba kǔkǒupóxīn de quànshuō liúlèi le.
그녀는 아빠의 진심어린 충고를 듣고 눈물을 흘렸다.

快(要)~了 [kuàiyào~le]

곧~할 것이다.

看来快要下雨了。
Kànlái kuàiyào xiàyǔ le.

보아하니 비가 내릴 것 같아요.

我今年49岁, 快50了。
Wǒ jīnnián 49 suì, kuài 50 le.
내가 올해 49살이니, 곧 쉰이 돼.

亏 [kuī]

~라면서 그래도 ~이냐?(조롱이나 비난의 뜻이 있음)

亏你是警察, 还知法犯法。
Kuī nǐ shì jǐngchá, hái zhī fǎ fàn fǎ.
너는 경찰이라면서 법을 알고서도 범법을 저지르니?

亏你是北京人, 连天安门在哪儿都不知道。
Kuī nǐ shì Běijīngrén, lián Tiān'anmén zài nǎr bù zhīdào.
너는 북경 사람이라면서 천안문이 어디 있는지조차 모르니?

亏待 [kuīdài]

푸대접하다. 부당하게 대하다.

你放心吧, 我们一定不亏待他。
Nǐ fàngxīn ba, wǒmen yídìng bù kuīdài tā.
걱정 마세요. 우리는 절대 그를 푸대접하지 않아요.

只要你好好儿干, 公司亏待不了你。
Zhǐyào nǐ hǎohāor gàn, gōngsī kuīdài bùliǎo nǐ.
당신이 일을 잘하면 회사는 당신을 후하게 대할 겁니다.

L

落 [là]

빠뜨리다. 빠지다. 누락되다. 깜빡하다.

我把钥匙落在车里了。
Wǒ bǎ yàoshi làzài chē lǐ le.
내가 열쇠를 차에 뒀어.

他这个人总是丢三落四的。
Tā zhège rén zǒngshì diūsānlàsì de.
그 사람은 늘 건망증이 심해.(이것저것 잘 빠뜨려)

来不及 [láibují]

이미 때가 늦었다. 미치지 못하다. 시간이 맞지 않다.

现在后悔可来不及了。
Xiànzài hòuhuǐ kě láibují le.
지금 후회해봐야 때가 지났어요.

车子早就走了，你跑也没用，已经来不及了。
Chēzi zǎojiù zǒule, nǐ pǎo yě méiyòng, yǐjīng láibují le.
차가 벌써 떠났어요, 뛰어봤자 소용없어요, 이미 늦었어요.

~来着 [~láizhe]

~라 그랬더라. ~이었다. (문장 말미에 쓰여 일이 일찍이 발생했었음을 나타냄)

你刚才跟我说什么来着？我没听清楚。
Nǐ gāngcái gēn wǒ shuō shénme láizhe? wǒ méi tīng qīngchu.
너 방금 나한테 뭐라고 했어, 잘 못 들었어.

你的电话号码是多少来着？
Nǐ de diànhuà hàomǎ shì duōshao láizhe?
너 전화번호가 몇 번이었더라?

来自 [láizì]

~에서 오다.

参赛影片来自三十多个国家。
Cānsài yǐngpiàn láizì sānshí duō ge guójiā.
출품한 영화는 30여 개 나라에서 왔다.

接下来我们要介绍的是来自韩国的一位歌手，他叫许阁。
Jiēxiàlái wǒmen yào jièshào de shì láizì Hánguó de yí wèi gēshǒu, tā jiào Xǔgé.
이어서 우리가 소개할 사람은 한국에서 온 가수 허각입니다.

懒得 [lǎnde]

~할 마음이 내키지 않다. ~할 기분이 나지 않다. ~하는 것이 귀찮다.

今天下雨，我懒得出去。
Jīntiān xiàyǔ, wǒ lǎnde chūqù.

오늘 비가 와서 나가기 싫어.

嗓子哑了，懒得说话
Sǎngzi yǎ le, lǎnde shuōhuà.
목이 쉬어서 말할 기분이 나지 않아.

老鼻子 [lǎobízi]

대단히(아주) 많다. (보통 뒤에 '了' 또는 '啦'를 붙임)

每天来这儿的游客可老鼻子了。
Měitiān lái zhèr de yóukè kě lǎobízi le.
매일 이곳을 찾는 관광객이 엄청 많아.

今年收的粮食可老鼻子了。
Jīnnián shōu de liángshi kě lǎobízi le.
올해 거두어들인 곡식이 대단히 많아.

老不死 [lǎobùsǐ]

늙어 죽지도 않는. 죽지도 않는 늙은이(영감탱이).

我是残废的老不死的东西，不中用，早该死了。
Wǒ shì cánfèi de lǎobùsǐ de dōngxi, bùzhōngyòng, zǎo gāi sǐ le.
나는 불구이면서 늙어 죽지도 않는 놈이야, 쓸모가 없어, 일찍 죽어야 해.

我家那个老不死的一天都闲不住，总往外边跑。
Wǒjiā nàge lǎobùsǐ de yìtiān dōu xiánbuzhù, zǒng wǎng wàibian pǎo.
우리 집 그 영감탱이는 하루도 가만히 있지 못해, 늘 밖을 나가.

老掉牙 [lǎodiàoyá]

(말·주장·사물이) 낡다. 케케묵다.

这些老掉牙的言论已经不合时宜了。
Zhèxiē lǎodiàoyá de yánlùn yǐjīng bùhéshíyí le.
이 진부한 말들은 이미 시대에 맞지 않아.

这规则早就老得掉了牙了，说服不了人。
Zhè guīzé zǎojiù lǎo de diào le yá le, shuōfúbùliǎo rén.
이 규칙은 이미 너무 케케묵어서 사람을 설득하지 못해.

老实巴交的 [lǎoshibājiāo de]

성실하다. 착실히 규율을 지키다. 반듯하다. 정직하고 무던하다. 충실하다.

他老实巴交的，从不惹是生非。
Tā lǎoshibājiāo de, cóng bù rěshì shēngfēi.
그는 무던하여 지금까지 말썽을 일으킨 적이 없어요.

他那么老实巴交的人怎么会突然和人打架呢？
Tā nàme lǎoshibājiāo de rén zěnme huì tūrán hé rén dǎjià ne?
그 사람처럼 그렇게 반듯한 사람이 어떻게 갑자기 남과 싸울 수가 있어요?

老眼光 [lǎoyǎnguāng]

종래의 눈. 낡은 안목. 선입견.

不要用老眼光看世界变化。
Búyào yòng lǎoyǎnguāng kàn shìjiè biànhuà.
낡은 안목으로 세계 변화를 보려하지 말아요.

别用**老眼光**看他，他已经改邪归正了。
Bié yòng lǎoyǎnguāng kàn tā, tā yǐjīng gǎixiéguīzhèng le.
선입견을 가지고 그를 보지 마세요, 그는 이미 잘못을 깨닫고 바른 길로 돌아왔잖아요.

老油条 [lǎoyóutiáo]

능구렁이, 교활한, 약삭빠른, 처세에 능한 사람.

老板是个**老油条**, 他说加薪只是先稳住大家罢了。
Lǎobǎn shì ge lǎoyóutiáo, tā shuō jiāxīn zhǐshì xiān wěnzhù dàjiā bàle.
사장은 아주 교활해, 그가 월급을 올려 준다고 한 것은 우선 모두를 진정시키기 위한 것일 뿐이야.

生意场上过了半辈子, 他可是个**老油条**了。
Shēngyìchǎng shàng guò le bànbèizǐ, tā kě shì ge lǎoyóutiáo le.
장사판에서 반평생을 보냈으니, 그는 처세에 능한 사람이다.

冷门儿 [lěngménr] ↔ 热门儿 [rèménr]

인기가 없다. 비인기 분야.

报考**冷门儿**专业的人很小。
Bàokǎo lěngménr zhuānyè de rén hěn xiǎo.
비인기 분야의 전공을 응시하는 사람이 매우 적다.

不要小看**冷门儿**行业, 很多**冷门儿**行业也很赚钱。
Búyào xiǎo kàn lěngménr hángyè, hěn duō lěngménr hángyè yě hěn zhuànqián.
비인기 사업을 무시하지 마라, 수많은 비인기 사업도 돈 잘 벌어.

冷血动物 [lěngxuè dòngwù]

냉혈 동물. 인정이 없고 냉혹한 사람.

我不愿意和**冷血动物**一起生活。
Wǒ bú yuànyi hé lěngxuè dòngwù yìqǐ shēnghuó.
나는 몰인정한 사람과 함께 생활하고 싶지 않아.

听起来我像个**冷血动物**。
Tīngqilái wǒ xiàng ge lěngxuè dòngwù.
듣자 하니 내가 냉담한 사람인 것 같다고 하더군.

离谱儿 [lípǔr] = 离格儿 [lígér]

실제와 동떨어지다. 황당하다. 실제와 맞지 않다.

你说的简直太**离谱儿**啦！哪有这种事儿。
Nǐ shuō de jiǎnzhí tài lípǔr la! nǎ yǒu zhè zhǒng shìr.
당신이 하는 말은 그야말로 황당하네! 그런 일이 어디 있어.

有些商家的促销手段真够**离谱儿**的。
Yǒuxiē shāngjiā de cùxiāoshǒuduàn zhēn gòu lípǔr de.
몇몇 상가의 판촉 수단은 정말 실제와 동떨어졌어.

连累 [liánlěi]

~에게 누를 끼치다.

连累你，真不好意思。
Liánlèi nǐ, zhēn bùhǎoyìsi.
당신에게 누를 끼쳐 대단히 죄송합니다.

各位, 不会连累你们吧?

gèwèi, búhuì liánlèi nǐmen ba?

여러분, 민폐 끼치는 거 아니죠?

脸皮太厚 [liǎnpí tài hòu]

철면피. 뻔뻔스럽게 하다.

他的脸皮太厚, 无论别人怎么骂他, 他从来都不在乎。

Tā de liǎnpí tài hòu, wúlùn biérén zěnme mà tā, tā cónglái dōu búzàihu.

그는 정말 뻔뻔해서 다른 사람이 뭐라고 자기를 욕하던 전혀 개의치 않는다.

那个人特别喜欢占便宜, 脸皮够厚的。

Nàge rén tèbié xǐhuan zhàn piányi, liǎnpí gòu hòu de.

그 사람은 특히 자기 잇속을 차리길 좋아하는데, 정말 뻔뻔하다.

凉了半截儿 [liángle bànjiér]

실망하다. 낙심하다.

听到这消息, 他的心里就凉了半截儿, 半天说不出话来。

Tīngdào zhè xiāoxi, tā de xīnlǐ jiù liángle bànjiér, bàntiān shuō bù chū huà lái.

이 소식을 듣고 그는 실망하여 한동안 말을 잇지 못했다.

知道了考试的结果后, 我的心里凉了半截儿。

Zhīdàole kǎoshì de jiéguǒ hòu, wǒ de xīnlǐ liángle bànjiér.

시험 결과를 알고 난 후, 나는 낙담했다.

两码事 [liǎngmǎshì] = 两回事 [liǎnghuíshì]

서로 관계없는 두 종류의 일. 서로 별개의 일.

这两个问题是**两码事**。
Zhè liǎng ge wèntí shì liǎngmǎshì.
이 두 문제는 별개의 일입니다.

成为有钱人和幸福完全是**两码事**。
Chéngwéi yǒuqiánrén hé xìngfú wánquán shì liǎngmǎshì.
부자가 되는 것과 행복해지는 것은 완전히 별개의 일이다.

两全其美 [liǎngquán qíměi]

쌍방이 모두 좋게 하다. 누이 좋고 매부 좋다.

看电影学习外语是一个**两全其美**的好方法。
Kàn diànyǐng xuéxí wàiyǔ shì yí ge liǎngquán qíměi de hǎo fāngfǎ.
영화 보면서 외국어를 배우는 건 정말 누이 좋고 매부 좋은 일이야.

这样岂不是**两全其美**？
Zhèyàng qǐbúshì liǎngquán qíměi?
이것이야말로 서로에게 좋은 일 아니겠는가?

了不起 [liǎobuqǐ]

보통이 아니다. 뛰어나다. 놀랍다. 굉장하다.

没有什么**了不起**的。
Méiyǒu shénme liǎobuqǐ de.
뭐 대단한 것이 아니다.

人类登上了月球是一件了不起的事。
Rénlèi dēngshàng le yuèqiú shì yí jiàn liǎobuqǐ de shì.
인류가 달에 착륙한 것은 대단한 일이다.

撂挑子 [liàotiāozi]

(멜대로 메는) 짐을 내려놓다. (책임져야 할 일을) 내팽개치다. 집어치우다. 사직하다.

部长批评了他几句, 他今天就干脆撂挑子了。
Bùzhǎng pīpíng le tā jǐ jù, tā jīntiān jiù gāncuì liàotiāozi le.
부장님이 그에게 몇 마디 꾸짖었는데, 그는 오늘 아예 일을 그만둬버렸어.

活儿要结束还早着呢, 已经想撂挑子了?
Huór yào jiéshù hái zǎo zhene, yǐjīng xiǎng liàotiāozi le?
일이 끝나려면 아직 멀었는데, 벌써 그만둘 생각했니?

留条后路 [liú tiáo hòulù]

여지를 남기다.

聪明的人凡事都给自己留条后路。
Cōngmíng de rén fánshì dōu gěi zìjǐ liú tiáo hòulù.
똑똑한 사람은 매사에 모두 자기에게 여지를 남겨둔다.

为了留条后路, 我主动向领导承担了部分责任。
Wèile liú tiáo hòulù, wǒ zhǔdòng xiàng lǐngdǎo chéngdàn le bùfen zérèn.
만약을 대비하여 나는 능동적으로 상사에게 부분적인 책임을 진다고 했다.

留下~印象 [liúxià~yìnxiàng]

인상을 남기다.

她给我留下了很好的印象。
Tā gěi wǒ liúxià le hěn hǎo de yìnxiàng.
그녀는 내게 좋은 인상을 남겼어요.

'流浪地球'中国电影给我留下了深刻的印象。
'Liúláng Dìqiú' Zhōngguó diànyǐng gěi wǒ liúxià le shēnkè de yìnxiàng.
'유랑지구'라는 중국영화가 나에게 아주 강한 인상을 남겼어.

留一手(儿) [liú yìshǒu(r)]

한 손을 남겨두다. 한 수를 남기다. 비법을 숨기다.

我老觉得这个人不太可靠，就留了一手，没把电话号码告诉他。
Wǒ lǎo juéde zhège rén bútài kěkào, jiù liú le yìshǒu, méi bǎ diànhuàhàomǎ gàosu tā.
나는 줄곧 이 사람이 미덥지가 않은 것 같아서 전화번호를 알려주지 않는 한 수를 남겼다.

他传授自己二十多年来的经营经验，再不像从前那样留一手了。
Tā chuánshòu zìjǐ èrshí duō nián lái de jīngyíng jīngyàn, zài bú xiàng cóngqián nàyàng liú yìshǒu le.
그는 20여 년 동안 자신이 경영한 경험을 전수하여 예전처럼 그렇게 비법을 숨기지 않았다.

露马脚 [lòu mǎjiǎo]

마각(진상)이 드러나다. 탄로 나다. 정체를 드러내다.

我觉得他的问题早晚会露马脚的。
Wǒ juéde tā de wèntí zǎowǎn huì lòu mǎjiǎo de.
내 생각에 그사람 문제는 조만간 탄로날거야.

一不小心露了马脚, 他的性命就难保了。
Yí bùxiǎoxìn lòu le mǎjiǎo, tā de xìngmìng jiù nánbǎo le.
만일 조심하지 않고 정체를 드러내면 그의 목숨이 위태롭게 될 것이다.

乱套 [luàntào]

(차례나 질서 따위가) 어지러워지다. 혼란해지다.

自从她儿子来以后, 我们的生活全乱套了。
Zìcóng tā érzi lái yǐhòu, wǒmen de shēnghuó quán luàntào le.
그녀 아들이 온 이후로 우리들의 생활은 완전히 엉망이 되었어.

大家要听指挥, 不然就乱套了。
Dàjiā yào tīng zhǐhuī, bùrán jiù luàntào le.
모두들 지휘를 따라야 하지, 그렇지 않으면 혼란해진다.

M

马大哈 [mǎdàhā]

부주의하다. 부주의한 사람. 덜렁이. 건망증이 심한 사람.

你真是个**马大哈**，居然把要上交的材料弄丢了。
Nǐ zhēn shì ge mǎdàhā, jūrán bǎ yào shàngjiāo de cáijiào nòng diū le.
너 정말 부주의하구나, 제출해야 될 자료를 잃어버리다니.

他的外号叫'**马大哈**'，做起事来总是让人不放心。
Tā de wàihào jiào 'mǎdàhā', zuòqǐ shì lái zǒngshì ràng rén búfàngxīn.
그의 별명은 '덜렁이'야, 일하는 것이 항상 다른 사람을 불안하게 해.

马后炮 [mǎhòupào]

'象棋(장기)에서 '마'가 뜬 후의 '포'라는 말로, 행차 뒤의 나팔.
일이 끝난 다음의 쓸데없는 언행. 뒷북치는 것. 사후약방문.

这件事儿已经定下来了，现在放**马后炮**有什么用？
Zhè jiàn shìr yǐjīng dìng xiàlái le, xiànzài fàng mǎhòupào yǒu shénme yòng?
이 일은 이미 정해졌는데, 지금 쓸데없이 뒷북치면 무슨 소용이 있나?

我们都做完了你才来，这不是**马后炮**吗？
Wǒmen dōu zuòwánle nǐ cái lái, zhè búshì mǎhòupào ma?
우리가 일을 다 처리하고 나니 네가 오네, 이거 뒷북치는 거 아니야?

买通 [mǎitōng]

돈으로 매수하다. 돈으로 매수해서 암암리에 부탁하다.

他买通了看门人，把信带了出来。
Tā mǎitōng le kānménrén, bǎ xìn dài le chūlái.
그는 수위를 돈으로 매수하여 편지를 가지고 나왔다.

不是所有的人都能用钱买通。
Búshì suǒyǒu de rén dōu néng yòng qián mǎitōng.
모든 사람을 다 돈으로 매수할 수 있는 것은 아닙니다.

买账 [mǎizhàng]

(상대방을) 인정(평가)하다. (상대방의 장점이나 능력을 인정하여) 탄복하다. 복종하다.

他根本不买我的帐，真是伤脑筋。
Tā gēnběn bù mǎi wǒ de zhàng, zhēn shì shāngnǎojīn.
그는 도무지 저를 인정하지 않는데, 정말 골치 아파요.

他做事不公平，所以没人买账。
Tā zuòshì bùgōngpíng, suǒyǐ méi rén mǎizhàng.
그는 공평하지 않게 일을 하기 때문에 사람들이 승복하려 하지 않아요.

卖关子 [màiguānzi]

이야기꾼이 장편 이야기를 할 때, 중요한 대목에서 이야기를 멈추어 청중들로 하여금 조바심이 나도록 만들다. 즉, 긴요한 대목에서 시치미를 떼다. 뜸 들이다. 궁금하게 하다.

刚结束的会议结果如何？你别卖关子，快说吧。

Gāng jiéshù de huìyì jiéguǒ rúhé? nǐ bié màiguānzi, kuài shuō ba.
방금 끝난 회의 결과가 어때? 뜸 들이지 말고 빨리 말해줘.

你别跟我卖关子了，告诉我发生了什么事。
Nǐ bié gēn wǒ màiguānzi le, gàosu wǒ fāshēng le shénme shi.
너 나를 애 태우지 말고 무슨 일이 일어난 건지 내게 알려 줘.

卖弄 [màinong]

뽐내다. 자랑하다. 뻐기다. 으스대다. 과시하다. 자신만만해 하다. 드러내다.

他总爱卖弄，这回遇着行家了吧。
Tā zǒng ài màinong, zhè huí yùzhé hángjiā le ba.
그는 늘 으스대기 좋아하는데 이번에 임자(전문가) 만났잖아.

她那是在你面前故意卖弄风情，别理她。
Tā nà shì zài nǐ miànqián gùyì màinong fēngqíng, bié lǐ tā.
그녀는 일부러 너 앞에서 추파를 던진 거니까 상대하지 마.

满不在乎 [mǎnbuzàihu]

조금도 마음에 두지 않다. 전혀 개의치 않는다. = 满不介意 [mǎn bu jièyì]

他那种对一切都满不在乎的样子真让人生气。
Tā nà zhǒng duì yíqiè dōu mǎnbuzàihu de yàngzi zhēn ràng rén shēngqì.
그의 모든 일에 조금도 마음 두지 않는 이런 모습이 정말 사람을 화나게 해.

什么事他都满不在乎。
Shénme shì tā dōu mǎnbuzàihu.
어떤 일에도 그는 전혀 개의치 않아.

满足~的 要求 [mǎnzú~de yāoqiú]

~의 요구에 만족시키다.

我们为了满足听众朋友的要求, 从今天起一一回答你们的来信。
Wǒmen wèile mǎnzú tīngzhòng péngyou de yāoqiú, cóng jīntiān qǐ yīyī huídá nǐmen de láixìn.
우리는 청취자 여러분의 요구를 만족시켜주기 위하여 오늘부터 여러분의 편지에 일일이 회답할 겁니다.

希望贵公司能满足我们的要求。
Xīwàng guì gōngsī néng mǎnzú wǒmen de yāoqiú.
귀사가 우리의 요구를 만족시킬 수 있기를 희망합니다.

没的说 [méideshuō] = 没说的 [méishuōde]

두말할 나위가 없다. 문제가 안 된다. 나무랄 것이(데) 없다. 말할 것도 없이 좋다.

我婆婆的心肠很好, 对我那真是没的说。
Wǒ pópo de xīncháng hěn hǎo, duì wǒ nà zhēn shì méideshuō.
우리 시어머니는 마음이 좋으셔서 나에게 정말 나무랄 데 없이 잘 해주셔.

这点儿小事凭咱们的关系没的说。
Zhèdiǎnr xiǎoshì píng zánmen de guānxi méideshuō.
이런 작은 일은 우리들의 관계에 문제가 안 돼.

没好气(儿) [méi hǎoqì(r)]

언짢다. 심사가 불편하다. 기분이 좋지 않다.

这两天妈妈心里不高兴, 跟谁说话都没好气儿。

Zhè liǎng tiān māma xīnli bù gāoxìng, gēn shuí shuōhuà dōu méi hǎoqìr.
요 며칠 엄마의 기분이 좋지 않아, 누구와 이야기를 해도 언짢아 해.

都三天了，他脸上还是没一点儿好气儿。
Dōu sān tiān le, tā liǎnshang háishì méi yìdiǎnr hǎoqìr.
벌써 삼일 되었는데, 그의 얼굴은 여전히 조금도 기색이 좋지 않아.

没劲 [méijìn]

무미건조하다. 재미없다. 시시하다. 무료하다. 힘이 없다.

这种无聊的话题真没劲。
Zhè zhǒng wúliáo de huàtí zhēn méijìn.
이런 지루한 화제는 정말 재미없어.

你这个人真没劲，跟我还这么客气。
Nǐ zhège rén zhēn méijìn, gēn wǒ hái zhème kèqi.
너는 정말 재미없어. 나에게도 이렇게 예의를 차리잖아.

没门儿 [méiménr]

방법이 없다. 가망이 없다. 소용없다. 어림도 없다.

让我给他道歉，没门儿。
Ràng wǒ gěi tā dàoqiàn, méiménr.
나더러 그에게 사과하라고? 어림없어.

别说了，这事儿没门儿。
Bié shuō le, zhè shìr méiménr.
더 이상 말하지 마, 이 일은 가망이 없어.

没谱儿 [méipǔr]

믿을 수가 없다. (언행이) 절도가 없다.
(특별히)작정한 바 없다. 계획이 없다. 종잡을 수 없다. 기준이 없다.

他那个人说话没谱儿, 你别相信。
Tā nàge rén shuōhuà méipǔr, nǐ bié xiāngxìn.
그 사람 말을 믿을 수 없으니 너는 믿지 마라.

'蚊子能变大象'这种没谱儿的话, 听听就算了, 谁还当真啊!
'Wénzi néng biàn dàxiàng' zhè zhǒng méipǔr de huà, tīngting jiù suàn le, shuí hái dāngzhēn a!
'모기가 코끼리로 변할 수 있다'는 실현성 없는 말은 듣고 말아야지, 누가 진짜로 여기니!

对这件事我心里没谱儿。
Duì zhè jiàn shì wǒ xīnli méipǔr.
이 일에 대해 마음속으로 딱히 작정한 바가 없어.

这事到底该怎么办, 你心里有谱没谱儿?
Zhè shì dàodǐ gāi zěnmebàn, nǐ xīnli yǒu pǔ méipǔr?
이 일을 도대체 어떻게 처리하지, 너는 마음속에 계획한 것이 있니?

没~什么~ [méi~shénme~]

얼마 ~하지 못하다.

爸爸第一天没挣什么钱。
Bàba dìyītiān méi zhèng shénme qián.
아빠는 첫날에 얼마 못 벌었어요.

早晨他没吃什么东西就走了。
Zǎochén tā méi chī shénme dōngxi jiù zǒu le.

새벽에 그는 얼마 못 먹고 갔어요.

没挑儿 [méitiāor]

나무랄 데 없다. 더 말할 나위 없다. 완벽하다.

她长得漂亮, 学习又好, 性格又好, 真是没挑儿。
Tā zhǎng de piàoliang, xuéxí yòu hǎo, xìnggé yòu hǎo, zhēnshì méitiāor.
그녀는 예쁘고, 공부도 잘하고 성격도 좋고, 정말 흠잡을 데가 없어요.

这种新产品性能非常好, 没挑儿的。
Zhè zhǒng xīn chǎnpǐn xìngnéng fēicháng hǎo, méitiāor de.
이 새로운 제품의 성능은 더 말할 나위 없이 매우 좋다.

没头没脑 [méitóuméinǎo]

까닭 없이. 난데없다. 이유를 모르다. 느닷없다. 밑도 끝도 없다. 갑작스럽다.

他做事没头没脑的, 真是让人不放心。
Tā zuò shì méitóuméinǎo de, zhēnshì ràng rén bù fàngxīn.
그가 난데없는 일을 해서 정말 사람을 걱정시킨다.

他说起话来没头没脑的, 我一点儿也听不懂。
Tā shuō qǐ huà lái méitóuméinǎo de, wǒ yìdiǎnr yě tīng bùdǒng.
그가 밑도 끝도 없는 말을 해서 조금도 이해하지 못하겠어.

没完没了 [méiwánméiliǎo]

(일이나 말이)한도 없고 끝도 없다. 무한정이다.

他一开口就没完没了。
Tā yì kāikǒu jiù méiwánméiliǎo.
그가 말하기 시작하면 한도 끝도 없어.

他胖是因为他整天没完没了地吃。
Tā pàng shì yīnwei tā zhěngtiān méiwánméiliǎo de chī.
그가 살찐 이유는 종일 무한정 먹어서 그런 거야.

没戏 [méixì]

가망(희망)이 없다.

我把事情搞砸了，我没戏了。
Wǒ bǎ shìqing gǎozá le, wǒ méixì le.
나는 일을 망쳐놨어, 난 희망이 없어.

听你的口气，这事儿没戏了 。
Tīng nǐ de kǒuqì, zhè shìr méixì le.
너의 말투로 봐서는 이 일은 가망이 없는 것 같다.

没想到 [méi xiǎngdào]

생각지 못하다. 뜻밖에도. 생각지도 못 했어.

做梦都没想到。
Zuòmèng dōu méi xiǎngdào.
꿈에도 생각지 못했어.

没想到这次考试非常容易。

méi xiǎngdào zhècì kǎoshì fēicháng róngyì.

뜻밖에도 이번 시험이 너무 쉬워요.

没想到你的汉语说得这么好。

méi xiǎngdào nǐ de Hànyǔ shuō de zhème hǎo.

네가 중국어를 이렇게 잘할 줄 생각지도 못했네.

没样儿 [méiyàngr]

예의가 없다. 돼먹지 않다. 버릇이 없다. 개판이다. 꼴이 말이 아니다.

家里面乱得没样儿了。

Jiā lǐmiàn luàn de méiyàngr le.

집안 꼴이 말이 아니다.

那孩子被爷爷奶奶宠得太没样儿了。

Nà háizi bèi yéye nǎinai chǒng de tài méiyàngr le.

저 아이는 할아버지, 할머니가 너무 편애해서 버릇이 없어.

没影儿 [méiyǐngr]

찾지 못하다. 보이지 않다. 그림자가(흔적이) 없다. 자취를 감추다.
근거가 없다. 가망이 없다.

汽车飞奔而去, 转眼就没影儿了.

Qìchē fēibēn ér qù, zhuǎnyǎn jiù méiyǐngr le.

자동차가 나는 듯 달려가더니 순식간에 자취를 감추었다.

都快毕业了, 工作还没影儿了呢, 我真着急。

Dōu kuài bìyè le, gōngzuò hái méiyǐngr le ne, wǒ zhēn zháojí.

벌써 졸업할 날이 다가오는데, 일자리를 아직 못 구했으니 나는 정말 초조해.

谁说的？ 这是没影儿的事。
Shuí shuō de? zhè shì méiyǐngr de shì.
누가 그렇게 말하는데? 이건 근거 없는 일이야.

要是一点儿影儿都没有，我怎么会这么说呢。
Yàoshi yìdiǎnr yǐngr dōu méiyǒu, wǒ zěnme huì zhème shuō ne.
만일 조금의 근거도 없다면 내가 어떻게 이렇게 말할 수 있겠니.

没有比 A 更让 B~的 [méiyǒubǐ A gèngràng B~de]

A보다 더 ~를 B하게 하는 것은 없다.

没有比你的短信更让我高兴的。
Méiyǒubǐ nǐ de duǎnxìn gèngràng wǒ gāoxìng de.
당신의 메시지보다 더욱 저를 기쁘게 하는 것은 없어요.

没有比你努力学习更让妈妈感到满意的。
Méiyǒubǐ nǐ nǔlì xuéxí gèngràng māma gǎndào mǎnyì de.
네가 열심히 공부하는 것보다 더 엄마를 만족스럽게 하는 것은 없어.

没有别的选择 [méiyǒu biéde xuǎnzé]

다른 선택의 여지가 없다.

当时我没有别的选择，只好申请退学手续。
Dāngshí wǒ méiyǒu biéde xuǎnzé, zhǐhǎo shēnqǐng tuìxué shǒuxù.
당시 나는 다른 선택의 여지가 없어서 단지 퇴학신청의 수속을 밟는 수밖에 없었어.

我们只有战斗，没有别的选择。

Wǒmen zhǐyǒu zhàndòu, méiyǒu biéde xuǎnzé.
우리에겐 전쟁만 있어, 다른 선택의 여지가 없어.

没有一个人能 [méiyǒu yí ge rén néng]

아무도~할 수 없다.

没有一个人能说服他。
Méiyǒu yī ge rén néng shuōfú tā.
아무도 그를 설득할 수 없다.

他是个铁石心肠的人，没有一个人能够打动他的心。
Tā shì ge tiěshíxīncháng de rén, méiyǒu yī ge rén néng gòu dǎdòng tā de xīn.
그는 철석같은 마음의 소유자라서 아무도 그의 마음을 움직일 수가 없어.

没治 [méizhì]

구제할 방법이 없다. 만회할 방법이 없다. 치료할 수가 없다. 어쩔 도리가 없다. (사람·물건이) 대단히 좋다. 대단하다. 훌륭하다.

再有能耐的人，遇到这种麻烦事，也没治。
Zài yǒu néngnai de rén, yùdào zhè zhǒng máfan shì, yě méizhì.
아무리 능력 있는 사람도 이렇게 골치 아픈 일을 당하면 이 또한 구제할 방법이 없어.

这次世界时装表演没治了，掌声一直不断。
Zhècì shìjiè shízhuāng biǎoyǎn méizhì le, zhǎngshēng yìzhí búduàn.
이번 세계 패션쇼는 훌륭하여 박수 소리가 끊이질 않았어.

每逢 [měiféng]

~할 때마다. ~때가 되면.

每逢星期天，我闲来无事，不是看电视就是听音乐。
Měiféng xīngqītiān, wǒ xiánláiwúshì, búshì kàn diànshì jiùshì tīng yīnyuè.
일요일만 되면, 나는 할 일이 없어 텔레비전을 보든가 아니면 음악을 듣는다.

每逢佳节，韩国人都回家乡去过节。
Měiféng jiājié, Hánguórén dōu huí jiāxiāng qù guòjié.
명절만 되면, 한국인들은 고향으로 돌아가 명절을 보낸다.

蒙 [mēng]

속이다. 기만하다.
(적당히) 짐작하다. (멋대로) 추측하다.

你老实点儿吧，别**蒙**人了。
Nǐ lǎoshi diǎnr ba, bié mēng rén le.
너는 좀 정직해봐라, 다른 사람 속이지 말고.

真倒霉，我又被他**蒙**了一回。
Zhēn dǎoméi, wǒ yòu bèi tā mēng le yì huí.
정말 재수 없어, 나는 그의 농간에 또 한 차례 넘어갔어.

免不了 [miǎnbuliǎo]

~이 아닐 수 없다. 불가피하다. 피할 수 없다. ~되기 마련이다.

人与人相处，**免不了**会有矛盾。
Rén yǔ rén xiāngchǔ, miǎnbuliǎo huì yǒu máodùn.

사람과 사람이 함께 어울리다 보면 갈등이 생기게 마련이다.

谈判国际贸易协定时，论争是**免不了的**。
Tánpàn guójìmàoyì xiédìng shí, lùnzhēng shì miǎnbuliǎo de.
국제 무역 협정을 담판할 때, 논쟁은 불가피하다.

面临~危机 [miànlín~wēijī]

위기에 직면하다. 파국을 맞다.

因为环境污染，很多动物都**面临**着绝种**危机**。
Yīnwèi huánjìng wūrǎn, hěn duō dòngwù dōu miànlínzhe juézhǒng wēijī.
환경오염으로 인하여 많은 동물이 멸종위기에 처해있어요.

听说最近俄罗斯的金融经济**面临**了**危机**。
Tīngshuō zuìjìn Éluósī de jīnróng jīngjì miànlín le wēijī.
최근 러시아의 금융경제도 위기에 직면했다고 한다.

明镜似的 [míngjìngshìde]

맑은 거울과 같다. (일에 대해) 분명하게 이해하다. 시비가 분명하다.

他心里跟**明镜似的**，谁好谁坏他是有数儿的。
Tā xīnli gēn míngjìngshìde, shuí hǎo shuí huài tā shì yǒushùr de.
그의 마음은 맑은 거울처럼 분명하여 누가 옳고 누가 그른지를 훤히 알고 있어.

谁把玻璃弄坏了，老师心里**明镜似的**，可是并没说出来。
Shuí bǎ bōli nònghuài le, lǎoshī xīnli míngjìngshìde, kěshì bìng méi shuōchulai.
누가 유리를 깨뜨렸는지 선생님은 속으로 뻔히 아는 것 같은데 결코 말하지 않았다.

摸不着头脑 [mōbuzháo tóunǎo]

갈피(실마리)를 잡을 수 없다. 영문을 모르겠다.

你在说什么？我一点儿也摸不着头脑。
Nǐ zài shuō shénme? wǒ yìdiǎnr yě mōbuzháo tóunǎo.
지금 뭘 말하는 거야? 나 조금도 이해 못하겠어.

他有点儿摸不着头脑了，呆呆地坐在那儿。
Tā yǒudiǎnr mōbuzháo tóunǎo le, dāidāi de zuò zài nàr.
그는 갈피를 잡을 수 없어서 멍청하게 거기에 앉아 있었어.

蘑菇 [mógu]

버섯. 꾸물거리다. 질질 끌다.

我儿子做什么事都这么蘑菇，真让人着急。
Wǒ érzi zuò shénme shì dōu zhème mógu, zhēn ràng rén zháojí.
우리 아들은 뭘 해도 이렇게 꾸물거려서, 정말 사람을 애타게 해요.

你再蘑菇下去，非误了飞机不可。
Nǐ zài mógu xiàqu, fēi wù le fēijī bùkě.
네가 또 꾸물거리면 분명히 비행기를 놓칠 거야.

莫名其妙 [mòmíngqímiào]

영문을 알 수 없다. 괜히. 공연히. 이유 없이. 뜬금없다.
아무도 그 오묘함을 설명할 수 없다.

他莫名其妙地笑起来了。
Tā mòmíngqímiào de xiàoqilai le.

그는 이유 없이 갑자기 웃기 시작했다.

那个人怎么老看着我？ 真是莫名其妙。
Nàge rén zěnme lǎo kànzhe wo? zhēn shì mòmíngqímiào.
저 사람 왜 계속 절 쳐다보죠? 정말 영문을 모르겠네.

墨水儿 [mòshuǐr]

먹물. 잉크. 학문. 공부. 지식(비유적으로 쓰임)

他读过好多书，肚子里有墨水儿。
Tā dúguo hǎo duō shū, dùzili yǒu mòshuǐr.
그는 많은 책을 읽어서 지식이 풍부해요.

他从小就到美国留学，是喝洋墨水长大的。
Tā cóngxiǎo jiù dào Měiguó liúxué, shì hē yáng mòshuǐ zhǎngdà de.
그는 어릴 때부터 미국으로 유학 가서 외국물을 먹으며 자랐어.

目中无人 [mùzhōngwúrén]

안하무인(眼下無人). 누구도 자신의 안중에 없다. 눈에 뵈는 게 없다.

最讨厌目中无人的家伙了。
Zuì tǎoyàn mùzhōngwúrén de jiāhuo le.
안하무인하는 녀석이 제일 싫어.

你这样目中无人，将来会栽跟头的。
Nǐ zhèyàng mùzhōngwúrén, jiānglái huì zāi gēntóu de.
네가 이렇게 안하무인하면 나중에 실패할 거야.

木头人 [mùtourén]

우둔하고 융통성이 없는 사람. 목석같은 사람.

这么清楚的事也看不明白，你真是个木头人。
Zhème qīngchu de shì yě kàn bu míngbài, nǐ zhēn shì ge mùtourén.
이렇게 분명한 일도 잘 모르니, 너는 정말 우둔하고 융통성이 없구나.

他做事不懂变通，我总感觉他像个木头人似的。
Tā zuòshì bùdǒng biàntōng, wǒ zǒng gǎnjué tā xiàng ge mùtourén shìde.
그는 일을 할 때 융통성이 없어, 나는 항상 그는 융통성이 없다고 생각했어.

N

拿不出手 [nábuchūshǒu]

(남에게 보이거나 선물을 할 때에 보잘것없다고 여겨서 부끄러워) 내놓을 수가 없다. 볼품없다.

这是我送给您的礼物，实在拿不出手。
Zhè shì wǒ sòng gěi nín de lǐwù, shízài nábuchūshǒu.
이건 제가 당신에게 드리는 선물인데, 사실 변변치 못합니다.

这是我第一次做中国菜，有些拿不出手。
Zhè shì wǒ dìyícì zuò zhōngguócài, yǒuxiē nábuchūshǒu.
이게 내가 처음으로 만든 중국 요리예요, 좀 꺼내 놓기가 부끄럽네요.

拿得起放得下 [nádeqǐ fàngdexià]

시기를 놓치지 않고 즉각 판단을 내리다. 제때에 결단을 내리다. 감당해 낼 수 있다.

他不是**拿得起放得下**的人，遇事容易想不开。
Tā búshì nádeqǐ fàngdexià de rén, yùshì róngyì xiǎngbukāi.
그는 제때에 즉각 판단을 못하는 사람이라 일에 부딪히면 쉽게 생각을 떨쳐버리지 못한다.

他是个**拿得起放得下**的人。
Tā shì ge nádeqǐ fàngdexià de rén.
그녀는 집안의 갖가지 허드렛일을 능히 감당해 낼 수 있는 사람이다.

拿~开玩笑 [ná~kāiwánxiào]

누구를 놀리다.

你们俩是不是背地里**拿**我**开玩笑**了？
Nǐmen liǎ shì bushì bèidìli ná wǒ kāiwánxiào le?
너희 둘 몰래 나를 놀리는 거 아니지?

他很可怜，以后别**拿**他**开玩笑**！
Tā hěn kělián, yǐhòu bié ná tā kāiwánxiào.
그는 참 불쌍해요, 앞으로 그를 놀리지 말아요.

拿手 [náshǒu]

(어떤 기술에 아주) 뛰어나다. 훌륭하다. 자신 있다. 노련하다. 장기. 가장 능한 재주.

钓鱼是他的**拿手**项目。
Diàoyú shì tā de náshǒu xiàngmù.

낚시는 그가 가장 잘하는 항목이야.

你们这儿最拿手的菜是什么？
Nǐmen zhèr zuì náshǒu de cài shì shénme?
여기서 제일 잘하는 요리는 뭔가요?

我还想准备几道拿手好菜给你尝尝！
Wǒ hái xiǎng zhǔnbèi jǐ dào náshǒu hǎo cài gěi nǐ chángchang!
내가 가장 잘하는 요리를 몇 가지 준비하여 당신에게 맛보게 하고 싶어요.

哪里还有一点~的样子 [nǎlǐ háiyǒu yìdiǎn~de yàngzi]
~의 구석이라곤 조금도 없다.

瞧你这无礼的模样，哪里还有一点家长的样子！
Qiáo nǐ zhè wúlǐ de múyàng, nǎlǐ háiyǒu yìdiǎn jiāzhǎng de yàngzi.
당신의 이 무례한 모습을 보니 학부모의 구석이라곤 조금도 없군요!

看他那份儿德性. 哪里还有一点为人师表的老师的样子！
Kàn tā nà fènr déxìng nǎlǐ háiyǒu yìdiǎn wéirénshībiǎo de lǎoshī de yàngzi.
그의 저 꼬락서니를 보니 남의 사표가 되는 선생님의 구석이라곤 조금도 없군요!

哪门子 [nǎménzi]
무슨. 무엇(반어문으로 사용되어 이유가 없음을 표시)

她真的只是我的好朋友，你这是吃哪门子醋啊！
Tā zhēn de zhǐshì wǒ de hǎo péngyou, nǐ zhè shì chī nǎménzi cù a!
그녀는 단지 나의 좋은 친구인데, 너는 무슨 질투를 하니!

大热天的, 吃哪门子火锅啊！

Dà rètiān de, chī nǎménzi huǒguō a!
이 더운 날 무슨 샤브샤브를 먹어요!

哪怕~也~ [nǎpà~yě~]

설사(설령·비록) ~하더라도, ~하겠다.

哪怕是一件不起眼的日常琐事她也会十分重视。
nǎpà shì yí jiàn bùqǐyǎn de rìcháng suǒshì tā yě huì shífēn zhòngshì.
설령 하찮은 일상의 자질구레한 일일지라도 그녀는 매우 중시한다.

我真想休息一下，哪怕休息一天也好。
Wǒ zhēn xiǎng xiūxi yíxià, nǎpà xiūxi yì tiān yě hǎo.
저 정말 좀 쉬고 싶어요, 설령 하루만 쉬더라도 좋아요.

纳闷儿 [nàmènr]

답답하다. 속이 터진다. 궁금하다.

真让人纳闷儿，他怎么直到今天还没离开这儿?
Zhēn ràng rén nàmènr, tā zěnme zhídào jīntiān hái méi líkāi zhèr?
정말 사람을 답답하게 만드네, 그는 왜 오늘날까지 아직 이곳을 떠나지 않지?

这么晚了，谁来敲门呢? 他心里有点纳闷儿。
Zhème wǎn le, shuí lái qiāomén ne? tā xīnli yǒudiǎn nàmènr.
이렇게 늦은 시간에 누가 와서 문을 두드릴까? 그는 마속으로 좀 궁금했다.

闹别扭 [nàobièniǔ]

사이가 틀어지다. 알력이 생기다. 말다툼하다.

她心眼小，经常和人闹别扭。
Tā xīnyǎn xiǎo, jīngcháng hé rén nàobièniǔ.
그녀는 속이 좁아서 늘 다른 사람과 사이가 틀어진다.

妈妈和妻子闹别扭的时候，我不知道怎么做才好。
Māma hé qīzi nàobièniǔ de shíhou, wǒ bùzhīdào zěnme zuò cái hǎo.
엄마와 아내가 사이가 틀어질 때, 난 어떻게 하면 좋을지 모르겠다.

闹了半天 [nàolebàntiān]

오랫동안 이리저리 해 보다. 여러 가지로 해 보다. 야단법석을 떨다. 부산을 떨다.
드디어는. 결국은. 알고 보니.

闹了半天原来是你弄脏了我的屋子！
Nàolebàntiān yuánlái shì nǐ nòng zàng le wǒ de wūzi!
알고 보니 네가 내 방을 더럽게 했군!

我以为是谁呢，闹了半天是你啊！
Wǒ yǐwéi shì shuí ne, nàolebàntiān shì nǐ a!
누군가 했는데, 알고 보니 당신이었군요!

闹笑话 [nàoxiàohuà]

웃음을 자아내다. 웃음거리가 되다.(= 出洋相 [chūyángxiàng], 丢面子 [diūmiànzi])

他刚来的时候，因为听不懂韩语，闹了很多笑话。
Tā gāng lái de shíhou, yīnwèi tīng budǒng Hányǔ, nào le hěn duō xiàohuà.

그가 처음 왔을 때는 한국어를 못 알아들어 웃음거리가 되었다.

别信口开河, 不然要闹笑话。
Bié xìnkǒukāihé, bùrán yào nàoxiàohuà.
입에서 나오는 대로 얘기하지 마라, 그렇지 않으면 웃음거리가 될 거야.

能~就~, 不能~就~ [néng~jiù~, bùnéng~jiù~]
~할 수 있으면 하고, ~할 수 없으면 ~하다.

能用就用, 不能用就卖吧。
Néng yòng jiù yòng, bùnéng yòng jiù mài ba.
쓸 수 있으면 쓰고, 쓸 수 없으면 팔아버리죠.

能烧就烧, 不能烧就埋。
Néng shāo jiù shāo, bùnéng shāo jiù mái.
태울 수 있으면 태우고, 태울 수 없으면 묻어요.

能说会道 [néngshuōhuìdào]
말솜씨가 좋다. 말이 능란하다. 언변이 뛰어나다.

能说会道的人比较适合做推销员。
Néngshuōhuìdào de rén bǐjiào shìhé zuò tuīxiāoyuán.
말솜씨가 좋은 사람은 세일즈맨 하기에 비교적 적합하다.

他天生就有一张能说会道的嘴。
Tā tiānshēng jiù yǒu yì zhāng néngshuōhuìdào de zuǐ.
그는 선천적으로 말을 아주 잘하는 입을 가졌어.(그는 타고난 언변가야)

匿名 [nìmíng]

이름을 숨기다.

这是一封匿名信。
Zhè shì yì fēng nìmíngxìn.
이것은 익명의 편지다.

有什么话不好公开说，那就写匿名信吧。
Yǒu shénme huà bù hǎo gōngkāi shuō, nà jiù xiě nìmíngxìn ba.
공개적으로 하기에 좋지 않는 어떤 말이 있으면 무기명으로 편지를 쓰세요.

念书 [niànshū]

(소리내어) 책을 읽다. 독서하다. 공부하다.

你要好好儿念书，将来才能找到好工作。
Nǐ yào hǎohāor niànshū, jiānglái cái néng zhǎodào hǎo gōngzuò.
네가 공부를 해야 미래에 좋은 직장을 구할 수 있어.

现在贫困地区的失学青少年又可以重新念书了。
Xiànzài pínkùn dìqū de shīxué qīngshàonián yòu kěyǐ chōngxīn niànshū le.
현재 배움의 기회를 잃은 빈곤 지역의 청소년은 또 다시 공부할 수 있게 되었다.

宁可(宁愿)~，也不~ [nìngkě(nìngyuàn)~, yěbù~]

차라리~할지언정~하지는 않겠다.

我宁可沦为街头的乞丐也不会住你的房子。
Wǒ nìngkě lúnwéi jiētóu de qǐgài yě bú huì zhù nǐ de fángzi.
내 차라리 길거리 거지로 전락할지언정 당신 집에서 살지는 않을 거야.

我宁可承受报应，也不能再出卖朋友了。

Wǒ nìngkě chéngshòu bàoyìng, yě bù néng zài chūmài péngyou le.

나는 차라리 인과응보를 감수하더라도 다시는 친구를 매도할 수 없어.

牛 [niú]

(소처럼) 고집부리다. 잘한다. 짱이다. 최고다. 거만하다.

他要是牛起来，谁也改变不了他的注意。

Tā yàoshi niúqilai, shuí yě gǎibiànbuliǎo tā de zhǔyi.

그가 소처럼 고집부리기 시작하면 누구도 그의 생각을 바꿀 수 없어.

在我们单位，小明的技术最牛。

Zài wǒmen dānwèi, Xiǎomíng de jìshù zuì niú.

우리 회사에서 샤오밍의 기술이 최고야.

他牛着呢，谁都瞧不起。

Tā niúzhe ne, shuí dōu qiáobuqǐ.

그는 거만해서 누구든지 무시해.

牛郎织女，天各一方 [niúlángzhīnǚ, tiāngèyìfāng]

(직장과 다른 이유 때문에 부부가) 장기간 멀리 떨어져 살다.

他们夫妻好比牛郎织女，天各一方。

Tāmen fūqī hǎobǐ niúlángzhīnǚ, tiāngèyìfāng.

그들 부부는 마치 견우와 직녀처럼 오랫동안 멀리 떨어져 살고 있어.

他这一走，你们牛郎织女，天各一方，不知何时才能再相见。

Tā zhè yì zǒu, nǐmen niúlángzhīnǚ, tiāngèyìfāng, bùzhī héshí cái néng zài xiāngjiàn.

그가 이번에 가면 너희들은 장기간 떨어지게 되어 언제 다시 만나게 될지 모르겠다.

P

爬格子 [págézi]

(원고지의) 네모 칸을 기다. (비유하여) 원고를 쓰다. 문예 창작에 종사하다.

他天天**爬格子**，没时间去旅行。
Tā tiāntiān págézi, méi shíjiān qù lǚxíng.
그는 매일 작품 활동하느라 여행갈 시간이 없어.

我有什么了不起的，我不过是个**爬格子**的而已。
Wǒ yǒu shénme liǎobuqǐ de, wǒ búguò shì gè págézi de éryǐ.
내가 무슨 대단하다고, 나는 그저 일개의 문학 작품을 쓰는 사람일 뿐이야.

怕 [pà]

① 무서워하다. 두려워하다.
② 견딜 수 없다. 참을 수 없다.
③ 염려하다. 걱정이 되다.
④ 예측하다. 추정하다.

这个孩子谁都不怕，只**怕**他的老师。
Zhège háizi shuí dōu búpà, zhǐ pà tā de lǎoshī.
이 아이는 그 누구도 겁내지 않는데, 오직 그의 선생님만 두려워 해.

我弟弟**怕**黑，一到晚上就不敢出门了。

Wǒ dìdi pà hēi, yí dào wǎnshang jiù bùgǎn chūmén le.
남동생은 어둠을 무서워해서 저녁 되면 감히 문밖을 나가지 못해.

学汉语，别怕说错，经常练习，进步就快。
Xué Hànyǔ, bié pà shuō cuò, jīngcháng liànxí, jìnbù jiù kuài.
중국어를 배울 때 말하기 서툴다고 걱정하지 마. 꾸준히 연습하면 곧 늘 거야.

起风了，怕是要下雨了。
Qǐfēng le, pà shì yào xiàyǔ le.
바람 불기 시작하니 곧 비가 올 거야.

拍马屁 [pāimǎpì]

아첨하다. 비위를 맞추다. 알랑거리다.

小明，别拍马屁，有什么事儿就直说。
Xiǎomíng, bié pāimǎpì, yǒu shénme shìr jiù zhíshuō.
샤오밍, 아부 떨지 마, 무슨 일이 있거든 솔직하게 말해.

他只靠拍马屁来升职，根本没有实力可言。
Tā zhǐ kào pāimǎpì lái shēngzhí, gēnběn méiyǒu shílì kěyán.
그는 오로지 아첨하는 걸로 승진했지, 원래 실력 있다고 말할 수가 없어요.

排除~可能 [páichú~kěnéng]

~의 가능성을 배제하다.

目前看委内瑞拉的情势，我们不能排除该国经济倒闭的可能。
Mùqián kàn Wěinèiruìlā de qíngshì, wǒmen bù néng páichū gāiguó jīngjì dàobì de kěnéng.
현재 베네수엘라의 상황을 볼 때, 우리는 이 나라의 경제가 도산될 가능성을 배제할 수 없다.

这项声明旨在排除一切可能的疑虑。
Zhè xiàng shēngmíng zhǐ zài páichú yíqiè kěnéng de yílǜ.
이 성명은 모든 가능한 의혹을 배제하는 것을 목적으로 한다.

碰钉子 [pèngdīngzi]

난관에 부딪치다. 지장이 생기다. 거절당하다. 퇴짜 맞다.

这几天事情进行得很不顺利, 处处碰钉子。
Zhè jǐ tiān shìqing jìnxíng de hěn bú shùnlì, chùchù pèngdīngzi.
요 며칠 일이 정말 순조롭지 못하여, 곳곳마다 난관에 부닥쳤다.

做任何事都免不了碰钉子。
Zuò rènhé shì dōu miǎnbuliǎo pèngdīngzi.
어떠한 일을 하더라도 난관을 피할 수 없어.

偏要 [piānyào]

굳이 ~하려 하다. 기어코 ~하고자 하다.

你为什么这么固执, 偏要跟他们赌一口气?
Nǐ wèishénme zhème gùzhi, piānyào gēn tāmen dǔ yìkǒuqì?
너는 왜 이렇게 고집스럽게 한사코 그들과 한 판 겨루려고 하니?

我不让他去, 他偏要去。
Wǒ bú ràng tā qù, tā piānyào qù.
내가 그에게 가지 말라고 했지만 그는 기어코 가려고 해.

贫 [pín]

수다스러워 싫증난다. 짜증난다.

这个人嘴真贫。
zhège rén zuǐ zhēn pín.
이 사람 입이 정말 수다스러워.

他翻来复去地老说这么几句话，真够贫的。
Tā fānlái fùqù de lǎo shuō zhème jǐ jù huà, zhēn gòu pín de.
그는 반복적으로 늘 이렇게 몇 마디를 하니, 정말 싫증나.

平抚~创伤 [píngfǔ~chuāngshāng]

~상처를 무마시키다.

该国已经差不多平抚了十年前内战的创伤。
Gāiguó yǐjīng chàbuduō píngfǔ le shínián qián nèizhàn de chuāngshāng.
이 나라는 십년 전 내전의 상처를 이미 거의 무마시켰다.

要平抚她内心的创伤，起码得等一年。
Yào píngfǔ tā nèixīn de chuāngshāng, qǐmǎ děi děng yì nián.
그녀의 마음속 상처를 무마시키려면 적어도 1년은 기다려야 한다.

凭(着) [píng(zhe)]

~에 의거하여. ~을 근거로. ~에 근거하여.

凭着过人的资力，他通过了这门考试。
Píngzhe guòrén de zīlì, tā tōngguò le zhè mén kǎoshì.
출중한 능력에 의지해서 그는 이 시험을 통과했다.

你凭什么说那样的话？

Nǐ píng shénme shuō nàyàng de huà?

당신이 무엇을 근거로 그런 말을 하죠?

泼冷水 [pōlěngshuǐ]

찬물을 끼얹다. (비유하여)흥을(열정을) 깨다.

人家正在兴头儿上，你干吗要泼冷水？

Rénjia zhèngzài xīngtóurshàng, nǐ gànmá yào pōlěngshuǐ?

남들은 한창 흥이 나 있는데 너는 왜 찬물을 끼얹는 거냐?

他们对她的想法泼冷水时，她并不泄气。

Tāmen duì tā de xiǎngfǎ pōlěngshuǐ shí, tā bìng bú xièqì.

그들이 그녀의 생각에 찬물을 끼얹었을 때 그녀는 결코 낙담하지 않았어.

Q

七上八下 [qīshàngbāxià]

마음이 혼란하다. 안절부절 못하다. 가슴이 두근두근하다. 조마조마하다.

最近我心里七上八下的，坐立不安。

Zuìjìn wǒ xīnlǐ qīshàngbāxià, zuòlìbùān.

요즘 마음이 혼란스러워 앉으나 서나 안절부절 못한다.

妈妈送走了女儿，望着徐徐上升的飞机，心头却七上八下的。

Māma sòngzǒu le nǚ'ér, wàngzhe xúxú shàngshēng de fēijī, xīntóu què qīshàngbāxià de.
엄마는 딸을 보내고는 천천히 상승하는 비행기를 바라보면서 마음은 안절부절 못했다.

岂不是 [qǐbúshì]

어찌 ~이 아니겠는가?

这岂不是一举两得？
Zhè qǐbúshì yìjǔliǎngdé
이것이 어찌 일거양득이 아니겠는가?

你自己一个人去吗？ 岂不是很危险？
Nǐ zìjǐ yígerén qù ma? qǐbúshì hěn wēixiǎn?
너 혼자 가려고? 위험하지 않은가요?

起(到)~作用 [qǐ(dào)~zuòyòng]

~작용을 끼치다. ~한 역할을 하다.

教育对经济的发展起到了举足轻重的作用。
Jiàoyù duì jīngjì de fāzhǎn qǐdào le jǔzúqīngzhòng de zuòyòng.
교육은 경제 발전에 아주 중대한 작용을 한다.

有人说儒家思想中的某些因素对亚洲的经济发展起了负面作用。
Yǒurén shuō rújiāsīxiǎng zhōng de mǒuxiē yīnsù duì Yàzhōu de jīngjìfāzhǎn qǐle fùmiàn zuòyòng.
어떤 사람은 유가사상 중 어떤 요소는 아시아의 경제 발전에 부정적인 작용을 끼쳤다고 말한다.

岂止 [qǐzhǐ]

어찌~일 뿐이리오. 어찌~에 그치겠는가? ~뿐이겠는가?

我岂止是难受，我是心痛！
Wǒ qǐzhǐ shì nánshòu, wǒ shì xīntòng!
어찌 괴로움뿐이겠는가, 나는 마음도 아프다네!

这岂止是他的损失，也是全国人民的一大损失。
Zhè qǐzhǐ shì tā de sǔnshī, yě shì quánguórénmín de yí dà sǔnshī.
이것이 어찌 그의 손실에 그치겠는가, 또한 전 국민의 크나큰 손실이지.

气数已尽 [qìshùyǐjìn]

운명이 다하다.

那队伍气数已尽，迟早会被新生代的选手们代替。
Nà duìwu qìshùyǐjìn, chízǎo huì bèi xīnshēngdài de xiānshǒumen dàitì.
그 팀의 전력은 이미 다하여서 조만간에 새로운 선수들로 대체될 겁니다.

他太老，气数已尽，应该找新生代的接班人。
Tā tài lǎo, qìshùyǐjìn, yīnggāi zhǎo xīnshēngdài de jiēbānrén.
그는 너무 늙어 운명이 다했으니 젊은 세대의 후임을 찾아야 해.

千金 [qiānjīn]

천금. 큰돈. (비유하여) 귀중하다. 진귀하다. (남의 딸을 높여)따님. 영애.

听说你家千金考上了一所好大学？
Tīngshuō nǐ jiā qiānjīn kǎoshàngle yì suǒ hǎo dàxué?
당신의 따님이 수능시험 쳐서 좋은 대학에 들어갔다고 하던데요?

老李的**千金**相当漂亮，是个有名的校花。

Lǎo lǐ de qiānjīn xiāngdāng piàoliang, shì ge yǒumíng de xiàohuā.

라오리의 따님은 상당히 아름다워 학교의 퀸카로 유명해.

千万 [qiānwàn]

부디. 제발. 아무쪼록 꼭. 신신당부하다. 재삼부탁하다.
(긍정, 부정문에 모두 사용하고, 간절한 부탁이나 명령에 사용)

你开车要小心，**千万**别闯祸。

Nǐ kāichē yào xiǎoxīn, qiānwàn bié chuǎnghuò.

당신 운전 조심해야 해요, 제발 사고를 일으키지 마세요.

小明，**千万**要记得到了学校给家里来个电话。

Xiǎomíng, qiānwàn yào jì de dàole xuéxiào gěi jiāli lái ge diànhuà.

샤오밍, 학교에 도착하거든 집에 꼭 전화해야 하는 거 잊지 마라.

你身体不好，凉的东西**千万**吃不得。

Nǐ shēntǐ bùhǎo, liáng de dōngxi qiānwàn chībùde.

몸이 좋지 않으니 , 차가운 것은 절대로 드시지 마세요.

抢手 [qiǎngshǒu]

(상품 등이 인기를 끌어) 잘 팔리다. 다투어 사다.

最近不景气，低价东西很**抢手**。

Zuìjìn bù jǐngqì, dījià dōngxi hěn qiǎngshǒu.

요즘 불경기라서 저가 상품이 인기가 많아요.

这些产品一上市就成了**抢手**货了。

Zhèxiē chǎnpǐn yí shàngshì jiù chéng le qiǎngshǒuhuò le.

이 상품들은 시장에 출시되자마자 인기 상품이 되었어요.

翘尾巴 [qiàowěiba]

꼬리를 쳐들다. (비유하여)잘난 체하고 뽐내다. 기고만장하다.

老师不过表扬了你几句, 你就翘尾巴啦。
Lǎoshī búguò biǎoyáng le nǐ jǐ jù, nǐ jiù qiàowěiba la.
선생님은 그저 너한테 칭찬 몇 마디 한 건데, 기고만장하네.

有了成绩也不要翘尾巴。
Yǒule chéngjì yě bú yào qiàowěiba.
어떤 성과가 있다하더라도 잘난 체 하지 마라.

清静 [qīngjìng]

(환경이) 조용하다. 고요하다.

我们找个清静的地方谈谈。
Wǒmen zhǎo ge qīngjìng de dìfāng tántan.
우리 조용한 장소를 찾아 얘기 좀 하자.

所有的朋友都走了, 家里终于清静了。
Suǒyǒu de péngyou dōu zǒu le, jiāli zōngyú qīngjìng le.
친구들이 다 간 후에야 집이 결국 조용해졌다.

平时我家很清静, 只有母亲一个人在家。
Píngshí wǒjiā hěn qīngjìng, zhǐyǒu mǔqin yí ge rén zài jiā.
평소 우리 집은 매우 조용해, 어머니 혼자 사셔.

清一色 [qīngyísè]

마작에서 한 무늬로 패를 이룬 것에서 나온 말. 획일적이다. 한결같다.

那部电影的演员，清一色都是美女帅哥，真养眼啊！
Nà bù diànyǐng de yǎnyuán, qīngyísè dōu shì měinǚ shuàigē, zhēn yǎngyǎn ya!
그 영화의 배우들은 하나같이 예쁘고 잘생겼어, 정말 눈이 즐거웠다니까!

我的衣服清一色都是白色的。
Wǒ de yīfu qīngyísè dōu shì báisè de.
내 옷은 하나같이 다 흰색이야.

轻易 [qīngyì]

함부로. 쉽사리. 좀체. 수월하게. 가볍게.
(주로 不轻易, 轻易不처럼 부정문으로 사용된다.)

他不轻易问别人家里的事。
Tā bù qīngyì wèn biérén jiāli de shì.
그는 좀체 남에게 집안일을 묻지 않아.

你不了解情况，不要轻易发表意见。
Nǐ bù liǎojiě qíngkuàng, búyào qīngyì fābiǎo yìjiàn.
네가 상황을 잘 이해하지 못하면 의견을 쉽게 내지 마라.

轻重 [qīngzhòng]

(말을 하거나 일을 할 때의) 적당한 정도. 절도. 분별.

他说话不知轻重，常常得罪人。

Tā shuōhuà bùzhī qīngzhòng, chángcháng dézuì rén.
그는 분별없이 말하여서 종종 미움을 산다.

小孩儿说话没轻没重, 请别见怪。
Xiǎoháir shuōhuà méiqīngméizhòng, qǐng bié jiànguài.
어린 아이가 분별없이 하는 말이니 탓하지 마세요.

屈指可数 [qūzhǐkěshǔ]

손꼽아 헤아릴 수 있다. 손꼽아 셀 수 있을 정도의 소수. 손꼽을 정도이다.

这个村里会说英语的人屈指可数。
Zhège cūnli huì shuō Yīngyǔ de rén qūzhǐkěshǔ.
이곳 농촌에서 영어 할 줄 아는 사람은 손에 꼽을 정도야.

这个新城市八十岁以上的老人屈指可数。
Zhège xīn chéngshì bāshí suì yǐshàng de lǎorén qūzhǐkěshǔ.
여기 신도시에 80이상 노인은 손꼽을 정도로 작아.

取代~的位置 [qǔdài~de wèizhi]

~자리를 대신하다.

他球员管理得不太好, 因此最近美国来的新教练取代了他的位置。
Tā qiúyuán guǎnlǐ de bútài hǎo, īncǐ zuìjìn Měiguō lái de xīn jiàoliàn qǔdài le tā de wèizhi.
그는 선수들을 잘 다스리지 못해 최근에 미국에서 온 새로운 감독이 그의 직위를 대신했다.

在我的心里, 没有一个人可以取代你的位置。
Zài wǒ de xīnli, méiyǒu yī gè rén kěyǐ qǔdài nǐ de wèizhì.

내 마음속에서 아무도 당신의 자리를 대체할 수 없습니다.

取得 ~成果(成绩) [qǔdé ~chéngguǒ(chéngjì)]
~성과를 얻다.

本次赛程中我国代表队一共**取得**了三胜一负一平的良好**成绩**。
Běncì sàichéng zhōng wǒguó dàobiǎoduì yígòng qǔdéle sān shèng yí fù yì píng de liánghǎo chéngjì.
이번 경기 중에 우리나라 팀은 모두 3승 1패 1무의 양호한 성적을 얻었다.

应该对近期所**取得**的**成果**进行一次评价和分析了。
Yīnggāi duì jìnqì suǒ qǔde de chéngguǒ jìnxíng yícì píngjià hé fēnxī le.
최근에 얻은 성과에 대해 평가하고 분석해야 한다.

全天候 [quántiānhòu]
전천후의. 어떠한 날씨에서도 제 기능을 다 할 수 있음을 뜻함.

我们这儿提供**全天候**服务。
Wǒmen zhèr tígōng quántiānhòu fúwù.
저희는 전천후 서비스를 제공합니다.

我对他们公司的**全天候**服务感到很满意。
Wǒ duì tāmen gōngsī de quántiānhòu fúwù gǎndào hěn mǎnyì.
우리는 그 회사의 전천후 서비스에 대해 매우 만족합니다.

裙带 [qúndài]

치마끈. 처갓집의 덕을 보고 있는 남자. (풍자적 의미에서의)처가.

他想利用裙带关系往上爬。
Tā xiǎng lìyòng qúndài guānxi wǎng shàng pá.
그는 인맥 관계를 이용해 출세하려고 한다.

裙带风带来的危害很大。
Qúndàifēng dàilái de wēihài hěn dà.
치맛바람이 몰고 오는 해로움은 너무 커.

R

绕圈子 [ràoquānzi]

빙빙 돌려서 말하다. 말을 에두르다. 에둘러대다. 에둘러치다.

请你说话别绕圈子。
Qǐng nǐ shuōhuà bié ràoquānzi.
말할 때 빙빙 돌려서 말하지 마세요.

他绕了个大圈子也没把要说的话清楚。
Tā rào le ge dà quānzi yě méi bǎ yào shuō de huà qīngchu.
그가 엄청 빙빙 돌려 말했어도 해야 할 말을 분명하게 말하지 않았다.

热门儿 [rèménr]

因为空气污染, 空气净化器成了热门儿货。
Yīnwèi kōngqìwūrǎn, kōngqì jìnghuàqì chéng le rèménr huò.
공기 오염으로 공기 청정기가 인기 상품이 되었다.

我们经常讨论一些热门儿话题。
Wǒmen jīngcháng tǎolùn yìxiē rèménr huàtí.
우리는 종종 관심거리 화제들을 토론하곤 한다.

今年报考这几种热门儿专业的学生太多了。
Jīnnián bàokǎo zhè jǐ zhǒng rèménr zhuānyè de xuésheng tài duō le.
올해 인기 있는 이런 전공을 지원한 학생들이 너무 많았다.

热心肠(儿) [rèxīncháng(r)]

따뜻한(뜨거운) 마음(씨). 열성. 열의. (마음이) 따뜻하고 친절하다. 열성적이다.

张大妈是个热心肠儿, 拿别人的事当自己的事。
Zhāng dàmā shì ge rèxīnchángr, ná biérén de shì dāng zìjǐ de shì.
장 아줌마는 열성적이고 친절해, 다른 사람의 일을 자기 일처럼 여기고 도맡거든.

不管成不成, 我都得谢谢你这个热心肠。
Bùguǎn chéng buchéng, wǒ dōu děi xièxie nǐ zhège rèxīncháng.
(일이) 성사되든 안 되는 간에 마음이 따뜻한 당신에게 감사드려요.

人非草木 [rénfēicǎomù]

사람이 목석이 아닌 이상.

人非草木，孰能无情？ 你心里难过，我全知道。
Rénfēicǎomù, shúnéngwúqíng? nǐ xīnli nánguò, wǒ quán zhīdào.
사람이 목석이 아닌 이상 그 누가 감정이 없겠어요? 당신의 마음이 괴롭다는
걸 나는 다 알아요.

人非草木，铁石心肠的人见到那样感人的场面也会落泪的。
Rénfēicǎomù, tiěshíxīncháng de rén jiàndào nàyàng gǎnrén de chǎngmiàn yě
huì luòlèi de.
사람이 목석이 아닌 이상 철석처럼 굳은 마음을 가진 사람도 그런 감동적인 광경
을 보면 눈물을 흘릴 것이다.

人人有责 [rénrényǒuzé]

사람마다 책임이 있다.

防止火灾，人人有责。
Fángzhǐ huǒzāi, rénrényǒuzé.
화재를 방지하는 일은 모든 사람의 책임이다.

保护环境，人人有责。
Bǎohù huánjìng rénrényǒuzé.
환경을 보호하는 것은 우리 모두의 책임이다.

人者见仁, 智者见智 [rénzhě jiànrén, zhìzhě jiànzhì]

어진 이는 어진 점을 보고 지혜로운 자는 지혜로운 점을 보다.
즉, 사람에 따라 견해가(보는 각도가) 다르다. (= 见仁见智 [jiànrén jiànzhì])

对这个问题的看法真是**人者见仁, 智者见智**。
Duì zhège wèntí de kànfǎ zhēnshì ré zhě jiànrén, zhìzhě jiànzhì.
이 문제에 대한 견해는 정말 각자 생각이 달라.

人者见仁, 智者见智, 何必要强求一致呢。
Rénzhě jiànrén, zhìzhě jiànzhì, hébì yào qiángqiú yízhì ne.
각자 보는 관점이 다른데, 구태여 일치할 것을 강요할 필요가 있는가?

任凭 [rènpíng]

아무리~하여도. 아무리~하든 간에.

任凭你愿不愿意, 我们还是照常办理。
Rènpíng nǐ yuàn bu yuànyi, wǒmen háishi zhàocháng bànlǐ.
네가 원하든 원하지 않든 간에 우리는 여전히 평소대로 처리할 거야.

任凭他们怎么说, 我们也不用改变计划。
Rènpíng tāmen zěnme shuō, wǒmen yě búyòng gǎibiàn jìhuà.
그들이 아무리 무슨 말을 해도 우리는 계획을 바꿀 필요가 없어.

认生 [rènshēng]

낯가리다. 낯가림하다.

这小孩不**认生**。
Zhè xiǎohái bú rènshēng.

이 아이는 낯을 가리지 않아요.

他有点儿认生，所以不太喜欢跟陌生人打交道。
Tā yǒudiǎnr rènshēng, suǒyǐ bútài xǐhuan gēn mòshēngrén dǎjiāodào.
그는 낯을 좀 가려서 낯선 사람과 사귀는 걸 별로 좋아하지 않아요.

容不得 [róngbudé]

용납할 수 없다. 받아들일 수 없다. 수용할 수 없다.

要干大业，容不得儿女私情。
Yào gàn dàyè, róngbudě érnǚsīqíng.
큰일을 하려면 사사로운 감정은 없어야 한다.

他气量不大，容不得人。
Tā qìliàng bú dà, róngbudé rén.
그는 도량이 작아서 남을 포용하지 못해.

如果方便的话 [rúguǒ fāngbiàn de huà]

괜찮으시다면.

如果方便的话，今晚跟我一起吃饭，好不好？
Rúguǒ fāngbiàn de huà, jīnwǎn gēn wǒ yìqǐ chīfàn, hǎobuhǎo?
괜찮으시다면 오늘 저녁 저와 식사를 같이 하실래요?

如果方便的话，今天下午怎么样？
Rúguǒ fāngbiàn de huà, jīntiān xiàwǔ zěnmeyàng?
괜찮으시다면 오늘 오후가 어때요?

如实 [rúshí]

사실대로. 여실하다.

回去如实告诉他吧。
Huíqù rúshí gàosu tā ba.
돌아가서 사실대로 그에게 알려주세요.

事到如今，再难说也得如实说了。
Shì dào rújīn, zài nán shuō yě děi rúshí shuō le.
일이 이 지경에 이르렀으니 아무리 말하기 어려워도 사실대로 이야기해야 해.

如意算盘 [rúyìsuànpán]

뜻대로 되기만을 바라는 마음. 독장수의 셈처럼 헛수고로 애만 쓰는 것을 비유하는 실속 없이 허황되게 하는 셈.

这就是你的如意算盘。
Zhè jiù shì nǐ de rúyìsuànpán.
이것은 뜻대로 되길 원하는 너의 천진난만한 생각일 뿐이야.

敌人的如意算盘落空了。
Dírén de rúyìsuànpán luòkōng le.
적의 그럴듯한 속셈이 허사가 되었다.

入耳 [rù'ěr]

듣기 좋다. 들을 만하다.(= 中听 [zhōngtīng])

入耳的话谁不会说呀!
Rù'ěr de huà shuí bú huì shuō ya!

듣기 좋은 말 누가 못합니까!

话说得十分入耳, 就是不干正事。
Huà shuō de shífēn rù'ěr, jiùshì bú gàn zhèngshì.
말만 듣기 좋게 번드르르하게 하고 할 일은 제대로 안 하네.

S

三长两短 [sānchángliǎngduǎn]

뜻밖의 재난이나 변고.

你要是有个三长两短的, 我怎么跟你父母交代?
Nǐ yàoshi yǒu ge sānchángliǎngduǎn de, wǒ zěnme gēn nǐ fùmǔ jiāodài?
네가 만약 무슨 변고라도 당하면, 내가 어떻게 네 부모님께 설명해야 하니?

他要是出个三长两短, 我跟你没完。
Tā yàoshi chū ge sānchángliǎngduǎn, wǒ gēn nǐ méi wán.
그에게 만일 변고가 생기면 내가 당신을 가만 두지 않을 거야.

三天打鱼, 两天晒网 [sāntiāndǎyú, liǎngtiānshàiwǎng]

사흘간 고기를 잡고 이틀간 그물을 말리다. 작심삼일하다.
공부나 일을 꾸준히 하지 못하다. 하다 말다 하다.

锻炼身体忌讳的就是三天打鱼, 两天晒网。
Duànliàn shēntǐ jìhuì de jiùshì sāntiāndǎyú, liǎngtiānshàiwǎng.

운동할 때 작심삼일은 금물이야.

他不喜欢自己的工作，总是三天打鱼，两天晒网。
Tā bù xǐhuan zìjǐ de gōngzuò, zǒngshì sāntiāndǎyú, liǎngtiānshàiwǎng.
그는 자기 일을 좋아하지 않아, 항상 일을 하다 말다 하더라.

三只手 [sānzhīshǒu]
소매치기.

我在公交车上遇到了三只手，手机被偷走了。
wǒ zài gōngjiāochē shàng yùdào le sānzhīshǒu, shǒujī bèi tōuzǒu le.
나 버스에서 소매치기에게 휴대폰 도둑맞았어.

我真没想到她清清纯纯的样子居然是三只手。
Wǒ zhēn méi xiǎngdào tā qīngqīngchúnchún de yàngzi jūrán shì sānzhīshǒu.
나는 그녀가 너무 청순한 모습을 하고 있어 소매치기라고는 생각도 못했어.

山穷水尽 [shānqióngshuǐjìn]
막다른 골목에 몰리다. 궁지에 빠지다.

我们还没到山穷水尽的地步。
Wǒmen hái méi dào shānqióngshuǐjìn de dìbù.
우린 아직 막다른 골목에 이르지는 않았어.

我相信山穷水尽的企业还能起死回生。
Wǒ xiāngxìn shānqióngshuǐjìn de qǐyè hái néng qǐsǐhuíshēng.
나는 궁지에 몰린 기업이 기사회생할 수 있으리라고 믿는다.

伤脑筋 [shāngnǎojīn]

골머리(골치)를 앓다. 애를 먹다. 어찌할 바를 모르다.

为了避免孩子再犯类似的错误, 父母伤透了脑筋。
Wèile bìmiǎn háizi zài fàn lèisì de cuòwù, fùmǔ shāngtòu le nǎojīn.
아이가 유사한 잘못을 저지르는 것을 방지하기 위해 부모는 매우 애를 먹었다.

这件事真让人伤脑筋。
Zhè jiàn shì zhēn ràng rén shāngnǎojīn.
이 일은 정말 사람 골치 아프게 만드네요.

上 [shàng]

일정한 정도의 수량에 충분히 이르는 것을 표시한다.
가령, '上百'이면 '백 이상'이라 할 수 있다.

这家工厂很大, 有上万人。
Zhè jiā gōngchǎng hěn dà, yǒu shàngwàn rén.
이 공장은 정말 커서 백만 이상의 사람이 있다.

上了年纪的人可得注意饮食。
shàng le niánjì de rén kě děi zhùyì yǐnshí.
연로하신 분들은 음식에 주의하셔야 합니다.

上天无眼 [shàngtiānwúyǎn]

하늘도 무심하시지.

上天无眼, 像他那样善良的人怎么老是受灾害!
Shàngtiānwúyǎn, xiàng tā nàyàng shànliáng de rén zěnme lǎoshì shòu zāihài.

하늘도 무심하시지, 그와 같이 선량한 사람이 왜 자꾸 재해를 입는 건지!

上天真是无！好人恶报，恶人好报！
Shàngtiān zhēnshì wúyǎn! hǎorén èbào, èrén hǎobào!
하늘도 정말 무심하시지! 좋은 사람이 화를 입고, 악한 사람이 복을 얻다니!

少说两句 [shǎoshuōliǎngjù]
좀 그만 말해.

你少说两句，行不行？没人会以为你是个哑巴。
Nǐ shǎoshuōliǎngjù, xíngbuxíng? méirén huì yǐwéi nǐ shì ge yǎba.
너는 그만 좀 말할 수 없어? (네가 말하지 않아도) 아무도 너를 벙어리로 여기지 않아.

少说两句，你一开口就没完没了。
Shǎoshuōliǎngjù, nǐ yì kāikǒu jiù méiwánméliǎo.
좀 그만 말해, 너는 한번 말하면 얘기가 끝이 없어.

少则~多则~ [shǎozé~ duōzé~]
적게는 ~이고, 많게는 ~이다.

少则十天，多则一个月左右。
Shǎozé shí tiān, duōzé yí ge yuè zuǒyòu.
적게는 열흘이고, 많게는 한 달쯤입니다.

十二月份常常参加聚会，少则十个，多则二十多个。
shí'èr yuèfèn chángcháng cānjiā jùhuì, shǎozé shí ge, duōzé èrshí duō ge.
12월은 모임을 종종 참가하는데, 보통 적게는 10개, 많게는 20여 개 있어.

舍不得 [shěbude] ⇔ 舍得 [shěde]

차마~하지 못하다. ⇔ 차마~하다.

我真舍不得把那么漂亮的点心吃掉。
Wǒ zhēn shěbude bǎ nàme piàoliang de diǎnxīn chīdiào.
이렇게 예쁜 디저트를 차마 먹어버릴 순 없군요.

你舍得跟他分开吗?
Nǐ shěde gēn tā fēnkāi ma?
당신은 그와 차마 헤어질 수 있어요?

谁让 [shéi ràng]

누가 ~하게 시키다. 하게 하다.
대체로 '谁让你~呢 [shéiràngnǐ~ne](누가 너보고 ~이라고 했냐)'의 형태로 쓰이
는데, 이것은 좋지 않는 결과에 대한 책임이 너의 책임이지 다른 사람과는 관계없음
을 강조한 것이다.

谁让你不吃早饭呢, 饿了吧。
Shéi ràng nǐ bù chī zǎofàn ne, è le ba.
누가 너보고 아침 먹지 말라고 했니, 배고프겠다.

谁让他不认真复习, 考不好也是必然的。
Shéi ràng tā bú rènzhēn fùxí, kǎobuhǎo yě shì bìrán de.
누가 개한테 열심히 복습하지 말라고 했냐, 시험 잘 못 본 것도 당연한 결과지.

谁也说不动 [shéi yě shuōbúdòng]

아무도 못 말리다.

他的脾气谁也说不动。
Tā de píqi shéi yě shuōbúdòng.
그의 고집은 아무도 못 말려.

海真的脾气除了他的父母以外谁也说不动。
Hǎizhēn de píqì chúle tā de fùmǔ yǐwài shéi yě shuōbúdòng.
해진의 고집은 그의 부모 외에는 아무도 못 말려.

什么 A 不 A 的 [shénme A bù A de]

~하긴 ~뭘.

A : 谢谢你给我买了这么多东西。
　　Xièxie nǐ gěi wǒ mǎile zhème duō dōngxi.
　　저에게 이렇게 많은 것을 사주셔서 감사해요.
B : 什么谢不谢的, 只要你满意就行。
　　Shénme xiè bú xiè de, zhǐyào nǐ mǎnyì jiù xíng.
　　감사하긴 뭘요, 그저 당신이 만족하면 되는 것이지요.

A : 真棒! 你能当我们的老师了。
　　Zhēn bàng! Nǐ néng dāng wǒmen de lǎoshī le.
　　정말 대단해! 너는 우리들의 선생님이 될 수 있겠어.
B : 什么老师不老师的, 我们一块儿研究嘛。
　　Shénme lǎoshī bù lǎoshī de, wǒmen yíkuàir yánjiū ma.
　　선생님은 뭘, 우리들은 함께 연구하잖아!

~什么似的 [~shénme shìde]

완전히. 참으로. 몹시.

听说你回来了，把我们高兴得什么似的。
Tīngshuō nǐ huílái le, bǎ wǒmen gāoxìng de shénme shìde.
네가 돌아온다는 말을 들으니, 우리를 완전 기쁘게 하는군.

听了这个消息，她乐得什么似的。
Tīng le zhège xiāoxi, tā lè de shénme shìde.
이 소식을 듣고, 그녀는 몹시 즐거워했어.

神气 [shénqì]

표정. 기색. 안색.
의기(득의)양양함. 우쭐댐.
활기차다, 생기가 있다.

他讲话的神气特别认真。
Tā jiǎnghuà de shénqì tèbié rènzhēn.
그가 말하는 태도는 아주 엄숙해.

你神气什么？ 不就比别人多得了两分嘛。
Nǐ shénqì shénme? Bú jiù bǐ biéren duō dě le liǎng fēn ma.
너는 뭘 그렇게 우쭐대니? 다른 사람보다 2점 더 맞았을 뿐이지!

仪仗队的队员们走起路来都很神气。
Yízhàngduì de duìyuánmen zǒuqi lù lai dōu hěn shénqì.
의장대 대원들이 모두 활기차게 길을 걷기 시작했다.

生活问题 [shēnghuówèntí]

생활상의 문제(어려움).
혼인문제를 말하는데, 종종 나이를 뜻하는 글자와 같이 사용된다.

大龄青年就是指还没解决生活问题的人。
Dàlíng qīngnián jiùshì zhǐ hái méi jiějué shēnghuówèntí de ren.
혼기를 놓친 젊은이는 생활상의 문제를 아직 해결하지 못한 사람을 가리킨다.

他也不小了, 也该想想自己的生活问题了。
Tā yě bùxiǎo le, yě gāi xiǎngxiang zìjǐ de shēnghuówèntí le.
그도 나이가 적지 않으니 자신의 혼인문제도 생각 좀 해봐야 돼.

生米煮成熟饭 [shēngmǐ zhǔchéng shúfàn]

쌀이 이미 밥이 되었다. (비유하여) 엎지른 물이다.

父母反对也没用, 生米已经煮成熟饭了。
Fùmǔ fǎnduì yě méiyòng, shēngmǐ yǐjīng zhǔchéng shúfàn le.
부모님이 반대하셔도 소용없어요, 이미 엎질러진 물이에요.

你还是抓点儿紧吧, 要是生米煮成熟饭就来不及了。
Nǐ háishì zhuā diǎnr jǐn ba, yàoshi shēngmǐ zhǔchéng shúfàn jiù láibují le.
좀 더 일찍 서둘러라, 엎질러진 물이라면 이미 늦었어.

省得 [shěngde]

~하지 않도록. ~하지 않기 위해서. = 免得 [miǎnde]

就在家里吃饭吧, 省得浪费钱。

Jiù zài jiāli chī fàn ba, shěngde làngfèiqián.
집에서 밥 먹지, 돈 낭비하지 않도록.

你们先走吧，**省得**赶不上飞机。
Nǐmen xiān zǒu ba, shěngde gǎnbushàng fēijī.
너희들 먼저 가라, 비행기 놓치지 않도록.

失足 [shīzú]

실수하다. 큰 과오를 범하다. 그릇된 길로 들다. 타락하다.

失足青少年的教育工作十分重要。
Shīzú qīngshàonián de jiàoyù gōngzuò shífēn zhòngyào.
잘못된 길에 빠진 청소년을 교육하는 것은 매우 중요합니다.

对**失足**青年要耐心帮助。
Duì shīzú qīnnián yào nàixīn bāngzhù.
그릇된 길로 들어선 청년에 대해 인내심을 가지고 도와줘야 한다.

十全十美 [shíquánshíměi]

완전무결하여 나무랄 데가 없다.

我们都不是**十全十美**的人，难免犯错误。
Wǒmen dōu búshì shíquánshíměi de rén, nánmiǎn fàn cuòwù.
우리 모두 완전무결한 사람이 아니니 실수를 범하기 마련이야.

人们总是追求**十全十美**，可是很难实现。
Rénmen zǒngshì zhuīqiú shíquánshíměi, kěshì hěn nán shíxiàn.
사람들은 늘 완전무결함을 추구하지만, 실현하기가 매우 힘들다.

实心眼儿 [shíxīnyǎnr]

성실하다. 정직하다. 가식이 없이 진실하다. 고지식하다.

他是个**实心眼儿**，不会玩这套把戏。
Tā shì ge shíxīnyǎnr, bú huì wán zhè tào bǎxì.
그는 정직하여 이런 장난을 하지 않을 겁니다.

这话都听不出来，你太**实心眼儿**了。
Zhè huà dōu tīng bù chūlái, nǐ tài shíxīnyǎnr le.
이 말도 알아듣지 못하니, 너는 정말 융통성이 없구나.

世风日下 [shìfēngrìxià]

세태가 갈수록 악화되다. 사회의 기풍이 날로 못해지다.

世风日下，人心不古。
Shìfēngrìxià, rénxīnbùgǔ.
사회의 기풍은 날로 나빠지고 사람의 인심은 옛날 같지가 않다.

世风日下，伤风害理的事情越来越多。
Shìfēngrìxià, shāngfēng hàilǐ de shìqing yuèláiyuèduō.
요즘 세태가 갈수록 악화되어 풍기문란과 도리에 어긋난 일이 갈수록 많이 생긴다.

~是~，就是~ [~shì~, jiùshì~]

~는 좋은데, 다만 ~하다.

这件衣服漂亮**是**漂亮，**就是**有点儿贵。
Zhè jiàn yīfu piàoliang shì piàoliang, jiùshì yǒudiǎnr guì.
이 옷이 예쁘긴 예쁜데, 다만 약간 비싸네요.

那个运动员身体条件好是好，就是后劲不够。

Nà ge yùndòngyuán shēntǐ tiáojiàn hǎo shì hǎo, jiùshì hòujìn búgòu.

그 선수는 체격 조건은 좋은데, 다만 뒷심이 부족해요.

势利现实 [shìlìxiànshí]

약고 닳아빠진 사람.

你不能学习商人的势利现实。

Nǐ bùnéng xuéxí shāngrén de shìlìxiànshí.

너는 상인들의 약고 닳아빠진 것을 배워서는 안 돼.

我真不能忍受他们的势利现实。

Wǒ zhēn bùnéng rěnshòu tāmen de shìlìxiànshí.

나는 정말 그들의 약고 닳아빠진 점을 참을 수가 없어.

是时候 [shì shíhou]

마침 좋은 때다. 적당한 시기이다.

十二点了，是时候睡觉了。

Shí'èr diǎn le, shì shíhou shuìjiào le.

저녁 12시야, 잠 잘 때가 되었네.

你们来的不是时候，他已经走了。

Nǐmen lái de bú shì shíhou, tā yǐjīng zǒu le.

너희들 적당하지 않는 때에 왔구나, 그는 이미 갔어.

~是一回事, ~是另一回事 [~shì yìhuíshì, ~shì lìng yìhuíshì]

~와 ~는 별개의 것이다.

进大学是一回事, 找工作是另一回事。
Jìn dàxué shì yìhuíshì, zhǎo gōngzuò shì lìng yìhuíshì.
대학을 들어가는 것과 직장을 구하는 것은 별개의 일이야.

恋爱是一回事, 结婚是另外一回事。
Liànài shì yìhuíshì, jiéhūn shì lìngwài yìhuíshì.
연애와 결혼은 별개의 것이다.

是指 [shìzhǐ]

~(을)를 뜻한다. 가리키다.

这是指他说的。
zhè shìzhǐ tā shuō de.
이것은 그가 한 말을 가리킨 것이다.

这是指期望越大, 失望也越大。
Zhè shìzhǐ qīwàng yuè dà, shīwàng yě yuè dà.
이것은 기대가 크면 실망도 크다는 것을 뜻한다.

手气 [shǒuqì]

(제비나 노름 따위의) 운. 운수. 손속. 손덕.

我的手气很差, 连带去的钱都花光了。
Wǒ de shǒuqì hěn chà, liándài qù de qián dōu huāguāng le.
난 정말 운이 없어서 가져간 돈마저 다 써 버렸어.

秀珍**手气**好，昨天买彩票中奖了。
Xiùzhēn shǒuqì hǎo, zuótiān mǎi cǎipiào zhòngjiǎng le.
수진은 운도 좋아, 어제 산 복권이 당첨되었어.

手头紧 [shǒutóujǐn]

주머니 사정이 어렵다.

目前**手头紧**，不打算买车。
Mùqián shǒutóujǐn, bù dǎsuan mǎi chē.
지금은 주머니 사정이 어려워, 차를 살 생각이 없어.

他花钱总是没计划，一到月底**手头就紧**了。
Tā huāqián zǒngshì méi jìhuà, yí dào yuèdǐ shǒutóu jiù jǐn le.
그는 돈을 늘 계획 없이 써서 월말만 되면 형편이 빠듯해.

受(到)~影响 [shòu(dào)~yǐngxiǎng]

영향을 받다.

他**受**了母亲的**影响**，从小就喜欢看书。
Tā shòu le mǔqīn de yǐngxiǎng, cóngxiǎo jiù xǐhuan kàn shū.
그는 어머니의 영향을 받아 어렸을 적부터 책 보는 걸 좋아했어.

韩国的经济**受到**了金融危机的**影响**，很多企业倒闭了。
Hánguó de jīngjì shòudào le jīnróngwēijī de yǐngxiǎng, hěn duo qǐyè dàobì le.
한국의 경제는 금융위기의 영향을 받아 많은 기업이 도산되었다.

受累 [shòulèi]

고생하다.

金老师, 您又受累了。
Jīn lǎoshī, nín yòu shòulèi le.
김선생님, 고생이 많군요.

我为你受累一生, 你到底知不知道?
Wǒ wèi nǐ shòulèi yīshēng, nǐ dàodí zhībùzhīdào?
내가 당신 때문에 한 평생을 고생하는 것을 당신은 도대체 알기나 해요?

受牵连 [shòu qiānlián]

연루되다. 연관되다.

这件事他也受了牵连, 真对不起他。
Zhè jiàn shì tā yě shòu le qiānlián, zhēn duìbuqǐ tā.
이 사건에 그도 연루가 되어 그에게 정말 미안합니다.

让他受牵连, 都是我不好。
Ràng tā shòu qiānlián, dōu shì wǒ bùhǎo.
그를 연루시키게 만든 것은 모두 제 잘못입니다.

数 [shǔ]

손꼽히다. (두드러진) 축에 들다. 손꼽다.

他们家数小李最聪明。
Tāmen jiā shǔ Xiǎolǐ zuì cōngmíng.
그의 집에서 샤오리가 가장 총명한 축에 들지.

我认为动物中数熊猫最可爱了。

Wǒ rènwéi dòngwù zhōng shǔ xióngmāo zuì kě'ài le.

내 생각에 판다가 가장 귀여운 동물 축에 드는 것 같아.

涮 [shuàn]

무언가를 물속에서 다시 꺼내다. 즉, '사람을 농락하다', '남을 속이다'를 비유한다.

说十点见面你不来，这不是涮我吗？

Shuō shí diǎn jiànmiàn nǐ bù lái, zhè búshì shuàn wǒ ma?

10시에 만나자 해놓고 네가 오지 않으니, 이건 나를 속인 게 아니냐?

他涮咱们呢，别信他的话。

Tā shuàn zánmen ne, bié xìn tā de huà.

그가 우리를 속였으니 그의 말을 믿지 마.

谁敢说个不字？ [shuí gǎn shuō ge bú zì]

누가 감히 아니라고 말하겠는가?

你说的话，谁敢说个不字。

Nǐ shuō de huà, shuí gǎn shuō ge bú zì.

당신이 하는 말을 누가 감히 아니라고 하겠어요?

这是上边的严命，谁敢说个不字啊。

Zhè shì shàngbiān de yánmìng, shuí gǎn shuō ge bú zì a.

이것은 위쪽에서 내린 엄명인데, 누가 감히 반대하겠니?

水分 [shuǐfèn]

과대. 과장.

化妆品的广告**水分**太大, 不可信。
Huàzhuāngpǐn de guǎnggào shuǐfèn tài dà, bù kěxìn.
화장품 광고는 과장이 너무 심해서 믿을 수가 없어.

你要认真地调查, 写出的报告可不能有**水分**。
Nǐ yào rènzhēn de diàochá, xiěchū de bàogào kě bùnéng yǒu shuǐfèn.
당신은 성실하게 조사해야 하고, 써내는 보고서에 절대 과장이 있어서는 안 됩니다.

顺眼 [shùnyǎn]

보기 좋다. 마음에 들다.

看我不**顺眼**, 我就走。
Kàn wǒ bú shùnyǎn, wǒ jiù zǒu.
내 마음에 안 들면 나는 바로 갈 거야.

你怎么不高兴, 是不是又看见什么不**顺眼**的事了?
Nǐ zěnme bù gāoxìng, shì bushì yòu kànjian shénme bú shùnyǎn de shì le?
너는 왜 기뻐하지 않니, 눈에 거슬리는 뭔가를 또 본 거니?

说白 [shuōbái]

말을 터놓고 하다.

你不要把话**说**得那么**白**, 说话要含蓄一点。
Nǐ búyào bǎ huà shuō de nàme bái, shuōhuà yào hánxù yìdiǎn.
말을 그렇게 노골적으로 하지 말아요, 말을 할 때는 은근하게 해야죠.

说白了，这都是为了生活。
Shuōbái le, zhè dōu shì wèile shēnghuó.
솔직히 말하면 이것은 모두 생계를 위한 거예요.

说不过去 [shuōbuguòqù]

말이 되지 않는다. 사리(경우)에 어긋나다. (사리에 맞지 않아) 더 말할 수 없다.

到了北京，不吃烤鸭是说不过去的。
Dào le Běijīng, bù chī kǎoyā shì shuōbuguòqù de.
베이징에 왔는데, 오리구이를 먹지 않으면 말이 안 되지.

对自己的父母不尊重可有点儿说不过去呀。
Duì zìjǐ de fùmǔ bù zūnzhòng kě yǒudiǎnr shuōbuguòqù ya.
자기 부모를 존중하지 않으면 말이 좀 안 되지.

说不来 [shuōbulái]

설명할 수가 없다. 말이 안 통한다. 의견이 맞지 않다.

我这笨嘴拙舌的也说不来，反正我没见过这么好看的女人。
Wǒ zhè bènzuǐzhuōshé de yě shuōbulái, fǎnzhèng wǒ méi jiànguo zhème
hǎokàn de nǚren.
내 이 어눌한 입으로 설명할 수는 없지만 어쨌든 나는 그렇게 예쁜 여자를 본
적이 없어.

我跟他怎么都说不来。
Wǒ gēn tā zěnme dōu shuōbulái.
나는 그와 도무지 말이 안 통해.

我跟妈妈**说不来**，每次一见面就吵架。

Wǒ gēn māma shuōbulái, měicì yí jiànmiàn jiù chǎojià.

저랑 엄마와 의견이 맞지 않아서 매번 만나면 말다툼을 해요.

说不上 [shuōbushàng]

~라고 할 정도는 아니다. ~라 할 수는 없다. 별로 ~가 없다.

我的汉语说得还可以，但**说不上**'地道'。

Wǒ de Hànyǔ shuō de hái kěyǐ, dàn shuōbushàng 'dìdao'.

내가 중국어는 웬만큼 하지만 원어민 수준이라 할 정도는 아니야.

说不上有研究，只是看过不少这方面的书。

Shuōbushàng yǒu yánjiū, zhǐshì kànguo bùshǎo zhè fāngmiàn de shū.

조예가 깊다고 말할 수는 없으나 이 방면의 책을 적지 않게 봤습니다.

说不上话 [shuōbushanghuà]

요구(부탁·요청)할 수 없다. 이야기를 나눌 수 없다. (연령, 성별, 신분) 관계 등으로 소통하기 쉽지 않다.

我跟他**说不上话**，还是让我姐去说吧。

Wǒ gēn tā shuōbushanghuà, háishì ràng wǒjiě qù shuō ba.

나는 그와 대화하기 쉽지 않아, 우리 언니가 얘기하러 가는 게 낫겠어.

认识倒是认识，但是不太熟，**说不上**什么话。

Rènshi dàoshi rènshi, dànshì bútài shú, shuōbushang shénme huà.

알기는 좀 알지만 그다지 잘 알지 못해 아무 이야기도 나누지 못했어.

说出去 [shuōchuqu]

외부에 발설하다. 다른 사람에게 알리다.

我绝对不会说出去的。
Wǒ juéduì búhuì shuōchuqu de.
나는 절대로 다른 사람에게 말하지 않을 거야.

谁让你把这件事说出去的?
Shuí ràng nǐ bǎ zhè jiàn shì shuōchuqu de?
누가 너더러 이 일을 외부에 발설하라고 했니?

说到哪里去了 [shuōdào nǎli qùle]

무슨 말을 하는 거요.

你看你说到哪里去了,你以为我就在乎那么几个臭钱吗?
Nǐ kàn nǐ shuōdào nǎli qùle, nǐ yǐwéi wǒ jiù zàihu nàme jǐ ge chòuqián ma?
당신 무슨 소리 하는 거예요, 당신은 내가 몇 푼의 더러운 돈에 집착한다고 생각하세요?

你又说到哪儿去了,我不是那个意思。
Nǐ yòu shuōdào nǎr qùle, wǒ búshì nàge yìsi.
당신 또 무슨 소리를 하세요, 나는 그런 뜻이 아니에요.

说得过去 [shuōdeguòqù]

봐줄 만하다. 그런대로 괜찮다. (이치에 닿아)말이 통하다.

这几句还勉强说得过去,可那句未免太牵强了,

Zhè jǐ jù hái miǎnqiǎng shuōdeguòqù, kě nà jù wèimiǎn tài qiānqiǎng le.
이 몇 구절은 아쉬운 대로 봐줄 수 있지만, 저 구절은 아무래도 너무 억지예요.

她那张脸还勉强说得过去，可站在那边的人实在太难看了。
Tā nà zhāng liǎn hái miǎnqiǎng shuōdeguòqù, kě zhànzài nàbian de rén shízài tài nánkàn le.
그녀의 얼굴은 그래도 봐줄 만하지만, 저기에 서 있는 사람은 정말 못 생겼군요.

说风凉话 [shuōfēngliánghuà]

비꼬아 말하다. 빈정대다. 방관자처럼 무책임한 말을 하다.

他这个人总喜欢说风凉话，论本事啥也不会。
Tā zhège rén zǒng xǐhuan shuōfēngliánghuà, lùn běnshì shá yě búhuì.
그 사람은 늘 비꼬아 말하길 좋아하지만, 능력으로 따지자면 아무 것도 못해.

你除了会说风凉话，还能为我做点别的吗？
Nǐ chúle huì shuōfēngliánghuà, hái néng wèi wǒ zuò diǎn biéde ma?
너는 빈정대는 거 말고 나를 위해서 다른 거 좀 해줄 수 있니?

说话算数 [shuōhuà suànshù]

말을 했으면 책임을 진다. 한 말은 꼭 지킨다.

要想别人相信你，你就得说话算数。
Yào xiǎng biérén xiāngxìn nǐ, nǐ jiù děi shuōhuà suànshù.
다른 사람이 당신을 믿게 하고 싶으면, 당신이 한 말은 꼭 지켜야 합니다.

说话不算数的人不好。
shuōhuà bú suànshù de rén bù hǎo.
자신이 한 말에 책임지지 않는 사람은 나빠.

说~就~ [shuō~jiù~]

~라고 말하자마자 ~하다.
(说와 就 뒤에 동일한 동사를 중복하여 두 동작이나 행위가 연이어 발생함을 뜻한다.)

我是说做就做的人。
Wǒ shì shuō zuò jiù zuò de rén.
나는 한다면 하는 사람이야.

说干什么就干什么，不能自食其言。
Shuō gàn shénme jiù gàn shénme, bùnéng zìshíqíyán.
무슨 일을 한다고 했으면 해야지, 자신이 한 말을 지키지 않으면 안 돼.

说来话长 [shuōláihuàcháng]

말하자면 이야기가 길어지다. 이야기하자면 끝이 없다.

这故事说来话长，我真不知道该从何说起。
Zhè gùshi shuōláihuàcháng, wǒ zhēn bùzhīdào gāi cónghéshuōqǐ.
이 이야기는 말하자면 이야기가 길어지는데, 어디서부터 말해야 할지 정말 모르
겠군요.

我这次的经历说来话长，我们先吃饭再说吧。
Wǒ zhècì de jīnglì shuōláihuàcháng, wǒmen xiān chīfàn zài shuō ba.
제가 이번에 겪은 일을 말하자면 말이 길어지니, 우선 식사부터 하고 다시 얘기
하지요.

~说了算 [~shuōle suàn]

어떤 일을 책임지고 결정하는 결정권이 있음을 나타낸다.
~가 결정권이 있다. ~이 결정권을 가지다.

送外宾礼物这件事，到底还是要老板说了算。
Sòng wàibīn lǐwù zhè jiàn shì, dàodǐ háishi yào lǎobǎn shuōle suàn.
외국 손님에게 선물을 주는 이 일은 아무래도 사장님이 결정해야 나을 겁니다.

这么大的事可不能一个人说了算。
Zhème dà de shì kě bùnéng yígè rén shuōle suàn.
이렇게 큰일은 정말이지 개인이 결정해서는 안 됩니다.

说走嘴 [shuōzǒuzuǐ]

입을 잘못 놀리다. 비밀을 누설하다. 말이 빗나가다. 말을 잘못하다. 실언하다.

那天我喝醉了，说走嘴了。
Nàtiān wǒ hēzuìle, shuōzǒuzuǐ le.
그날 내가 술에 취해서 실언했어.

昨天我们一起聊天儿时说走了嘴，我不是故意的，请你别在意。
Zuótiān wǒmen yìqǐ liáotiānr shí shuōzǒule zuǐ, wǒ búshì gùyì de, qǐng nǐ bié zàiyì.
어제 우리 이야기하다 말실수 했어, 일부러 그런 게 아니야, 마음에 담아 두지마.

说嘴 [shuōzuǐ]

자만하다. 허풍떨다. 허세를 부리다.
언쟁하다. 말다툼하다.

说嘴没有用，有本事就露两手给大家看看。
Shuōzuǐ méiyǒu yòng, yǒu běnshì jiù lòuliǎngshǒu gěi dàjiā kànkan.
허풍떨면 무슨 소용이야, 능력이 있으면 모두에게 실제로 솜씨를 보여 줘.

他好和人说嘴，得罪了不少人。
Tā hǎo hé rén shuōzuǐ, dézuì le bùshǎo rén.
그는 남과 말다툼을 많이 해서 적잖은 사람에게 미움을 샀지.

死过去 [sǐguoqu]

의식을 잃다. 인사불성이 되다.

他受伤了，疼得死过去了。
Tā shòushāng le, téng de sǐguoqu le.
그는 부상당했는데, 의식을 잃을 정도로 아팠다.

他三天没吃东西了，刚站起来就晕死过去了。
Tā sān tiān méi chī dōngxi le, gāng zhànqilai jiù yūn sǐguoqu le.
그는 삼일 동안 먹지 못해서 일어나는 순간 졸도했다.

死胡同 [sǐhútòng]

막다른 골목.

如果夫妻之间不互相理解，婚姻就会很快走向"死胡同"。
Rúguǒ fūqīzhījiān bú hùxiāng lǐjiě, hūnyīn jiù huì hěn kuài zǒu xiàng

"sǐhútòng".
부부사이에 서로 이해하지 못하면, 혼인은 곧 "막다른 골목"으로 향하게 된다.

这条路是死胡同。
Zhè tiáo lù shì sǐhútòng.
이 길은 막다른 길이야.

死活 [sǐhuó]

한사코. 기어코. 어쨌든. 불문곡직하고

我给他钱，他死活不要。
Wǒ gěi tā qián, tā sǐhuō bú yào.
내가 그에게 돈 주려고 해도 한사코 받지 않으려 해.

大家都劝她别去了，她死活要去。
Dàjiā dōu quàn tā bié qù le, tā sǐhuó yào qù.
모두들 그녀에게 가지 마라 해도 기어코 가려고 하네.

~死了 [~sǐle]

~하여 죽을 지경이다.

八点了，还不吃晚饭，我快饿死了。
Bā diǎn le, hái bù chī wǎnfàn, wǒ kuài èsǐ le.
8신데, 아직도 저녁을 주지 않아 배고파 죽을 거 같아요.

烦死了！新买的衣服一洗就缩水了。
Fánsǐ le! xīn mǎi de yīfu yì xǐ jiù suōshuǐ le.
짜증나 죽겠네! 새로 산 옷이 빨자마자 줄어들었네.

死了~心 [sǐle~xīn]

~의 마음을 단념하다.

她不会接受你的，你最好死了那条心吧。
Tā búhuì jiēshòu nǐ de, nǐ zuìhǎo sǐle nà tiáo xīn ba.
그녀는 당신을 받아들이지 않아, 당신은 그 마음을 단념하는 것이 좋을 거야.

你怎么赢得过我呢？ 你死了那条心吧。
Nǐ zěnme yíng de guò wǒ ne? nǐ sǐle nà tiáo xīn ba.
네가 어떻게 나를 이기겠니? 너는 그 마음을 단념해.

四处流浪 [sìchù liúlàng]

이리저리 떠돌아 다니다.

他喜欢四处流浪，没有固定住所。
Tā xǐhuan sìchù liúlàng, méiyǒu gùdìng zhùsuǒ.
그는 이리저리 떠돌아다니는 걸 좋아해 고정적인 주소가 없어요.

那个人四处流浪，常常在露天席地而眠。
Nàge rén sìchù liúlàng, chángcháng zài lùtiān xídì ér mián.
그 사람은 이리저리 유랑하면서 종종 차가운 땅바닥에 자리를 깔고 자기도 해.

松了一口气 [sōngle yìkǒuqì]

한시름 놓다. 한숨 돌리다.

这下我总算松了一口气。
Zhè xià wǒ zǒngsuàn sōng le yìkǒuqì.
이번에 드디어 한숨 돌렸어.

这个项目完成了，我总算可以松一口气了。

Zhège xiàngmù wánchéngle, wǒ zǒngsuàn kěyǐ sōng yìkǒuqì le.

이 프로젝트를 끝냈어, 드디어 한 숨 쉴 수 있게 되었어.

馊主意 [sōuzhǔyi]

잔꾀. 유치한 계책. 시시한 생각. 어리석은 꾀.

不要给我出馊主意。

Búyào gěi wǒ chū sōuzhǔyi.

나한테 그런 어리석은 꾀 내지마.

别提你那馊主意了。

Biétí nǐ nà sōuzhǔyi le.

너 그 유치한 계획은 꺼내지도 마.

算不了什么 [suànbuliǎo shénme] ⇔ 算得了什么 [suàndeliǎo shénme]

대단하지 않다. 아무것도 아니다. 별것 아니다. ⇔ 대단하다.

受点肌肤之苦，又算得了什么呢？

Shòu diǎn jīfū zhī kǔ, yòu suàndeliǎo shénme ne?

피부의 고통을 좀 받는 것이 뭐 그리 대단하죠?

只是一点儿小心意，算不了什么。

Zhǐ shì yìdiǎnr xiǎo xīnyì, suànbuliǎo shénme.

그저 보잘것없는 성의일 뿐 별것 아닙니다.

算账 [suànzhàng]

(손해 보거나 실패한 후 보복의 뜻으로) 결판을 내다. 끝장을 내다(보다). 흑백을 가리다.

这件事得找他算账，要他赔偿损失。
Zhè jiàn shì děi zhǎo tā suànzhàng, yào tā péicháng sǔnshī.
이 일은 그를 찾아 담판지어야 해, 그에게 손실 배상을 요구해야 돼.

你打了我，等我哥哥回来跟你算账。
Nǐ dǎ le wǒ, děng wǒgēge huílái gēn nǐ suànzhàng.
너 나를 때렸어, 우리 형 오면 너와 결판 낼 거야.

随和 [suíhe]

(남과) 사이좋게 지내다. (태도·성미 등이) 부드럽다. 상냥하다. 유순하다.

他脾气随和，和谁都合得来。
Tā píqi suíhe, hé shuí dōu hédelái.
그는 성격이 온순해서 누구와도 잘 어울려.

这位专家有很高的社会名望，待人也非常随和。
Zhè wèi zhuānjiā yǒu hěn gāo de shèhuì míngwàng, dàirén yě fēicháng suíhe.
이 전문가는 사회적 명망이 높고 사람을 대하는 태도도 매우 온화하고 상냥해.

随着~ [suízhe~]

~함에 따라. ~뒤이어. ~따라서

随着年龄的增长，他对人生产生了颓废的思想。

Suízhe niánlíng de zēngzhǎng, tā duì rénshēng chǎnshēng le tuífèi de sīxiǎng.
연령이 높아감에 따라 그는 인생에 대해 퇴폐적인 사상이 생겨났다.

随着岁月的流失，她的思乡情怀更加深了。
Suízhe suìyuè de liúshī, tā de sīxiǎng qínghuái gèng jiāshēn le.
세월이 흘러감에 따라 고향을 그리워하는 그녀의 감정은 더욱 깊어만 갔다.

随之 [suízhī] ＝ 随之而来 [suízhī'érlái]
그에 따라서. 뒤따르다.

由于换率上升，物价随之倍增。
Yóuyú huànlǜ shàngshēng, wùjià suízhī bèizēng.
환율이 상승하는 바람에 물가도 그에 따라 배로 증가했다.

美国去年夏天大水灾侵袭，随之而来的是一场传染病。
Měiguó qùnián xiàtiān dà shuǐzāi qīnxí, suízhī'érlái de shì yì chǎng chuánrǎnbìng.
미국은 작년 여름에 큰 수재가 덮쳤고, 여기에 뒤따라 한바탕 전염병이 찾아왔다.

T

他 [tā]
'동사+他+수사'의 형태로 쓰여 어세(語勢)를 강하게 하는데 쓰이고 별다른 의미가 없다.

下个星期不忙了，看他两场电影。

Xiàge xīngqī bù máng le, kàn ta liǎng chǎng diànyǐng.
다음 주에 바쁘지 않으면 영화 두 편 봐야겠다.

考完试, 我们找留学生打他几场球, 好吗?
Kǎowán shì, wǒmen zhǎo liúxuéshēng dǎ ta jǐ chǎng qiú, hǎo ma?
시험 끝난 후 우리 유학생 찾아서 공 몇 차례 차는 거, 어때?

他那么一说, 你这么一听 [tā nàme yì shuō, nǐ zhème yì tīng]

그가 그렇게 말하면 너는 이렇게 들어라. 그냥 흘려들어라. 귀담아 듣지 마라. 너는 그냥 그러려니 해라. 개가 짖는가 보다 해라.

他生气的时候说的话, 他那么一说, 你这么一听, 别太认真了。
Tā shēngqì de shíhou shuō de huà, tā nàme yì shuō, nǐ zhème yì tīng, bié tài rènzhēn le.
그가 화날 때 하는 말에 너는 그냥 그러려니 해라, 진심으로 받아들이지 마.

这是玩笑话, 他那么一说, 你这么一听, 别当真。
Zhè shì wánxiàohuà, tā nàme yì shuō, nǐ zhème yì tīng, bié dāng zhēn.
이건 농담이야, 그냥 흘려들어, 진담으로 여기지 마라.

抬杠 [táigàng]

말다툼하다. 언쟁하다. 고집하다. 시비 걸다. 말싸움.
(진위 여부를 묻지 않고 무조건 반대를 위한 반대, 논쟁을 위한 논쟁을 하는 것을 말함)

她喜欢跟别人抬杠。
Tā xǐhuan gēn biéren táigàng.
그녀는 다른 사람과 언쟁하길 좋아해.

他俩一开口就要互相找岔儿抬杠。

Tāliǎ yì kāikǒu jiù yào hùxiāng zhǎochár táigàng.

그 두 사람은 입만 열면 서로 결점을 찾아 시비 걸려고 해.

太阳从西边出来 [tàiyáng cóng xībiān chūlái]

태양이 서쪽에서 뜨다. 불가능한 일이거나 희귀한 일임을 비유할 때 쓴다.

让妈妈怎么会同意呢？除非太阳从西边出来。

Ràng māma zěnme huì tóngyì ne? chúfēi tàiyaáng cóng xībiān chūlái.

엄마가 어떻게 동의하겠니！태양이 서쪽에서 뜨는 게 아니라면 몰라도.

年年补考的学生要能考上北京大学，除非太阳从西边出来。

Niánnián bǔkǎo de xuésheng yào néng kǎoshang Běijīng dàxué, chúfēi tàiyaáng cóng xībiān chūlái.

해마다 추가 시험 보는 학생이 북경대학에 붙을 수 있겠니, 태양이 서쪽에서 뜨는 게 아니라면 몰라도.

谈何容易 [tánhéróngyì]

말은 쉽지만 실제는 상당히 어렵다. 말처럼 쉬운 것은 아니다.

我跟他交往十年了，现在分手谈何容易。

Wǒ gēn tā jiāowǎng shí nián le, xiànzài fēnshǒu tánhéróngyì.

나는 그와 사귄지 10년이 되는데, 이제 와서 그와 헤어진다는 게 말처럼 쉬운 게 아냐.

要在短时间内改掉10多年的习惯谈何容易。

Yào zài duǎn shíjiān nèi gǎidiào shí duō nián de xíguàn tánhéróngyì.

단시간 내에 10년이 넘은 습관을 고치는 것은 말처럼 쉬운 일은 아니야.

桃李满天下 [táolǐ mǎn tiānxià]

복숭아와 오얏이 천하에 가득하다. 문하생이 천하에 가득하다. 자기 학생이 전국에 널려 있다. 제자가 상당히 많다.

我想做一名**桃李满天下**的教师。
Wǒ xiǎng zuò yì míng táolǐ mǎn tiānxià de jiàoshī.
나는 제자가 많은 선생이 되고 싶어.

孔子**桃李满天下**, 共有弟子三千多人。
Kóngzǐ táolǐ mǎn tiānxià, gòng yǒu dìzǐ sānqiān duō rén.
공자는 문하생이 천하에 가득하다, 합쳐서 제자가 삼천 명이 넘는다.

套近乎 [tàojìnhu]

(잘 모르면서도) 친한 체하다. 친한 듯 꾸며대다.

少跟我**套近乎**, 有事求我吧?
Shǎo gēn wǒ tàojìnhu, yǒushì qiú wǒ ba?
친한 척 좀 하지 마, 나한테 부탁할 거 있지?

你, 要小心路上没事过来跟你**套近乎**的人, 知道吗?
Nǐ, yào xiǎoxīn lùshang méishì guòlái gēn nǐ tàojìnhu de rén, zhīdào ma?
너는 길에서 괜히 너한테 친한 척 접근하는 사람을 조심해, 알았지?

疼 [téng]

몹시 아끼다. 매우 사랑하다. 몹시 귀여워하다.

老奶奶只**疼**孙子, 不**疼**儿子。
Lǎonǎinai zhǐ téng sūnzi, bù téng érzi.

할머니는 오로지 손자를 귀여워하지, 아들을 귀여워하지는 않아.

母亲有五个孩子, 可她最疼小女儿。
Mǔqin yǒu wǔ ge háizi, kě tā zuì téng xiǎonǚ'ér.
모친에겐 5명의 아이가 있지만 그녀는 막내딸을 가장 사랑해.

踢皮球 [tīpíqiú]

책임을 전가하다.

你也知道她最讨厌踢皮球了。
Nǐ yě zhīdào tā zuì tǎoyàn tīpíqiú le.
그녀는 책임을 떠넘기는 걸 가장 싫어한다는 거 너도 알잖아.

这么点事儿, 两个单位来回踢皮球。
Zhème diǎn shìr, liǎng ge dānwèi láihuí tīpíqiú.
이만한 일 때문에 두 기관에서 서로 책임을 전가하고 있어.

提出~要求(条件) [tíchū~yāoqiú(tiáojiàn)]

요구(조건)를 제시하다.

我方绝不同意他们提出的那个要求。
Wǒfāng jué bù tóngyì tāmen tíchū de nàge yāoqiú.
우리 측은 그들이 제시한 그 요구에 절대로 동의하지 않을 것입니다.

她提出的那几项条件未免也太脱离现实了吧!
Tā tíchū de nà jǐ xiàng tiáojiàn wèimiǎn yě tài tuōlí xiànshí le ba!
그녀가 제시한 그 몇 가지 조건은 아무래도 현실을 많이 벗어난 거야!

提高~效率 [tígāo~xiàolǜ]

효율을 높이다.

为了提高职员的工作效率, 我们办公室里都安装了空调设备。
Wèile tígāo zhíyuán de gōngzuò xiàolǜ, wǒmen bàngōngshì lǐ dōu ānzhuāngle kōngtiáo shèbèi.
직원들의 업무 효율을 높이기 위해서 우리는 사무실에 에어컨을 설치했다.

早晨凉快的时候读书是提高学习效率的最好方法。
Zǎochén liángkuài de shíhou dúshū shì tígāo xuéxí xiàolǜ de zuìhǎo fāngfǎ.
이른 아침 시원할 때에 공부하는 것이 학습효율을 높이는 가장 좋은 방법이다.

替~操心 [tì~cāoxīn]

~를 위해 걱정하다.

我们老的也要常常替小辈操心。
Wǒmen lǎo de yě yào chángcháng tì xiǎobèi cāoxīn.
우리 늙은이들도 항시 후배들을 걱정해 주어야 하지.

我知道, 不过, 妈妈, 你千万不要替我操心。
Wǒ zhīdào, búguò, māma, nǐ qiānwàn búyào tì wǒ cāoxīn.
나도 알아요, 그러나 엄마, 나를 위해 절대로 걱정할 필요가 없어요.

替~着想 [tì~zhuóxiǎng]

누구를 위해 고려하다. 누구를 생각해주다.

你不替我着想, 怎么老是只想自己呢？
Nǐ bú tì wǒ zhuóxiǎng, zěnme lǎoshì zhǐ xiǎng zìjǐ ne?

당신은 저를 생각해주지 않고 어째서 항상 자기밖에 몰라요?

应该处处替他着想。
Yīnggāi chùchù tì tā zhuóxiǎng.
매사를 그를 위해 고려해야 해.

天文数字 [tiānwénshùzì]
천문학적인 숫자.

一百万对我来说是个天文数字。
Yìbǎi wàn duì wǒ láishuō shì ge tiānwénshùzì.
백만 원은 내한테는 천문학적인 숫자이지.

这套房子的价格对我们双职工来讲可是个天文数字，从不敢有此奢望。
Zhè tào fángzi de jiàgé duì wǒmen shuāngzhígōng láijiǎng kě shì ge tiānwénshùzì, cóng bùgǎn yǒu cǐ shēwàng.
이 집 가격은 우리 맞벌이 부부에게는 천문학적인 숫자라 감히 욕심을 품은 적 없어.

挑眼 [tiāoyǎn]
(주로 태도·예의범절에서) 결함을 들추다. 트집 잡다.

我怕礼物少了，你妈妈挑眼。
Wǒ pà lǐwù shǎo le, nǐmāma tiāoyǎn.
선물이 적다고 너희 엄마가 트집 잡을까봐 겁나네.

当初没请二姑参加你的婚礼，她可挑眼了。
Dāngchū méi qǐng èrgū cānjiā nǐ de hūnlǐ, tā kě tiāoyǎn le.
당시 네 결혼식에 둘째 고모를 청하지 않아 그녀가 참석 못했으니, 그 고모가 트지 잡지.

跳槽 [tiàocáo]

(가축이 다른 먹이통으로 가서 먹이를 다툰다는 뜻에서 파생되어) 직업을 바꾸다.
직장을 옮기다. 회사를 옮기다.

跳槽的人太多了，会影响公司的发展。
Tiàocáo de rén tài duō le, huì yǐngxiǎng gōngsī de fāzhǎn.
이직하는 사람이 너무 많으면 회사의 발전에 영향을 미칠 수 있어.

我跳了三次槽，也没找到满意的工作。
Wǒ tiào le sān cì cáo, yě méi zhǎodào mǎnyì de gōngzuò.
나는 세 차례나 직장을 옮겼는데도 만족스러운 일을 찾지 못했어.

铁公鸡 [tiěgōngjī]

굉장히 인색한 사람. 구두쇠. 노랑이.

他可是个一毛不拔的铁公鸡。
Tā kě shì ge yìmáobùbá de tiěgōngjī.
그는 남을 위해서는 털끝 하나도 뽑지 않는 노랑이다.

他是只出了名的铁公鸡，想让他请客，别做梦了。
Tā shì zhī chū le míng de tiěgōngjī, xiǎng ràng tā qǐngkè, bié zuòmèng le.
그는 구두쇠로 소문났으니, 그에게 밥 한번 얻어먹으려는 생각은 꿈도 꾸지 마세요.

铁了心 [tiělexīn]

굳게 결심하다. 결심을 단단히 하다.

这次我是**铁了心**了，干不出成绩来决不回去。
Zhècì wǒ shì tiělexīn le, gàn buchū chéngjì lái juébù huíqù.
이번에 나는 결심했어, 성적이 잘 나오지 않으면 절대 돌아가지 않을 거야.

孩子**铁了心**要学文科，我也不管了。
Háizi tiělexīn yào xué wénkē, wǒ yě bù guǎn le.
애가 문과 공부하기로 굳게 마음먹으니 나도 신경 안 쓸 거야.

听不进去 [tīng bú jìnqù]

들어 주지 않다. 말을 받아들이지 않다. 귀 기울이지 않다. 귀에 들어오지 않다.

我的话你怎么就是**听不进去**呀。
Wǒ de huà nǐ zěnme jiù shì tīng bú jìnqù ya.
내 말을 너는 어떻게 해도 들어먹질 않는구나.

他总觉得自己了不起，所以大家给他提的意见他一点儿也**听不进去**。
Tā zǒng zuéde zìjǐ liǎobuqǐ, suǒyǐ dàjiā gěi tā tí de yìjiàn tā yìdiǎnr yě tīng bú jìnqù.
그는 늘 자기 스스로 대단하다고 여겨, 사람들이 말한 의견을 하나도 받아들이지 않아.

听~的口气 [tīng~de kǒuqì]

~어조(말투. 말투)를 들어보니.

听他**的口气**，好像并不知道这件事。

Tīng tā de kǒuqì, hǎoxiàng bìng bù zhīdao zhè jiàn shì.
너의 말투로 봐서는 결코 이 일을 모르는 것 같은데.

听你的口气，是我把他气走了。
Tīng nǐ de kǒuqì, shì wǒ bǎ tā qì zǒu le.
너의 말투로 봐서는 내가 그를 화나게 해서 그가 가버린 거네.

通融 [tōngróng]

융통하다. 변통하다. 융통성을 발휘하다.

您帮忙通融一下！
Nín bāngmáng tōngróng yíxià.
(제) 사정 좀 봐주세요!

这样的原则问题，我们没办法通融。
Zhèyàng de yuánzé wèntí, wǒmen méi bànfǎ tōngróng.
이런 원칙적인 문제에 대해 저희는 편의를 봐 드릴 수 없습니다.

通往~之路 [tōngwǎng~zhī lù]

~로 가는 길(길목).

当时通往太平门之路是非常窄，而且非常拥挤。
Dāngshí tōngwǎng Tàipíngmén zhī lù shì fēicháng zhǎi, érqiě fēicháng yōngjǐ.
당시 비상구로 가는 길은 매우 비좁았을 뿐만 아니라 사람들로 붐볐다.

这个城市是通往其它城市的必经之路，因此过路客很多。
Zhège chéngshì shì tōngwǎng qítā chéngshì de bìjīng zhī lù, yīncǐ guòlù kè hěn duō.

이 도시는 다른 도시를 가는 길목이라 뜨내기손님이 많다.

痛快 [tòngkuai]

마음껏 놀다. 마음껏 즐기다.

今天游泳游得真痛快。
Jīntiān yóuyǒng yóu de zhēn tòngkuai.
오늘 정말 신나게 수영했어.

等放假了，我们痛痛快快地玩儿几天。
Děng fàngjià le, wǒmen tòngtongkuàikuài de wánr jǐ tiān.
방학하면 우리 며칠 동안 실컷 놀자.

头疼 [tóuténg]

골치(머리) 아프다. 짜증나다. 성가시다. 번거롭다. 귀찮다. 괴롭다.

那个孩子实在太顽皮了，所有的老师见了他都头疼。
Nàge háizi shízài tài wánpí le, suǒyǒu de lǎoshī jiàn le tā dōu tóuténg.
저 아이는 정말 장난이 너무 심해서 그를 본 모든 선생님들이 모두 짜증 내.

再头疼的事也得有人干。
Zài tóuténg de shì yě děi yǒu rén gàn.
설사 골치 아픈 일이라도 누군가는 해내야 하지.

透气 [tòuqì]

바람을 쐬다.

房间里太闷了，我想出去透透气。
Fángjiān li tài mēn le, wǒ xiǎng chūqù tòutòuqì.
방안이 너무 답답해, 나가서 바람 좀 쐬고 싶어.

这星期我读书读闷了，星期天我要出去透透气。
Zhè xīngqì wǒ dúshū dú mēn le, xīngqītiān wǒ yào chūqù tóutóuqì.
이번 주에는 독서하느라 마음이 답답했는데, 일요일에는 나가서 바람을 좀 쐬어
야겠어.

图 [tú]

(장점이나 이익을 얻기) 위하여.

你这样拼命干图什么呢？
Nǐ zhèyàng pīnmìng gàn tú shénme ne?
너는 무엇을 위해 이렇게 필사적으로 하니?

选择这个工作我就图离家近。
Xuǎnzé zhège gōngzuò wǒ jiù tú lí jiā jìn.
나는 집에서 가까워서 이 일을 선택했어.

土 [tǔ]

시대의 추세에 맞지 않다. 진보적이지 않다.

你这身衣服太土了，别穿了。
Nǐ zhè shēn yīfu tài tǔ le, bié chuān le.

너 이 옷 정말 촌스러워, 입지 마라.

别看他穿得土，学问可大着呢。
Bié kàn tā chuān de tǔ, xuéwèn kě dàzhe ne.
그의 옷차림이 촌스럽다고 깔보지 마, 학문은 아주 커.

团团转 [tuántuánzhuàn]

(뱅글뱅글(빙빙) 돈다는 뜻으로 바쁜 모양을 일컬어) 이리 뛰고 저리 뛰다. 허둥지둥
하다. 쩔쩔매다.

我都忙得团团转了，你还在那儿做甩手掌柜！
Wǒ dōu máng de tuántuánzhuàn le, nǐ hái zài nàr zuò shuǎishǒu zhǎngguì!
난 눈코 뜰 새 없이 바빠 죽겠는데, 당신은 거기서 손 놓고 노시겠다!

上飞机前，他才发现没带机票，急得团团转。
shàng fēijī qián, tā cái fāxiàn méi dài jīpiào, jí de tuántuánzhuàn.
비행기 타기 전에 그는 비로소 항공권을 가져 오지 않았던 것을 알고 허둥지둥
거렸다.

推在~的头上 [tuīzài~de tóushàng]

누구의 탓으로 돌리다.

不要什么事都推在他的头上，他其实没什么大罪。
Búyào shénme shì dōu tuīzài tā de tóushàng, tā qíshí méishénme dàzuì.
모든 일을 모두 그에게 돌리지 말아요, 사실 그는 큰 죄가 없어요.

你不能把自己的责任推在别人的头上。
Nǐ bùnéng bǎ zìjǐ de zérèn tuīzài biérén de tóushàng.
당신은 자신의 책임을 다른 사람에게 전가해서는 안 돼요.

腿都快跑断了 [tuǐ dōu kuài pǎoduàn le]

하도 걸어서 다리가 곧 부러질 것 같다.

现在的童装真难买, 腿都快跑断了也没买到。
Xiànzài de tóngzhuāng zhēn nánmǎi, tuǐ dōu kuài pǎoduàn le yě méi mǎidào.
지금 아동복은 정말 사기 어려워, 다리가 부러질 것처럼 많이 다녀도 사지 못했어.

你让我追得好苦啊! 腿都快跑断了。
Nǐ ràng wǒ zhuī de hǎokǔ a! tuǐ dōu kuài pǎoduàn le.
내가 너를 따라 잡느라 얼마나 고생하는지! 하도 걸어서 다리가 곧 부러질 것 같아.

脱不开身 [tuōbukāishēn]

몸을 뺄 수가 없다. (시간이 없거나 혹은 일이 너무 많아서) 시간을 낼 수 없다.

繁杂的事务使他脱不开身。
Fánzá de shìwù shǐ tā tuōbukāishēn.
잡다한 업무로 그는 자리를 뜰 수 없어.

妈妈实在脱不开身, 所以没来接您。
Māma shízai tuōbukāishēn, suǒyǐ méi lái jiē nín.
엄마가 사실 시간을 낼 수 없어서 당신을 마중하러 나오지 못했어요.

托付给~ [tuōfù gěi~]

~에게 부탁하다.

我出差这段时间, 孩子托付给您了

Wǒ chūchāi zhè duàn shíjiān, háizi tuōfù gěi nín le.
제가 출장 가는 동안, 아이를 당신한테 맡기겠습니다.

金兄, 扶摇我就**托付**给你了, 你得救救她, 就算为了我吧。
Jīn xióng, fúyáo wǒ jiù tuōfù gěi nǐ le, nǐ děi jiùjiu tā, jiùsuàn wèile wǒ ba.
김 형, 부요를 당신에게 부탁합니다. 그녀를 꼭 구해주세요, 저를 위하는 셈 치세요.

脱离了险境 [tuōlíle xiǎnjìng]
위험수기를 벗어나다.

韩国的外换危机好像已**脱离了险境**。
Hánguó de wàihuànwēijī hǎoxiàng yǐ tuōlíle xiǎnjìng.
한국의 외환위기는 이미 위험 상황을 벗어난 듯하다.

医生说他的病昨夜已**脱离了险境**。
Yīshēng shuō tā de bìng zuóyè yǐ tuōlíle xiǎnjìng.
그의 병은 어제 밤에 이미 위험 상황을 벗어났다고 의사가 말했다.

W

挖墙脚 [wāqiángjiǎo]
(일의 진척이나 집단, 개인 등의) 토대를 무너뜨리다. 밑뿌리를 뒤흔들다. 남을 궁지에 빠뜨리다. 기반을 허물다.

别和他做朋友了, 他干了很多**挖墙脚**的坏事。

Bié hé tā zuò péngyou le, tā gàn le hěn duō wāqiángjiǎo de huàishì.
그와 친구 하지 마, 그는 남을 궁지에 몰아넣는 나쁜 짓을 아주 많이 했어.

你所谓的引进人才其实就是挖别人的墙脚。
Nǐ suǒwèi de yǐnjìn réncái qíshí jiùshì wā biérén de qiángjiǎo.
네가 말하는 인재 영입이라는 게 사실 남의 기반을 무너뜨리는 짓이야.

玩儿命 [wánrmìng]

목숨을 내던지다. 무모하게 덤비다. 위험을 무릅쓰다. 필사적으로 하다. 생명을 가볍게 여기다. 미친 짓을 하다.

酒后开车, 等于玩儿命。
Jiǔ hòu kāichē, děngyú wánrmìng.
술을 마신 후 운전은 목숨을 내놓는 것이나 마찬가지다.

这几天他玩儿命地打工挣钱, 结果累病了。
Zhè jǐ tiān wánrmìng de dǎgōng zhèngqián, jiéguǒ lèibìng le.
며칠 동안 그 사람 필사적으로 아르바이트로 돈 벌더니 결국 피로가 쌓여 병났어.

挽回不了 [wǎnhuíbùliǎo] ⇔ 挽回 [wǎnhuí]

만회하지 못하다. ⇔ 만회하다. 돌이키다.

什么事情都可以挽回, 唯有死亡是挽回不了的。
Shénme shìqing dōu kěyǐ wǎnhuí, wéi yǒu sǐwáng shì wǎnhuíbùliǎo de.
무슨 일이든 다 만회할 수 있으나, 오직 죽음만은 돌이킬 수 없어.

你哥哥说出去的话是挽回不了的。
Nǐgēge shuōchūqu de huà shì huànhuíbùliǎo de.
네 형이 내뱉은 말은 돌이킬 수 없는 거지.

万万 [wànwàn]

결코. 절대로. 어찌 됐든. (千万보다 강한 어기로 부정을 강조)

钱不是万能的, 但没有钱是**万万**不能的。
Qián búshì wànnéng de, dān méiyǒu qián shì wànwàn bùnéng de.
돈이 만능은 아니지만, 돈이 없으면 절대 안 된다.

万万没想到, 会再见到你。
Wànwàn méi xiǎngdào, huì zài jiàndào nǐ.
너랑 다시 만난다는 건 생각해 적도 없어.

往好处想 [wǎng hǎochù xiǎng]

좋은 쪽으로 생각하다.

别泄气, 尽量**往好处想**吧。
Bié xièqì, jǐnliàng wǎng hǎochù xiǎng ba.
기죽지 마세요, 되도록 일을 좋은 쪽으로 생각하세요.

他很乐观, 因为他凡事都**往好处想**。
Tā hěn lèguān, yīnwèi tā fánshì dōu wǎng hǎochù xiǎng.
그는 매우 낙관적이다, 왜냐하면 그는 매사를 좋은 쪽으로 생각하기 때문이다.

往往 [wǎngwǎng]

왕왕. 자주. 흔히. 종종. 이따금. 때때로. (= 常常 [chángcháng])
(常常은 단순한 반복적인 진행이나 주관적인 바람에 쓰이고, 미래의 사실에 대해서
도 사용가능하다. 往往은 경험이나 규칙적인 현상에 사용하며 미래의 사실에 대해
사용할 수 없다)

酒后开车**往往**容易出交通事故。

Jiǔ hòu kāichē wǎngwǎng róngyì chū jiāotōngshìgù.
음주 후에 운전하면 종종 교통사고를 일으키기 쉽다.

收入高的人, **往往**工作强度也比较大。
Shōurù gāo de rén, wǎngwǎng gōngzuò qiángdù yě bǐjiào dà.
소득이 높은 사람은 흔히 일의 강도 또한 비교적 높다.

你以后要**常常**给我写信啊! (往往×)
Nǐ yǐhòu yào chángcháng gěi wǒ xiěxìn a!
너 이후에 내게 자주 편지 써야 돼!

忘脖子后头去了 [wàng bózi hòutou qù le]

완전히(깡그리) 잊어버리다.

修车的事儿早被我**忘脖子后头去了**。
Xiūchē de shìr zǎo bèi wǒ wàng bózi hòutou qù le.
차 수리하는 일을 나는 벌써 완전 잊어버렸어.

哎呀, 我一忙就把这件事儿**忘脖子后头去了**。
Āiyā, Wǒ yì máng jiù bǎ zhè jiàn shìr wàng bózi hòutou qù le.
아이고, 내가 바쁘니까 이 일을 깡그리 잊어버렸네.

忘年交 [wàngniánjiāo]

망년지우. 나이를 초월한 친구. 나이에 거리끼지 않고 사귄 벗.

这小伙子有人缘, 他能和八十岁的老头结成**忘年交**。
Zhè xiǎohuǒzi yǒu rényuán, tā néng hé bāshí suì de lǎotóu jiéchéng wàngniánjiāo.
이 젊은이는 붙임성이 좋아서 80세 할아버지하고도 친구처럼 지낼 수 있어.

虽然将军和士兵级别相差如此之大，却是忘年交。

suīrán Jiāngjun hé shìbīng jíbié xiāngchà rúcǐ zhī dà, què shì wàngniánjiāo.

비록 장군과 사병의 등급이 이처럼 크게 차이 나지만 오히려 허물없이 지내는 가까운 사이다.

望子成龙 [wàngzǐchénglóng]

아들이 훌륭한 인물이 되기를 바라다.

最近望子成龙的父母太多了。

Zuìjìn wàngzǐchénglóng de fùmǔ tài duō le.

요즘 자식이 훌륭한 인물이 되기를 바라는 부모가 너무 많아졌어요.

望子成龙是可以理解的，可是不能不给孩子玩儿的时间。

Wàngzǐchénglóng shì kěyǐ lǐjiě de, kěshì bùnéngbù gěi háizi wánr de shíjiān.

자식이 훌륭한 인물이 되기를 바라는 것은 이해할 수 있어, 그렇다고 아이들에게 놀 시간을 안주면 안 되지.

维持 ~关系 [wéichí ~guānxi]

~관계를 유지하다.

不管怎么样，同事之间要维持良好的关系。

Bùguǎn zěnmeyàng, tóngshì zhī jiān yào wéichí liánghǎo de guānxi.

어찌됐든 간에 동료 사이에는 좋은 관계를 유지해야 해.

我看，我们俩还是维持普通的朋友关系好。

Wǒ kàn, wǒmenliǎ háishì wéichí pǔtōng de péngyou guānxi hǎo.

내 생각에 우리 둘의 관계는 보통의 친구관계를 유지하는 것이 그래도 좋겠군요.

惟恐 [wéikǒng]

다만 ~가(할까) 두렵다(걱정이다).

组长帮我检查了好几遍，惟恐出错，影响我升级。
Zǔzhǎng bāng wǒ jiǎnchá le hǎo jǐ biàn, wéikǒng chūcuò, yǐngxiǎng wǒ shēngjí.
팀장님이 나를 도와 몇 번을 검사했어, 실수하여 내 승진에 영향을 미칠까봐.

小李拼了命地学习，惟恐落后。
Xiǎolǐ pīn le mìng de xuéxí, wéikǒng luòhòu.
샤오리는 필사적으로 공부했어, 뒤처질까봐.

唯一能够 [wéiyī nénggòu]

유일하게 ~할 수 있는.

也许这才是唯一能够化解纠纷的办法。
Yěxǔ zhè cái shì wéiyī nénggòu huàjiě jiūfēn de bànfǎ.
아마도 이것이 분쟁을 해결할 수 있는 유일한 방법일 거야.

我觉得这才是唯一能够报答你的。
Wǒ juéde zhè cái shì wéiyī nénggòu bàodá nǐ de.
나는 이거야말로 너에게 보답할 수 있는 유일한 거라고 생각해.

为了几个臭钱 [wèile jǐge chòuqián]

몇 푼의 때 묻은 돈을 위하여.

为了几个臭钱，我绝不会干违背良心的事。
Wèile jǐge chòuqián, wǒ jué búhuì gàn wéibèi liángxīn de shì.

몇 푼의 때 묻은 돈을 위해 나는 양심에 위배되는 일을 결코 못해.

为了几个臭钱，他出卖了公司。
Wèile jǐge chòuqián, jiù chūmàile gōngsī.
몇 푼의 정당하지 않는 돈을 위해 그는 회사를 팔아넘겼어.

为~仁致义尽 [wèi~rénzhìyìjìn]
~를 위해 할 도리를 다하다.

我为了你仁致义尽了。
Wǒ wèile nǐ rénzhìyìjìn le.
나는 당신을 위하여 할 도리를 다했어.

他为我们算是仁致义尽了。
Tā wèi wǒmen suànshì rénzhìyìjìn le.
그는 우리들을 위해 할 도리를 다 한 셈이다.

为~争一口气 [wèi~zhēng yīkǒuqì]
~의 위신을 위해 힘을 다하다.

希望你为你自己争一口气。
Xīwàng nǐ wèi nǐ zìjǐ zhēng yīkǒuqì.
너 자신을 위해 힘을 다하기를 바란다.

儿子，你要为爸爸好好儿地争一口气。
Érzi, nǐ yào wèi bàba hǎohǎor de zhēng yīkǒuqì.
아들아, 아비를 위해 잘 좀 힘내다오.

问长问短 [wènchángwènduǎn]

이것저것 자세히 묻다. 꼬치꼬치 캐묻다.

见了我, 妈妈总是问长问短的。
Jiàn le wǒ, māma zǒngshì wènchángwènduǎn.
나를 보면, 엄마는 늘 이것저것 꼬치꼬치 캐묻는다.

同学们见面以后互相问长问短, 说个没完。
Tóngxuémen jiànmiàn yǐhòu hùxiāng wènchángwènduǎn, shuō ge méiwán.
동학들은 만난 후에 서로 이것저것 자세히 묻느라 말이 끝이 없었다.

无法 [wúfǎ]

~할 방도가 없다.

他是个无法令人信赖的男人。
Tā shì ge wúfǎ lìng rén xìnlài de nánrén.
그는 사람들에게 신뢰감을 주지 못하는 남자야.

我无法让她喜欢我。
Wǒ wúfǎ ràng tā xǐhuan wǒ.
나는 그녀로 하여금 나를 좋아하게 할 방도가 없었어.

无理取闹 [wúlǐqǔnào]

억지로 떼를 쓰다. 무리하게 소란을 피우다. 까닭 없이 남과 다투다

你太不讲理了, 不要无理取闹。
Nǐ tài bù jiǎnglǐ le, búyào wúlǐqǔnào.
당신은 너무 경우가 없어요, 그렇게 떼쓰지 마세요.

你们真不讲理，怎么这么无理取闹呢！
Nǐmen zhēn bù jiǎnglǐ, zěnme zhème wúlǐqǔnào ne!
너희들 정말 너무 경우가 없어, 어쩜 이렇게 떼를 쓸 수 있니!

无中生有 [wúzhōngshēngyǒu]

모든 것은 무(无)에서 난다. 없는 사실을 꾸며내다. 터무니없이 날조하다.

你不要无中生有。
Nǐ búyào wúzhōngshēngyǒu.
너 근거 없이 우기지 마.

你毫无根据地乱说，这不是无中生有吗？
Nǐ háowúgēnjù de luànshuō, zhè búshì wúzhōngshēngyǒu ma?
너는 전혀 근거 없이 함부로 지껄이고 있네, 이건 사실을 꾸며내는 것 아냐?

物色 [wùsè]

물색하다. 필요한 인재나 물건을 자세히 찾다.

她去了几家大商店，打算物色一件晚会穿的衣服。
Tā qù le jǐ jiā dà shāngdiàn, dǎsuan wùsè yí jiàn wǎnhuì chuān de yīfu.
그녀는 만찬회에 입을 옷을 물색하기 위해 큰 마트를 몇 군데 갔다.

这是我给你物色的对象。
Zhè shì wǒ gěi nǐ wùsè de duìxiàng.
이 사람은 내가 너를 위해 물색한 대상(결혼상대)이야.

X

下不来台 [xiàbuláitái]

단(壇)에서 내려갈 수가 없다. (비유하여) 이러지도 저러지도 못하다. 난처하다. 수습하기 힘들다. 무안하다. 창피하다.

老师在众人面前批评小明，太让她下不来台了。
Lǎoshī zài zhòngrén miànqián pīpíng Xiǎomíng, tài ràng tā xiàbuláitái le.
선생님이 여러 사람 있는 앞에서 샤오밍을 비판하여 그녀를 무척 곤혹스럽게 했다.

你别说让人下不来台的话。
Nǐ bié shuō ràng rén xiàbuláitái de huà.
다른 사람을 무안하게 하는 말을 하지 마라.

下海 [xiàhǎi]

원래 직업 그만두고 사업하다. 장사와 무관한 회사 일을 그만두고 장사에 뛰어들다. 장삿길에 나서다.

几年不见，听说他下海了。
Jǐ nián bújiàn, tīngshuō tā xiàhǎi le.
몇 년 동안 만나지 못했는데, 그 사람 개인 사업하고 있다고 하네요.

你是老师，不适合下海经商。
Nǐ shì lǎoshī, bú shìhé xiàhǎi jīngshāng.
당신은 선생님이지, 상업에 종사하는 것은 맞지 않아요.

下马 [xiàmǎ]

말에서 내리다. (비유하여) 어떤 중대한 일이나 공정, 계획 등을 도중에 그만두다. 정지하다.

你们那个项目为什么下马了？
Nǐmen nàge xiàngmù wèishénme xiàmǎ le?
너희들 그 사업을 왜 그만두었니?

那项援助计划下马完全是出于经费问题。
Nà xiàng yuánzhù jìhuà xiàmǎ wánquán shì chūyú jīngfèi wèntí.
그 지원 계획이 중단된 것은 완전 경제적인 문제에서 나온 거야.

~下去 [~xiaqu]

동사나 형용사 뒤에 쓰여서 미래에까지 상황이 계속 이어지거나 정도가 계속 심해짐을 나타낸다.

你先别问，看下去就知道了。
Nǐ xiān bié wèn, kànxiaqu jiù zhīdao le.
너는 먼저 물어보지 마라, 계속 읽다 보면 알게 될 거야.

看样子，天气还要冷下去。
Kànyàngzi, tiānqì hái yào lěngxiaqu.
보아하니 날씨가 계속 추울 것 같아.

先把丑话说在前头 [xiān bǎ chǒuhuà shuō zài qiántou]

사전에 듣기 싫은 말(쓴 소리, 귀에 거슬리는 말)하다.

我先把丑话说在前头，这件事成不成功，我不负责。

Wǒ xiān bǎ chǒuhuà shuō zài qiántou, zhè jiàn shì chéngbuchénggōng, wǒ
bú fùzé.
듣기 싫은 소리 먼저 할게요, 이 일이 성공하든 안하든 나는 책임지지 않을 겁니다.

我先把丑话说在前头，我不会去那鬼地方。
Wǒ xiān bǎ chǒuhuà shuō zài qiántou, wǒ búhuì qù nà guǐdìfang.
우선 귀에 거슬리는 말을 하자면, 나는 그 괴상한 곳에는 가지 않을 거야.

闲话 [xiánhuà]

불평. 남의 뒷말. 험담. 뒷공론.

不要背后说人家闲话。
Búyào bèihòu shuō rénjiā xiánhuà.
뒤에서 남 험담하지 마라.

你别在工作时看电视，让别人说闲话。
Nǐ bié zài gōngzuò shí kàn diànshì, ràng biéren shuō xiánhuà.
너는 일할 때 텔레비전 보지 마라, 남이 험담하잖아.

显摆 [xiǎnbai]

(학문·재능 따위를) 자랑하며 뽐내다. 일부러 드러내다. 과시하다.

我昨天买了一件新衣服，跟你们显摆显摆。
Wǒ zuótiān mǎi le yí jiàn xīn yīfu, gēn nǐmen xiǎnbaixiǎnbai.
내가 어제 새 옷 하나 샀는데, 너희들에게 좀 자랑하려고.

他总向别人显摆自己做的工艺品。
Tā zǒng xiàng biéren xiǎnbai zìjǐ zuò de gōngyìpǐn.
그는 늘 다른 사람에게 자기가 만든 공예품을 자랑하며 뽐내.

显出(呈现)~趋势 [xiǎnchū(chéngxiàn)~qūshì]

추세를 보이다.

最近银行的利息又开始**呈现出**上涨的**趋势**。
Zuìjìn yínháng de lìxī yòu kāishǐ chéngxiànchū shàngzhǎng de qūshì.
최근 은행의 이자가 또 오르는 추세를 보였다.

这几个月房地产市场慢慢**显出**了恢复正常的**趋势**。
Zhè jǐ ge yuè fángdìchǎn shìchǎng mànmàn xiǎnchūle huīfù zhèngcháng de qūshì.
요 몇 달간 부동산 시장은 서서히 정상을 회복하는 추세를 보였다.

显得无情打彩 [xiǎnde wúqíngdǎcǎi]

힘이 없어 보인다.

她今天**显得无情打彩**，好像有什么心事似的！
Tā jīntiān xiǎnde wúqíngdǎcǎi, hǎoxiàng yǒu shénme xīnshì shìde!
그녀가 오늘 힘이 없어 보이네, 아마도 무슨 고민이 있는 듯해.

不要**无情打彩**，比赛输了下次再来嘛！
Búyào wúqíngdǎcǎi, bǐsài shū le xiàcì zài lái ma!
풀죽지 마세요. 시합에 졌지만 다음에 다시 도전하면 되잖아요.

现 [xiàn]

그때 바로. 그때 당시.

来不及了，飞机票还是到那儿**现**买吧。
Láibují le, fēijīpiào háishì dào nàr xiànmǎ ba.

늦었어. 비행기 표는 아무래도 거기서 바로 사는 게 낫겠어.

这饺子是现做的, 还热着呢, 快吃吧。
Zhè jiǎozi shì xiànzuò de, hái rèzhe ne, kuài chī ba.
이 만두는 바로 만든 건데, 아직 따뜻하네, 빨리 먹자.

想必 [xiǎngbì]

생각건대 반드시. 틀림없이.

想必你也知道那件事儿吧?
Xiǎngbì nǐ yě zhīdào nà jiàn shìr ba?
생각하건대 당신도 분명히 그 일을 알고 있지요?

她这会儿不在家, 想必是散步去了。
Tā zhèhuìr bú zài jiā, xiǎngbì shì sànbù qù le.
그녀는 지금 집에 없는데, 틀림없이 산책하러 갔을 거야.

想不开 [xiǎngbukāi]

여의치 않은 일에 대해 생각을 떨쳐버리지 못하다. 꽁하게 생각하다. 잘못 생각하다.

该买的就买, 别想不开。
Gāi mǎi de jiù mǎi, bié xiǎngbukāi.
사야 할 건 사라, 주저하지 말고.

他一时想不开, 和领导吵了一架。
tā yīshí xiǎngbùkāi, hé lǐngdǎo chǎo le yí jià.
그는 잠시 꽁해져서 상사와 한바탕 싸웠다.

想都别想 [xiǎngdōubiéxiǎng]

엄두도 못 내다. 생각도 하지 마. 꿈도 꾸지 마.

你想跟我竞争？想都别想。
nǐ xiǎng gēn wǒ jìngzhēng? xiǎngdōubiéxiǎng.
네가 나와 경쟁하려고? 꿈도 꾸지 마.

现在这种情况，欧洲旅行想都别想。
Xiànzài zhè zhǒng qíngkuàng, Ōuzhōu lǚxíng xiǎngdōubiéxiǎng.
지금 이런 상황에서 유럽여행은 생각도 하지 마라.

想方设法 [xiǎngfāngshèfǎ]

무슨 방법을 써서라도 ~하려고 하다.

他总要想方设法征服那个女人。
Tā zǒng yào xiǎngfāngshèfǎ zhēngfú nà ge nǚrén.
그는 늘 어떤 방법을 써서라도 그 여자를 차지하려고 해.

他想方设法地想买那本书，可没买的。
Tā xiǎngfāngshèfǎ de xiǎng mǎi nà běn shū, kě méimǎi de.
그는 무슨 방법을 써서라도 그 책을 사려 했지만 사지 못했어.

想~就~ [xiǎng~jiù~]

~하려면 언제든지 ~하다. ~하고 싶으면 곧 ~하다.

他现在想骂我就骂我，他心里哪有我？
Tā xiànzài xiǎng mà wǒ jiù mà wǒ, tā xīnlǐ nǎ yǒu wǒ?
그는 지금 내게 욕하고 싶으면 바로 욕해, 그의 마음속에 내가 어디 있겠어?

你想哭就哭，没有人会管你。

Nǐ xiǎng kū jiù kū, méiyǒu rén huì guǎn nǐ.

울고 싶으면 우세요, 아무도 당신에게 신경 쓰지 않아요.

想通了 [xiǎng tōngle]

깨닫다. 이해하다. 납득하다.

我已经完全想通了。

Wǒ yǐjīng wánquán xiǎng tōngle.

저는 이미 모든 것을 깨달았어요.

对这事儿的处理方式,他想通了吧？

Duì zhè shìr de chǔlǐ fāngshì, tā xiǎng tōngle bā?

이 일의 처리 방법에 대해 그는 이해했겠지?

向~讨教 [xiàng~tǎojiào]

누구에게 지도를 구하다.

我真想向您讨教。

Wǒ zhēn xiǎng xiàng nín tǎojiào.

진심으로 당신에게 가르침을 받고 싶습니다.

如果你要向他讨教, 恐怕需要很大的努力。

Rúguǒ nǐ yào xiàng tā tǎojiào, kǒngpà xūyào hěn dà de nǔlì.

만약 그에게 지도를 받으려면 아마도 많은 노력이 필요할 거야.

像样儿 [xiàngyàngr]

어떤 수준에 도달하다. 그럴듯하다. 맵시 있다. 보기 좋다. 버젓한 모양을 이루다.

我没有一件**像样儿**的衣服。
Wǒ méiyǒu yí jiàn xiàngyàngr de yīfu.
내겐 그럴듯한 옷 한 벌이 없네.

朋友结婚送这点儿钱，真不**像样儿**。
Péngyou jiéhūn sòng zhèdiǎnr qián, zhēn bú xiàngyàngr.
친구의 결혼에 이렇게 적은 돈을 보내다니, 정말 말이 안 되네.

小广播 [xiǎoguǎngbō]

유언비어를 퍼뜨리다. 뒷전에서 이러쿵저러쿵하다.

别信这些**小广播**。
bié xìn zhèxiē xiǎoguǎngbō.
이런 헛소문들을 믿지 마라.

她是个出了名的**小广播**，大家都很讨厌她。
Tā shì ge chūlemíng de xiǎoguǎngbō, dàjiā dōu hěn tǎoyàn tā.
그녀는 유언비어를 퍼뜨리기로 유명해서 모두들 그녀를 싫어한다.

小九九 [xiǎojiǔjiǔ]

속셈. 셈속. 계산. 타산.

事情成不成，你心中应该有个**小九九**。
Shìqing chéngbùchéng, nǐ xīnzhōng yīnggāi yǒuge xiǎojiǔjiǔ.
일의 성사 여부에 대해 너는 마음속으로 계획하고 있어야 해.

你别看她不说话，其实她心里早有小九九了。

Nǐ bié kàn tā bù shuōhuà, qíshí tā xīnli zǎo yǒu xiǎojiǔjiǔ le.

너는 그녀가 말을 안 한다고 무시하지 마라, 사실 그녀는 마음속으로 일찌감치 계산하고 있었거든.

小气 [xiǎoqì]

과도하게 재물을 아끼고 쓰는 것을 아까워하는 것을 뜻한다.
인색하다. 쩨쩨하다. 인색하게 굴다. 박하다. 짜다.

这个人太小气，你别跟他一起吃饭。

Zhège rén tài xiǎoqì, nǐ bié gēn tā yìqǐ chīfàn.

그 사람 너무 쩨쩨해, 너는 그와 같이 밥 먹지 마.

她对自己小气，对邻居却十分大方。

Tā duì zìjǐ xiǎoqì, duì línjū què shífen dàfang.

그녀는 자신에겐 인색해도 이웃 사람에게는 아끼지 않고 시원하게 쓰지.

小心眼 [xiǎoxīnyǎn]

소심하다. 옹졸하다.

你别太小心眼了，为那样的小事也值得生这么大气。

Nǐ bié tài xiǎoxīnyǎn le, wèi nàyàng de xiǎoshì yě zhíde shēng zhème dàqì.

너 너무 옹졸하게 굴지 마, 그렇게 작은 일에 이렇게 크게 화를 낼 필요 있니?

我根本就不知道小王是一个那么小心眼的人。

Wǒ gēnběn jiù bùzhīdào Xiǎowáng shì yíge nàme xiǎoxīnyǎn de rén.

나는 여태껏 샤오왕이 그렇게 옹졸한 사람인 줄 몰랐어.

心不在焉 [xīnbúzàiyān]

마음이 여기 있지 않다. 정신을 딴 데 팔다.

这两天你总是心不在焉。
Zhè liǎng tiān nǐ zǒngshì xīnbúzàiyān.
요 며칠 너는 줄곧 정신이 딴에 팔려 있군.

我发现他上课时心不在焉，不知道在想什么。
Wǒ fāxiàn tā shàngkè shí xīnbúzàiyān, bùzhīdào zài xiǎng shénme.
그가 수업할 때 집중하고 있지 않다는 걸 알았는데, 무엇을 생각하고 있는지 모르겠어.

心切 [xīnqiè]

마음이 절실하다.

我们还有过这么心切的时候吗？
Wǒmen hái yǒuguò zhème xīnqiè de shíhou ma?
우리가 이렇게 간절했던 순간이 있었을까?

当时我回家心切，不小心把钱包弄丢了。
Dāngshí wǒ huíjiā xīnqiè, bùxiǎoxīn bǎ qiánbāo nòng diū le.
당시 나는 집에 돌아가고자 하는 마음이 절박하여 실수로 지갑을 잃어버렸어.

新手 [xīnshǒu]

신참. 초보자. 풋내기. 초심자.

今年新手比较多，你们一定要把好质量关。
Jīnnián xīnshǒu bǐjiào duō, nǐmen yídìng yào bǎ hǎo zhìliàng guān.

올해 초보자가 비교적 많으니, 너희들은 반드시 품질을 엄밀하게 잘 검사해야 한다.

我是个新手，请您多指教。
Wǒ shì ge xīnshǒu, qǐng nín duō zhǐjiào.
저는 신참입니다, 많은 지도 부탁드립니다.

心血来潮 [xīnxuèláicháo]

문득 어떤 생각이 떠오르다. 불현듯 생각이 나다. 영감이 떠오르다.

他一时心血来潮，买了只小狗。
Tā yìshí xīnxuèláicháo, mǎi le zhǐ xiǎo gǒu.
그는 갑자기 불현 듯 생각나서 강아지 한 마리를 샀다.

这是我多年的想法，决不是一时心血来潮。
Zhè shì wǒ duōnián de xiǎngfǎ, jué búshì yìshí xīnxuèláicháo.
이것은 나의 다년간의 생각이지 결코 갑자기 영감이 떠올라 이룬 게 아니야.

心有余而力不足 [xīnyǒuyú ér lìbùzú]

마음은 있지만 힘이 모자라다.

对不起，我心有余而力不足。
Duìbuqǐ, wǒ xīnyǒuyú ér lìbùzú.
죄송합니다. 제 마음은 있지만 능력이 없습니다.

你别怪他，他心有余而力不足。
Nǐ bié guài tā, tā xīnyǒuyú ér lìbùzú.
그를 탓하지 마, 그의 마음은 그렇지 않지만 능력이 없어서 그래.

行不通 [xíngbutōng] ⟺ 行得通 [xíngdetōng]

실행할 수 없다. 통용되지 않다. 통하지 않다. 불가능하다. 해내지 못하다.

你这个建议根本行不通。
Nǐ zhège jiànyì gēnběn xíngbutōng.
당신의 이 제안은 전혀 통하지 않아요.

十年前行不通的事儿，现在都行得通了。
Shínián qián xíngbutōng de shìr, xiànzài dōu xíngdetōng le.
십년 전에는 불가능했던 일이 지금은 모두 가능하게 되었어.

醒过来 [xǐngguolai]

각성하다. 깨닫다. 정신이 들다.

手术后六个小时，那个孩子才醒过来。
Shǒushù hòu liù ge xiǎoshí, nàge háizi cái xǐngguolai.
수술 후 6시간 만에 그 아이는 비로소 깨어났어.

我醒过来的时候已经躺在医院里了。
Wǒ xǐngguolai de shíhou yǐjīng tǎngzài yīyuàn li le.
내가 정신이 들었을 때 이미 병원에 누워 있었어.

幸亏~, 要不然 [xìngkuī~, yàoburán] ＝ 幸亏~, 不然的话 [xìngkuī~, bùrán de huà]

다행히~이니 망정이지, 그렇지 않으면.

幸亏那时候地铁来了，要不然就迟到了。

Xìngkuī nà shíhòu dìtiě láile, yàoburán jiù chídào le.
그때 지하철이 왔기에 말이지 하마터면 지각할 뻔했네.

幸亏她及时关了煤气，不然的话后果不堪设想。
Xìngkuī tā jíshí guān le méiqì, bùrán de huà hòuguǒ bùkānkǎn méi shèxiǎng.
다행히 그녀가 가스를 제때에 껐으니 말이지, 그렇지 않았다면 그 결과는 차마 상상조차 할 수 없어.

学乖 [xuéguāi]

배워서 영리하게 되다. 요령을 배우다. 꾀를 배우다.

通过这件事她学乖了。
Tōngguò zhè jiàn shì tā xuéguāi le.
이 일을 통해 그녀는 요령을 익히게 되었다.

这些年我也学乖了，不跟爸爸顶嘴了。
Zhèxiē nián wǒ yě xuéguāile, bù gēn bàba dǐngzuǐ le.
요 몇 년 동안 나도 요령을 익혀서 아버지에게 대들지 않게 되었어.

寻短见 [xún duǎnjiàn]

자살하다. 소견 좁은 짓을 하다

他一时想不开，寻了短见。
Tā yìshí xiǎngbùkāi, xún le duǎnjiàn.
그는 한순간 짧은 생각에 사로잡혀 자살했다.

寻短见其实是最愚笨的'出路'。
Xún duǎnjiàn qíshí shì zuì yúbèn de '出路(chūlù)'.
자살이 사실 가장 어리석은 출구다.

Y

言归正传 [yánguīzhèngzhuàn]

이야기가 본론으로 들어가다. (评话나 구소설 따위에 쓰이는 상투어임)

言归正传, 韩国的经济结构需要彻底的改革。
Yánguīzhèngzhuàn, Hánguó de jīngjìjiégòu xūyào chèdǐ de gǎigé.
본론으로 들어가서 말하자면, 한국의 경제구조는 철저한 개혁이 필요합니다.

言归正传, 我们还是谈谈工作的事情吧。
Yánguīzhèngzhuàn, wǒmen háishì tántan gōngzuò de shìqíng ba.
(여담은 그만하고) 본론으로 들어가서 업무에 관한 일을 얘기하는 것이 좋겠다.

眼巴巴地 [yǎnbābā de] ＝ 眼睁睁地 [yǎnzhēngzhēng de]

두 눈을 뜬 채.

我只能站在门口眼巴巴地看着他们把你带走。
Wǒ zhǐnéng zhànzài ménkǒu yǎnbābā de kànzhe tāmen bǎ nǐ dài zǒu.
나는 단지 문 앞에 서서 그들이 너를 데리고 가는 것을 두 눈을 뜬 채 볼 수밖에 없었다.

大家眼睁睁地看着, 没有一个人敢出来阻止他。
Dàjiā yǎnzhēngzhēng de kànzhe, méiyǒu yíge rén gǎn chūlái zǔzhǐ tā.
모두들 눈 뜨고 보고만 있었지, 아무도 감히 나서서 그를 저지하지 못했어.

眼红 [yǎnhóng]

샘이 나다. 질투심이 나다. 배 아프다.

近几月比特币价格暴涨，很多人十分眼红。
Jìn jǐ yuè bǐtèbì jiàgé bàozhǎng, hěn duō rén shífēn yǎnhóng.
최근 몇 개월 동안 비트코인이 급상승하자 많은 사람들이 부러워했다.

看邻居挣钱挣得多，我也有点儿眼红。
Kàn línjū zhèngqián zhèng de duō, wǒ yě yǒudiǎnr yǎnhóng.
이웃이 돈을 많이 버는 걸 보니, 나도 좀 샘이 나더라.

眼前~最要紧 [yǎnqián~zuì yàojǐn]

현재 ~하는 것이 가장 요긴하다.

眼前把身子养好了最要紧。
Yǎnqián bǎ shēnzi yǎng hǎo le zuì yàojǐn.
현재 몸을 돌보는 것이 가장 중요해.

眼前就业最要紧。
Yǎnqián jiùyè zuì yàojǐn.
현재 직업을 구하는 것이 가장 중요하다.

眼中钉，肉中刺 [yǎnzhōngdīng, ròuzhōngcì]

눈엣가시. 가장 싫어하는 사람 또는 사물.

入一个人的眼很难，可成为眼中钉，肉中刺是一瞬间的事。
Rù yí ge rén de yǎn hěn nán, kě chéngwéi yǎnzhōngdīng, ròuzhōngcì shì
yíshùnjiān de shì.

한 사람의 눈에 들기는 어렵지만, 눈엣가시 같은 존재가 되는 것은 한순간의 일이지.

虽然他成了**眼中钉，肉中刺**，但对方也拿他无可奈何。
Suīrán tā chéng le yǎnzhōngdīng, ròuzhōngcì, dàn duìfāng yě ná tā wúkěnàihé.
비록 그는 눈엣가시 같은 존재였으나 상대도 그를 어찌할 수 없었다.

洋腔洋调 [yángqiāngyángdiào]

외국어가 섞인 말투. 외국물을 먹은 듯한 말투.

他在法国呆了三年，回来说话就**洋腔洋调**的。
Tā zài Fǎguó dāi le sān nián, huílái shuōhuà jiù yángqiāngyángdiào de.
그가 프랑스에서 3년 있다가 돌아오니 말하는 게 외국어가 섞인 말투야.

带着**洋腔洋调**的英语，听起来也很有意思。
Dàizhe yángqiāngyángdiào de Yīngyǔ, tīngqilai yě hěn yǒuyìsi.
외국어 어투가 배어있는 영어를 듣는 것도 매우 재미있어.

咬紧牙关 [yǎojǐnyáguān]

이를 악물고 ~하다.

你一定要**咬紧牙关**撑着。
Nǐ yídìng yào yǎojǐnyáguān chēngzhe.
당신은 반드시 이를 악물고 견뎌야 해요.

为了考上一所理想的大学，你一定要**咬紧牙关**坚持下去。
Wèile kǎoshàng yì suǒ lǐxiǎng de dàxué, nǐ yídìng yào yǎojǐnyáguān jiānchíxiàqù.
원하는 대학에 들어가기 위해 너는 반드시 이를 악물고 견뎌나가야 한다.

要不是 [yàobúshì]

~하지 않았더라면. ~아니라면.

要不是你来得巧，说不定还会出什么洋相呢。
Yàobúshì nǐ lái de qiǎo, shuōbudìng hái huì chū shénme yángxiàng ne.
당신이 때마침 오지 않았더라면 아마도 무슨 꼴불견이 벌어졌을 지도 몰라요.

要不是他，说不定你早已死了。
Yàobúshì tā, shuōbudìng nǐ zǎoyǐ sǐ le.
그가 아니었다면 당신은 이미 죽었을지도 모릅니다.

摇钱树 [yáoqiánshù]

흔들면 돈이 떨어진다는 신화 속의 나무. (비유하여) 돈줄. 돈이 되는 사람이나 물건.

你当我是摇钱树吗？常来要钱。
Nǐ dāng wǒ shì yáoqiánshù ma? cháng lái yào qián.
내가 너의 돈줄인 줄 알아? 늘 와서 돈 달라고 하는군.

品牌就是一棵无形的摇钱树。
Pǐnpái jiùshì yì kē wúxíng de yáoqiánshù.
브랜드는 바로 무형의 돈줄이야.

要么~，要么~ [yàome~, yàome~]

~하든지, 아니면 ~하든지

要么赞成他们的意见，要么反对，你应该说明白一点。
Yàome zànchéng tāmen de yìjiàn, yàome fǎnduì, nǐ yīnggāi shuō míngbai yìdiǎn.

그들의 의견을 찬성하든가 아니면 그들에 반대하든가 분명하게 말을 하셔야죠.

你要么进来，要么出去，别在门口站着。
Nǐ yàome jìnlái, yàome chūqù, bié zài ménkǒu zhànzhe.
너 들어오든지 나가든지 해라, 문 입구에 서 있지 말고.

~也得~, 不~也得~ [~yě děi~, bù~yě děi~]

반드시 ~해야 한다. ~고 싶어도 해야 하고, ~싫어도 ~해야 한다.

今天的会相当重要，你想参加也得参加，不想参加也得参加。
Jīntiān de huì xiāngdāng zhòngyào, nǐ xiǎng cānjiā yě děi cānjiā, bùxiǎng cānjiā yě děi cānjiā.
오늘 회의는 상당히 중요하니, 참가하기 싫어도 참가해야 되요.

那件事你同意也得同意，不同意也得同意。
Nà jiàn shì nǐ tóngyì yě děi tóngyì, bù tóngyì yě děi tóngyì.
그 일은 네가 동의하고 싶어도 해야 하고, 동의하기 싫어도 동의해야 해.

~也好，~也好 [~yě hǎo, ~yě hǎo]

~도 좋고 ~도 좋다. 어떤 걸 선택하든 다 괜찮다는 뜻으로 뒤에 '都'나 '也'가 같이 와서 호응하기도 한다.

你来也好，不来也好，都要通知我们。
Nǐ lái yě hǎo, bù lái yě hǎo, dōu yào tōngzhī wǒmen.
네가 와도 좋고 안 와도 좋은데, 우리에게 알려줘야 해.

坐火车也好，坐船也好，坐飞机也好，你怎么去都行。
Zuò huǒchē yě hǎo, zuò chuán yě hǎo, zuò fēijī yě hǎo, nǐ zěnme qù dōu xíng.

기차나 배, 비행기 중에 어떤 걸 타도 모두 괜찮아.

夜长梦多 [yèchángmèngduō]

밤이 길면 꿈이 많다. 일을 길게 끌면 문제가 생기기 마련이다.

赶快去办, 免得**夜长梦多**。
Gǎnkuài qù bàn, miǎnde yèchángmèngduō.
빨리 끝내, 무슨 문제가 생기지 않도록.

你担心**夜长梦多**是有道理的, 因为那个人说变就变。
Nǐ dānxīn yèchángmèngduō shì yǒu dàolǐ de, yīnwèi nàge rén shuō biàn jiù biàn.
일을 지체하다 생기는 문제를 네가 걱정하는 것도 일리 있어, 그 사람은 말하기가 무섭게 변하거든.

夜里欢 [yèlihuān]

밤에 (시끄럽게) 논다.

他们是**夜里欢**, 总是吵得四邻不安。
Tāmen shì yèlihuān, zǒngshì chǎo de sìlín bù'ān.
그들은 밤에 노는데, 그 떠드는 소리에 이웃들이 늘 불안해지.

你们不要总是白天睡觉, **夜里欢**。
Nǐmen búyào zǒngshì báitiān shuìjiào, yèlihuān.
너희들 늘 대낮에 자고 밤에 시끄럽게 놀지 마.

一把手 [yìbǎshǒu] = 一把好手 [yìbǎhǎoshǒu]

제1인자. 최고 책임자. (어떤 방면에) 재능이 있는 사람. 능력이 있는 사람.

他叔叔是那家公司的**一把手**。
Tā shūshu shì nà jiā gōngsī de yìbǎshǒu.
걔네 삼촌이 그 회사의 최고 책임자야.

该工厂连年亏损主要是**一把手**的责任。
Gāi gōngchǎng liánnián kuīsǔn zhǔyào shì yìbǎshǒu de zérèn.
이 공장의 여러 해 계속되는 손실은 대부분 제1인자의 책임이지.

他做中国菜是**一把好手**。
Tā zuò zhōngguócài shì yībǎhǎoshǒu.
그는 중국 요리 만드는 데는 달인이야.

一本正经 [yìběnzhèngjīng]

태도가 단정하다. 진지하다. 엄숙하다. 정색하다.

一谈到自己的孩子，平时总是**一本正经**的他满脸放光。
Yì tán dào zìjǐ de háizi, píngshí zǒngshì yìběnzhèngjīng de tā mǎnliǎn fàngguāng.
자신의 아이에 대해 이야기하기만 하면 평상시 줄곧 진지했던 그의 얼굴에서 빛이 나.

他**一本正经**地跟朋友说了昨天发生的事。
Tā yìběnzhèngjīng de gēn péngyou shuō le zuótiān fāshēng de shì.
그는 진지하게 친구들에게 어제 발생한 일을 말했다.

(一)边~, (一)边~ [(yì)biān~, (yì)biān~]

한편으로는~하면서 또 한편으로는 ~하다. ~과 ~를 병행하다.

我一边想，一边走，不知不觉之中就走到了学校。
Wǒ yìbiān xiǎng, yìbiān zǒu, bùzhībùjué zhī zhōng jiù zǒudào le xuéxiào.
한편으로는 생각하면서 한편으로는 길을 걸었는데, 나도 모르게 학교까지 걸어
갔다.

我总是边走边听音乐。
Wǒ zǒngshì biān zǒu biān tīng yīnyuè.
나는 언제나 길을 걸을 걸으면서 음악을 듣는다.

一~不如一~ [yī~bùrú yī~]

(~할수록) 점점 못하다.(나쁘다·형편없다).

奶奶年纪大了，她的身体一天不如一天。
Nǎinai niánjì dà le, tā de shēntǐ yìtiān bùrú yìtiān.
할머니는 연세가 많아지시니 건강이 점점 나빠지신다.

他总认为一代不如一代。
Tā zǒng rènwéi yídài bùrú yídài.
그 사람은 늘 세대가 지날수록 더 안 좋아진다고 생각해.

一步一个脚印儿 [yíbù yíge jiǎoyìnr]

한 걸음에 발자국 하나. 하나하나 착실하게 해 나가다. 빈틈없고 꼼꼼하다.

她的成功是一步一个脚印儿干出来的。
Tā de chénggōng shì yíbù yíge jiǎoyìnr gànchulai de.

그녀의 성공은 한 걸음씩 착실하게 일하며 일궈낸 거야.

不管做什么事，都要一步一个脚印儿，不能草率从事。
Bùguǎn zuò shénme shì, dōu yào yíbù yíge jiǎoyìnr, bùnéng cǎoshuài cóngshì.
무슨 일을 하든지 간에 하나하나 착실하게 해야지 건성으로 해서는 안 된다.

一次也没 [yícì yě méi]
한번도 ~하지 않았다.

我一次也没吃过中国菜。
Wǒ yícì yě méi chī guo Zhōngguócài.
나는 한 번도 중국 요리를 먹어 본 적 없어.

去年冬天我太忙了，滑雪场一次也没去成。
Qùnián dōngtiān wǒ tài máng le, huáxuěchǎng yícì yě méi qùchéng.
내가 작년 겨울에 너무 바빠서 스키장을 한 번도 못 갔어.

一旦 [yídàn]
일단(만약)~한다면.

一旦有什么事情，我一定告诉你。
Yídàn yǒu shénme shìqing, wǒ yídìng gàosu nǐ.
일단 무슨 일이 일어나면 나는 꼭 너에게 알릴 게.

一旦发生交通事故，就会给家庭和个人带来不可挽回的损失。
Yídàn fāshēng jiāotōngshìgù, jiù huì gěi jiātíng hé gèrén dàilái bùkě wǎnhuí de sǔnshī.
일단 교통사고가 발생하면 가정과 개인에게 돌이킬 수 없는 손실을 가져다준다.

一刀两断 [yìdāoliǎngduàn]

한 칼에 두 동강이를 내다. 명확히 매듭을 짓다. 단호하게 관계를 끊다.

他震怒之下和儿子一刀两断。
Tā zhènnù zhī xià hé érzi yìdāoliǎngduàn.
그는 격노한 나머지 아들과 의절했다.

我得马上离开那家公司, 跟他们一刀两断。
Wǒ děi mǎshàng líkāi nà jiā gōngsi, gēn tāmen yìdāoliǎngduàn.
나는 곧 그 회사를 떠나야 돼. 그들과 단호히 관계를 끊어야지.

一定 [yídìng]

일정하다. 엇비슷하다. 적당하다. 합당하다. (= 相当 [xiāngdāng])

今年的工作已经取得了一定的成绩。
Jīnnián de gōngzuò yǐjīng qǔdé le yídìng de chéngjì.
올해의 업무는 이미 일정한 성과를 얻었어.

他俩已经具备了一定的汉语基础, 计划明年去中国留学。
Tāliǎ yǐjīng jùbèi le yídìng de Hànyǔ jīchǔ, jìhuà míngnián qù Zhōngguó liúxué.
그들 둘은 벌써 일정한 중국어 기초를 갖추어서 내년에 중국에 유학하려고 한다.

一定要 [yídìng yào]

기어이. 반드시~해야 한다.

要挤身上流社会, 一定要好好儿地赚钱。
Yào jǐshēn shàngliúshèhuì, yídìng yào hǎohāo'er de zhuànqián.

상류사회에 끼어들기 위해서 열심히 돈을 벌어야 돼.

你是学生，一定要努力学习。
Nǐ shì xuésheng, yídìng yào nǔlì xuéxí.
너는 학생이기에 반드시 열심히 노력해야 해.

一肚子的~ [yídùzi de~]
가슴 가득 찬~.

他有一肚子的学问，不过办起事来真笨。
Tā yǒu yídùzi de xuéwen, búguò bànqǐshìlái zhēn bèn.
그는 가슴 가득 학문적 지식이 있어도 일을 처리할 때는 정말 둔해.

他有一肚子的牢骚，所以他每天过得很忧郁。
Tā yǒu yídùz de láosāo, suǒyǐ tā měitiān guò de hěn yōuyù.
그는 가슴 가득 불만이 있기에 매일 우울한 나날을 보내고 있어.

一个 [yíge]
일개. 하나. (중요하지 않는 어떤 사람이나 물건을 의미한다.)

你一个小孩儿别跟奶奶生气。
Nǐ yíge xiǎoháir bié gēn nǎinai shēngqì.
너는 어리니 할머니에게 화내지 마라.

一个包丢了就丢了，还值得哭吗？
Yíge bāo diū le jiù diū le, hái zhíde kū ma?
가방 하나 잃어버렸으면 그만이지, 울 것까지 있니?

一个比一个 [yíge bǐ yíge]

草莓一个比一个甜。
Cǎoméi yíge bǐ yíge tián.
딸기가 하나하나 다 달아요.

现在的年轻人，一个比一个懒惰。
Xiànzài de niánqīngrén, yíge bǐ yíge lǎnduò.
요즘 젊은이들은 누구나 할 것 없이 다들 게을러.

一个劲儿 [yígejìnr]

自从回国以来，我每天早上一个劲儿地锻炼身体。
Zìcóng huíguó lǐlái, wǒ měitiān zǎoshang yígejìnr de duànliàn shēntǐ.
귀국한 이후부터 나는 매일 아침 시종일관 체력을 단련하고 있어.

雨一个劲儿地下，今天哪儿也去不了了，真烦！
Yǔ yígejìnr de xià, jīntiān nǎr yě qùbuliǎo le, zhēn fán!
비가 끊임없이 내려 오늘 어디에도 갈 수 없어, 정말 짜증 나!

一~, 就~ [yī~, jiù~]

怎么一见我就走了？你讨厌我吗？
Zěnme yí jiàn wǒ jiù zǒu le? nǐ tǎoyàn wǒ ma?
왜 나를 보자마자 달아나죠? 제가 싫어요?

我一看见你就知道你是我中学的同学朴海真。

Wǒ yí kànjiàn nǐ jiù zhīdào nǐ shì wǒ zhōngxué de tóngxué Piáo hǎizhēn.

나는 너를 보자마자 네가 중학교 때 친구인 박해진이라는 걸 알았어.

一股脑儿 [yìgǔnǎor]

모두. 몽땅. 전부. 통틀어.

开会时, 他一股脑儿把自己的意见都说出来了。

Kāihuì shí, tā yìgǔnǎor bǎ zìjǐ de yìjiàn dōu shuōchulái le.

회의할 때, 그는 자신의 의견을 전부 말하였다.

爸爸把所有的东西一股脑儿全给了儿子。

Bàba bǎ suǒyǒu de dōngxi yìgǔnǎor quán gěi le érzi.

아빠는 모든 것을 몽땅 아들에게 줘버렸어.

一口气 [yìkǒuqì]

한걸음에. 한달음에.

她一口气把那本书读完了。

Tā yìkǒuqì bǎ nà běn shū dúwán le.

그녀는 단숨에 그 책을 완독했다.

他的身体真好, 一口气爬到了山顶。

Tā de shēntǐ zhēn hǎo, yìkǒuqì pádào le shāndǐng.

그는 건강이 워낙 좋아서 한달음에 산꼭대기까지 올랐다.

一来二去 [yìláièrqù]

(시간이 흐르면서) 차츰차츰. 이럭저럭 하는 가운데.

他们俩是同事，一来二去便相互产生了好感。
Tāmenliǎ shì tóngshì, yìláièrqù biàn xiānghu chǎnshēng le hǎogǎn.
그들 둘은 회사 동료인데, 어느 틈엔가 서로 차츰차츰 호감이 생긴 거지.

她搬到了我家隔壁，一来二去我们就熟悉起来了。
Tā bāndào le wǒjiā gébì, yìláièrqù wǒmen jiù shúxīqǐlái le.
그녀는 우리 옆집으로 이사 오게 됐는데, 이럭저럭 하는 가운데 차츰 익숙해졌어.

一气之下 [yíqìzhīxià]

화가 난 나머지, 홧김에

我一气之下，跟他分手了。
Wǒ yíqìzhīxià, gēn tā fēnshǒu le.
나는 화가 난 나머지 그와 헤어졌다.

她一气之下离开了家。
Tā yíqìzhīxià líkāi le jiā.
그녀는 홧김에 집을 나와 버렸다.

一窍不通 [yíqiàobùtōng]

한 구멍도 뚫리지 않다. 조금도 아는 바가 없다. 아무 것도 모른다.

他对中国文化一窍不通。
Tā duì Zhōngguó wénhuà yíqiàobùtōng.
나는 중국문화에 대해서 아무것도 모른다.

虽然他对经济一窍不通，不过他现在是一家大公司的总经理。

Suīrán tā duì jīngjì yíqiàobùtōng, búguò tā xiànzài shì yì jiā dàgōngsī de zǒngjīnglǐ.

그는 경제에 대해 전혀 아는 바가 없으나 지금 큰 회사의 사장을 맡고 있다.

一切都比不过 [yíqiè dōu bǐbuguò]

그 어느 것과도 비하지 못하다.

这种满足感一切都比不过。

Zhè zhǒng mǎnzúgǎn yíqiè dōu bǐbuguò.

이런 만족감은 그 어느 것과도 비할 바가 아니야.

爬山爬到山顶后的感觉一切都比不过。

Páshān pádào shāndǐng hòu de gǎnjué yíqiè dōu bǐbuguò.

등산할 때 산 정상에 오른 후의 기분은 그 어느 것과도 비할 바가 아니다.

一时 [yìshí]

잠시. 단시간. 일시. (뒤에 부정사가 종종 온다.)

现在工作特别忙，我一时离不开，你先走吧。

Xiànzài gōngzuò tèbié máng, wǒ yìshí líbukāi, nǐ xiān zǒu ba.

현재 일이 너무 바빠서 나는 잠시도 떠날 수가 없으니 너 먼저 가.

你的笑容这样熟悉，可我一时想不起来你的名字了。

Nǐ de xiàoróng zhèyàng shúxī, kě wǒ yìshí xiǎng bu qǐlái nǐ de míngzi le.

너의 웃는 모습 이리도 익숙한데, 난 잠깐 너의 이름이 떠오르질 않네.

一是一, 二是二 [yī shì yī, èr shì èr]

하나는 하나, 둘은 둘. 사실 그대로 하다. 맺고 끊다. 구별 잘 해야 한다.

他为人一向是一是一, 二是二, 从不讲情面。
Tā wéirén yíxiàng shì yī shì yī, èr shì èr, cóngbù jiǎngqíngmiàn.
그는 사람됨이 맺고 끊음이 늘 확실하여 언제나 인정에 매이는 일이 없어.

他对待朋友关系很冷静, 一是一, 二是二。
Tā duìdài péngyou guānxi hěn lěngjìng, yī shì yī èr shì èr.
그는 친구 관계에 매우 냉정하여 맺고 끊는 것이 분명하다.

一拖再拖 [yìtuōzàituō]

(시간을) 질질 끌다. 차일피일 미루다.

一拖再拖, 你会错过大好机会的。
Yìtuōzàituō, nǐ huì cuòguo dà hǎo jīhuì de.
차일피일 미루다가 너는 좋은 기회를 놓칠 거야.

别再拖下去, 你老一拖再拖, 将来会有大麻烦的。
Bié zài tuō xiàqù, nǐ lǎo yìtuōzàituō, jiānglái huì yǒu dà máfán de.
더 이상 미루지 마, 그렇게 자꾸 질질 끌다가 나중에 큰 일이 생길거야.

一碗水端平 [yìwǎnshuǐduānpíng]

공평하다. 공정하다.

对待每个学生老师一定要采取一碗水端平的态度。
Duìdài měige xuésheng lǎoshī yídìng yào cǎiqǔ yìwǎnshuǐduānpíng de tàidu.
학생들을 대할 때 선생님은 반드시 공평한 태도를 취해야 한다.

处理矛盾要尽量做到一碗水端平。

Chǔlǐ máodùn yào jìnliàng zuòdào yìwǎnshuǐduānpíng.

갈등의 상황을 해결할 때 최대한 공정하게 해야 한다.

一味 [yíwèi]

그저. 줄곧. 덮어놓고. 오로지. 외곬으로(만).

她一味强调客观条件, 不考虑主观因素, 是会犯错误的。

Tā yíwèi qiángdiào kèguān tiáojiàn, bù kǎolǜ zhǔguān yīnsù, shì huì fàn cuòwù de.

그녀는 그저 객관적인 조건만 강조하고 주관적인 요소는 고려하지 않으니 실수할 거야.

如果画家只是一味地模仿肯定出不了好作品。

Rúguǒ huàjiā zhǐshì yíwèi de mófǎng kěndìng chūbuliáo hǎo zuòpǐn.

화가가 줄곧 모방만하면 분명 좋은 작품을 그려낼 수 없어.

一五一十 [yìwǔyìshí]

처음부터 끝까지. 낱낱이. 일일이. 하나하나.

我一五一十地把最近的情况告诉了妈妈。

Wǒ yìwǔyìshí de bǎ zuìjìn de qíngkuàng gàosù le māma.

나는 최근의 상황을 일일이 어머니에게 말했다.

他一五一十地向我诉说了事情的原委。

tā yìwǔyìshí de xiàng wǒ sùshuō le shìqíng de yuánwěi.

그는 나에게 일의 자초지종을 낱낱이 털어놓았다.

一线希望 [yíxiànxīwàng]

실낱같은 희망.

只有一线希望了。
Zhǐyǒu yíxiànxīwàng le.
단지 실낱같은 희망이 있을 뿐입니다.

他几乎没有回生的可能，我们只是付出一线希望而已。
Tā jīhū méiyǒu huíshēng de kěnéng, wǒmen zhǐshì fùchū yíxiànxīwàng éryǐ.
그가 살아날 가능성은 거의 없어서 우리는 다만 실낱같은 희망만 걸어볼 뿐이지요.

一言为定 [yìyánwéidìng]

(말) 한 마디로 정하다. 말한 대로 정하다. 두말하기 없기.

咱们一言为定，你明天一早就来。
Zánmen yìyánwéidìng, nǐ míngtiān yì zǎo jiù lái.
우리 한 마디로 정한 거다, 너 내일 일찍 오는 거다.

一言为定，谁也不能再改变了。
Yìyánwéidìng, shuí yě bù néng zài gǎibiàn le.
한번 뱉은 말은 지키기로 해서 누구도 다시 바꿀 수 없어.

一一 [yīyī]

하나하나. 일일이. 낱낱이. 차례대로.

学生提的问题老师都一一做了回答。
Xuésheng tí de wèntí lǎoshī dōu yīyī zuò le huídá.
학생의 질문에 선생님은 일일이 다 대답해주셨어.

用完了的东西，爸爸都一一放回原处。
Yòngwán le de dōngxi, bàba dōu yīyī fànghuí yuánchù.
다 사용한 물건을 아빠는 일일이 원래 있던 곳에 갖다 놓는다.

一针见血 [yìzhēnjiànxiě]

급소를 찌르다. 한 마디로 정곡을 찌르다. 따끔한 충고를 하다. 추호의 가차도 없다.

马克思一针见血地指出，在自由竞争的情况下，自由并不是个人，而是资本。
Mǎkèsī yìzhēnjiànxiě de zhǐchū, zài zìyóu jìngzhēng de qíngkuàng xià, zìyóu bìng búshì gèrén, érshì zīběn.
마르크스는 자유경쟁의 상황에서 자유는 결코 개인이 아니라 자본이라고 정곡을 찌르며 지적했다.

他的批评往往一针见血，入木三分。
Tā de pīpíng wǎngwǎng yìzhēnjiànxiě, rùmùsānfēn.
그의 비평은 종종 급소를 찔러 예리하다.

一转眼 [yìzhuǎnyǎn]

눈 깜짝할 사이. 일순간. 삽시간.

一转眼两个月就过去了。
Yìzhuǎnyǎn liǎng ge yuè jiù guòqù le.
순식간에 두 달이 지나갔어요.

刚才他还在这儿，怎么一转眼就不见了？
Gāngcái tā hái zài zhèr, zěnme yìzhuǎnyǎn jiù bújiàn le?
방금까지 그가 여기에 있었는데, 어떻게 눈 깜짝할 사이에 사라졌지?

以~见称 [yǐ~jiànchēng]

~으로써 이름이 나 있다.

天津一直以狗不理包子见称。
Tiānjīn yìzhí yǐ gǒubùlǐbāozi jiànchēng.
천진은 줄곧 고우부리바오즈(왕만두)로 이름이 나 있다.

韩国的庆州自古以来以传统古城见称。
Hánguó de Qīngzhōu zìgǔyǐlái yǐ chuántǒng gǔchéng jiànchēng.
한국의 경주는 자고이래로 전통문화도시로 이름이 나 있다.

~, 以免 [~, yǐmiǎn] = 免得 [miǎnde]

~함으로써 ~하지 않도록 해야 한다.

说话要说清楚，以免发生误会。
Shuōhuà yào shuō qīngchu, yǐmiǎn fāshēng wùhuì.
이야기 할 때는 확실히 말을 함으로써 오해가 발생하지 않도록 해야 돼.

你决定以后马上签合同吧，以免你乱了主张。
Nǐ juédìng yǐhòu mǎshàng qiānhétóng ba, yǐmiǎn nǐ luàn le zhǔzhāng.
결정을 한 후에 즉시 계약을 맺읍시다, 당신의 주장이 흔들리지 않도록.

以为 [yǐwéi]

~라고 여기다. ~라고 생각하다.(그런데 아니네?)
(주관적으로 추측한 결과가 사실과 일치하지 않는 경우에 쓰인다.)
유사한 의미로 '认为 [rènwéi]'가 있는데 사람이나 사물에 대한 정확하고 객관적인
판단이나 견해를 나타내거나 강력하고 확실하게 주장하고 싶을 때 사용한다.

我以为这次任务完成得很好，没想到又挨了一顿批评。

Wǒ yǐwéi zhècì rènwù wánchéng de hěn hǎo, méi xiǎngdào yòu āile yí dùn
pīpíng.
나는 이번 임무를 잘 완성했다고 생각했는데, 뜻밖에 또 한바탕 비평을 받을 줄
이야.

我以为他去了洗手间，没想到去抽烟了。
Wǒ yǐwéi tā qùle xǐshǒujiān, méi xiǎngdào qù chōuyān le.
나는 그가 화장실 갔다고 생각했는데, 담배 피러 간 줄 생각 못했어.

※ **我们都认为自己的想法是对的。**
　　 Wǒmen dōu rènwéi zìjǐ de xiǎngfǎ shì duì de.
　　 우리는 모두 자기의 생각이 옳다고 생각한다.

以~为主 [yǐ~wéizhǔ]

~을 위주로 하다.

韩国人的主食是以米饭为主。
Hánguórén de zhǔshí shì mǐfàn wéizhǔ.
한국인의 주식은 쌀밥을 주식으로 한다.

他以自学为主，掌握了好几门外语。
Tā yǐ zìxué wéizhǔ, zhǎngwò le hǎo jǐ mén wàiyǔ.
그는 독학 위주로 몇 개의 외국어를 정복하였다.

(以)我看 [yǐwǒkàn]

내가 보기에는.

以我看，他们都在劫难逃。
Yǐwǒkàn, tāmen dōu zàijiénántáo.

내가 보기에 그들 모두 빠져나오기가 어려울 것 같다.

我看，这个项目肯定通不过。
Wǒkàn, zhège xiàngmù kěndìng tōngbúguò.
제가 보기엔 이 프로젝트는 아마 통과하기 어려울 것 같아요.

以至于 [yǐzhìyú]

결국~에 이르다.

政府过早推行世界化，以至于经济如此不景气。
Zhèngfǔ guòzǎo tuīxíng shìjièhuà, yǐzhìyú jīngjù rúcǐ bùjǐngqì.
정부가 너무 일찍 세계화를 밀고 나갔기 때문에 경제가 이와 같이 불경기에 이르
게 된 거야.

他每天空腹抽烟，以至于得了胃溃疡。
Tā měitiān kōngfù chōuyān, yǐzhìyú dé le wèikuìyáng.
그는 매일 공복에 담배를 피워 결국 위궤양을 얻게 되었어.

以~作为~ [yǐ~zuòwéi~]

~을(를) ~로 삼다.

这台机器以电力作为原动力。
zhè tái jīqì yǐ diànlì zuòwéi yuándònglì.
이 기기는 전력을 원동력으로 한다.

班长是三好学生，我们都应该以他作为学习榜样。
Bānzhǎng shì sānhǎoxuésheng, wǒmen dōu yīnggāi yǐ tā zuòwéi xuéxí
bǎngyàng.
반장은 모범생이므로, 우리 모두 그를 본받아야 한다.

[yìng~de yāoqǐng(yāoqiú)]

누구의 요청에 응하여.

美国总统这次**应**我方**的邀请**来韩访问三天。
Měiguó zǒngtǒng zhècì yìng wǒfāng de yāoyǐng lái Hán fǎngwèn sān tiān.
미국 대통령이 이번에 우리 쪽의 요청에 응하여 삼일 간 한국을 방문합니다.

应很多读者**的要求,** 这个作者再次开始了新的创作。
Yìng hěn duō dúzhě de yāoqiú, zhège zuòzhě zàicì kāishǐ le xīn de chuàngzuò.
많은 독자들의 요구에 응하여 그 작가는 새로운 창작을 다시 쓰기 시작했다.

应有的 [yīngyǒu de]

본래 가지고 있는. 응당 있어야 할.

真可惜! 这次考试他没有发挥出自己**应有的**水准。
Zhēn kěxi! zhècì kǎoshì tā méiyǒu fāhuīchū zìjǐ yīngyǒu de shuǐzhǔn.
정말 안타깝게도 그는 이번 시험에서 본래 가지고 있던 자신의 기량을 발휘하지 못했어.

他有权利得到**应有的**报酬。
Tā yǒu quánlì dédào yīngyǒu de bàochóu.
그는 마땅히 합당한 보수를 얻을 권리가 있어.

硬 [yìng]

억지로 ~하다.

是你自己**硬**拉我进去的。

Shì nǐ zìjǐ yìng lā wǒ jìnqù de.
당신이 직접 나를 억지로 끌고 들어간 거잖아요.

如果你硬要阻止他，他会更叛逆。
Rúguǒ nǐ yìng yào zǔzhǐ tā, tā huì gèng pànnì.
네가 억지로 그를 막으려하면 그는 더욱 반역할 거야.

用不上 [yòngbushàng]

쓸데가 없다. 쓸모가 없다. 못 쓰다.

我安装了一台固定电话，但是几乎都用不上。
Wǒ ānzhuāngle yì tái gùdìng diànhuà, dànshì jīhū dōu yòngbushàng.
유선 전화를 설치했는데, 거의 쓸모가 없어.

你带来的这些东西在我们家里根本用不上。
Nǐ dàilai de zhèxiē dōngxi zài wǒmen jiā li gēnběn yòngbushàng.
네가 가지고 온 것이 우리 집안에서는 아예 쓸 데가 없어.

用功 [yònggōng]

힘써 배우다. 열심히 공부하다.

我每天有两、三小时在学校里用功。
Wǒ měitiān yǒu liǎng-sān xiǎoshí zài xuéxiào li yònggōng.
나는 매일 도서관에서 두, 세 시간씩 열심히 공부한다.

她之所以能从农村考上一流大学，是因为她一直用功。
Tā zhīsuǒyǐ néng cóng nóngcūn kǎoshang yīliú dàxué, shìyīnwèi tā yìzhí yònggōng.
그녀가 농촌에서 시험에 합격하여 일류 대학에 간 것은 한결 같이 힘써 공부했기 때문이야.

由~作主 [yóu~zuòzhǔ]

~로부터(~에서, ~을 통하여, ~에 의해) 책임지고 결정하다. ~이(가) 권한을 가지다.

这案子由你作主吧。
Zhè ànzi yóu nǐ zuòzhǔ ba.
이 사건은 당신이 권한을 가지세요.

这里的事一向都是由我作主，你们没有权利干涉。
Zhèli de shì yíxiàng dōushì yóu wǒ zuòzhǔ, nǐmen méiyǒu quánlì gānshè.
여기 일은 줄곧 내가 책임지고 결정했으니, 당신들은 간섭할 권리가 없소.

有把握 [yǒubǎwò]

승산이 보이다.

这场球赛我们完全有把握获胜。
Zhè chǎng qiúsài wǒmen wánquán yǒubǎwò huòshèng.
이번 축구 경기에서 우리가 완전히 이기리라고 자신할 수 있어.

我有把握一次通过公务员考试。
Wǒ yǒubǎwò yícì tōngguò gōngwùyuán kǎoshì.
나는 한 번에 공무원 시험을 통과할 자신 있어.

이목구비가 또렷하다. (비유하여) 표현이 생동감 넘치다. 서술묘사가 실감나다. 표현
이 박진하다.

他把那件事说得有鼻子有眼儿的。
Tā bǎ nà jiàn shì shuō de yǒubízi yǒuyǎnr de.
그는 그 일을 생동감 넘치게 말했다.

他说得有鼻子有眼儿的, 好像真有其事似的。
Tā shuō de yǒubízi yǒuyǎnr de, hǎoxiàng zhēn yǒu qí shì shìde.
그는 정말 있었던 일처럼 실감나게 말한다.

고정관념(선입견. 편견)을 갖다

对同伴有成见会妨碍团队合作。
Duì tóngbàn yǒu chéngjiàn huì fáng'ài tuánduì hézuò.
파트너에 대해 선입견을 가지면 팀워크에 방해가 돼.

你对他抱有成见, 是不是?
Nǐ duì tā bàoyǒu chéngjiàn, shìbushì?
당신은 그에 대해 편견을 갖고 있지요, 그렇죠?

불일치하다. 차이가 있다.

账上的数目跟实际数目有点儿出入。
Zhàngshang de shùmù gēn shíjì shùmù yǒudiǎnr chūrù.

장부 상 금액과 실제 금액이 약간 차이가 난다.

广告宣传跟产品的实际质量有出入。
Guǎnggào xuānchuán gēn chǎnpǐn de shíjì zhìliàng yǒu chūrù.
광고 선전과 상품의 실질적 품질이 일치하지 않아.

有的是 [yǒudeshì]

① 얼마든지 있다. 많이 있다. 숱하다.
② 어떤 것은 ~이다.

不用着急，好男人有的是。
Búyòng zháojí, hǎo nánrén yǒudeshì.
조급해할 필요 없어, 좋은 남자 널렸어.

我有的是钱，我请客。
Wǒ yǒudeshì qián, wǒ qǐngkè.
나 돈 많아, 내가 쏠게.

并不是所有的劳动都是苦的，有的是令人愉快的。
Bìng búshì suǒyǒu de láodòng dōu shì kǔ de, yǒudeshì lìng rén yúkuài de.
모든 노동이 결코 다 힘든 것은 아니다, 어떤 것은 즐겁다.

这个盒子里有很多糖果，有的是黄色的，有的是红色的。
Zhège hézi li yǒu hěn duō tángguǒ, yǒudeshì huángsè de, yǒudeshì hóngsè de.
이 상자 안에 많은 사탕이 있는데, 어떤 것은 노란색이고, 어떤 것은 빨간색이야.

有~福 [yǒu~fú]

~복이 있다.

你来得正是时候，你真有口福。
Nǐ lái de zhèngshì shíhòu, nǐ zhēn yǒu kǒufú.
때마침 바로 왔네요, 당신은 정말 먹을 복이 있어요.

他走到哪里都有美女相伴，她真是个有艳福的男人。
Tā zǒudào nǎlǐ dōu yǒu měinǚ xiāngbàn, tā zhēn shì ge yǒu yànfú de nánrén.
그 사람은 어디를 가든지 항상 미인이 곁에 있더군, 그는 정말 여복이 있는 남자야.

有个三长两短 [yǒu ge sānchángliǎngduǎn]

불상사가 생기다.

如果他有个三长两短，我们一家人以后该怎么办？
Rúguǒ tā yǒu ge sānchángliǎngduǎn, wǒmen yìjiārén yǐhòu gāi zěnmebàn?
그 사람에게 무슨 불상사가 생기면 앞으로 우리 일가족은 어떻게 해야 되지요?

万一有个三长两短可不得了。
Wànyī yǒu ge sānchángliǎngduǎn kě bùdeliǎo.
만일 뜻하지 않은 변고가 생긴다면 정말 큰일이다.

有两下子 [yǒuliǎngxiàzi]

꽤 솜씨(재간)가 있다. 실력이 보통이 아니다. 수완이 있다.

你真有两下子。
Nǐ zhēn yǒuliǎngxiàzi.

너 정말 대단한 능력이 있구나.

如果他没有两下子，我是不会答应他的。
Rúguǒ tā méiyǒu liǎngxiàzi, wǒ shì bú huì dāying tā de.
그가 대단한 실력이 없었다면 나는 그를 승낙하지 않았을 거야.

有门儿 [yǒuménr] ↔ 没门儿 [méiménr]
가망(희망)이 있다. 방법이 있다.

她每次考试都是第一，上名牌大学肯定有门儿。
Tā měicì kǎoshì dōu shì dì yī, shàng míngpái dàxué kěndìng yǒuménr.
그녀는 매번 시험 치면 1등해서 명문대학에 들어갈 가망성이 확실히 있어.

我想这件事情已经没门儿了。
Wǒ xiǎng zhè jiàn shìqing yǐjīng méiménr le.
나는 이 일이 이미 가망 없다고 생각해.

有你的 [yǒunǐde]
역시 너다. 잘했다. (상대방을 칭찬하는 말)

学钢琴才学了三个月，你就弹得这么流利，真有你的。
Xué gāngqín cái xuéle sān ge yuè, nǐ jiù tán de zhème liúli, zhēn yǒunǐde.
피아노를 배운 지 석 달밖에 안 되었는데 이렇게 유창하게 치다니, 역시 너구나.

有你的，这么难的问题一下子就解决了。
Yǒunǐde, zhème nán de wèntí yíxiàzi jiù jiějué le.
역시 너구나, 이렇게 어려운 문제를 단번에 해결하다니.

有什么意思 [yǒu shénmeyìsi]

무슨 희망(의미)이 있으랴.

我心爱的儿子昨天死了，我以后活着还有什么意思！
Wǒ xīnài de érzi zuótiān sǐle, wǒ yǐhòu huózhe hái yǒu shénmeyìsī
내가 애지중지하던 아들이 어제 죽었어요, 앞으로 살아봐야 그 무슨 의미가 있겠어요!

人要别人抬举，自己人五人六的有什么意思！
Rén yào biérén táijǔ, zìjǐ rénwǔrénliù de yǒu shénmeyìsī!
사람이란 남이 떠받들어 주어야지, 자기 스스로 잘난 체하면 무슨 의미가 있는가!

有生以来第一次 [yǒushēngyǐlái dì yī cì]

태어난 이래 처음으로.

我有生以来第一次有这种感觉。
Wǒ yǒushēngyǐlái dì yīcì yǒu zhè zhǒng gǎnjué.
나는 태어난 이래 처음으로 이런 감정을 느꼈어.

我昨天有生以来第一次去那个地方。
Wǒ zuótiān yǒushēngyǐlái dì yīcì qù nàge dìfang.
나는 어제 태어난 이래 처음으로 그 곳을 가보았어.

有血有肉 [yǒuxuèyǒuròu]

(문예 작품 따위의) 묘사가 생동적이고 내용이 충실하다.

这部小说写得很不错，为我们塑造了很多有血有肉的人物形象。
Zhè bù xiǎoshuō xiě de hěn búcuò, wèi wǒmen sùzàole hěn duō

yǒuxuèyǒuròu de rénwù xíngxiàng.
이 소설 아주 잘 썼네, 우리를 위해 많은 생동감 있는 인물들을 형상화했어.

这首诗写得有血有肉, 让读者大受感动。
Zhè shǒu shī xiě de yǒuxuèyǒuròu, ràng dúzhě dà shòu gǎndòng.
이 시의 묘사가 매우 생동적이어서 독자에게 큰 감동을 준다.

有眼光 [yǒu yǎnguāng]

안목(식견·관찰력)이 있다. 눈썰미가 있다.

你男朋友看起来特别体贴, 你真有眼光啊。
Nǐ nánpéngyou kànqilái tèbié tǐtiē, nǐ zhēn yǒu yǎnguāng a.
너 남자친구 정말 자상한 것 같아, 넌 정말 보는 눈이 있구나.

这辆自行车挑得好, 你真有眼光。
Zhè liàng zìxíngchē tiāo de hǎo, nǐ zhēn yǒu yǎnguāng.
이 자전거 정말 잘 골랐네, 넌 정말 안목이 있구나.

有~之名, 而没有~之实 [yǒu~zhīmíng, ér méiyǒu~zhīshí]

~의 명분은 있어도 ~의 실속은 없다.

他们有夫妻之名, 而没有夫妻之实。
Tāmen yǒu fūqī zhī míng, ér méiyǒu fūqī zhī shí.
그들은 명분상 부부이나 무늬만 부부다.

那家公司的总经理有总经理之名, 而没有总经理之实。
Nà jiā gōngsī de zǒngjīnglǐ yǒu zǒngjīnglǐ zhī míng, ér méiyǒu zǒngjīnglǐ
zhī shí.
그 회사의 CEO는 명분은 있으나 CEO의 실속은 없다.

又 [yòu]

또. 다시. 거듭. (반복 또는 동작의 중복을 표시)
오히려. 도리어. (전환을 의미)
또한. 더욱이(어기를 강조. 보통 否定文이나 反問에서 사용함)

那个人昨天来过, 今天又来了。
Nàge rén zuótiān láiguo, jīntiān yòu lái le.
그 사람은 어제 왔는데, 오늘 또 왔네.

我说了一遍, 他又说了一遍, 你怎么还说不出来呀?
Wǒ shuōle yí biàn, tā yòu shuōle yí biàn, nǐ zěnme hái shuō bu chūlái ya?
내가 한번 죽 말하고, 그도 다시 말했는데, 너는 어째서 여전히 말을 꺼내지 않느냐?

刚才还急着想见她, 这会儿又一句话也不说了。
Gāngcái hái jízhe xiǎng jiàn tā, zhèhuìr yòu yí jù huà yě bù shuō le.
방금까지 급하게 그녀가 보고 싶었는데, 지금은 도리어 한 마디도 나오지 않았다.

下雨又有什么关系, 我们照常练太极拳。
Xiàyǔ yòu yǒu shénme guānxi, wǒmen zhàocháng liàn tàijíquán.
비오는 게 또한 무슨 관계가 있나, 우리는 평소대로 태극권 한다.

又不是妈妈说的, 你别跟妈妈生气。
Yòu búshì māma shuō de, nǐ bié gēn māma shēngqì.
더욱이 엄마가 말한 것이 아닌데, 엄마에게 화내지 마.

又~又~ [yòu~yòu~]

~하기도 하고 ~하기도 하다.

我又学汉语又学英语。
Wǒ yòu xué Hànyǔ yòu xué Yīngyǔ.

나는 중국어를 배우고 영어도 배워.

她有语言天分，又精通英语又擅长汉语。
Tā yǒu yǔyán tiānfèn, yòu jīngtōng Yīngyǔ yòu shàncháng Hànyǔ.
그녀는 언어에 소질이 있어서 영어에도 능통하고 중국어도 잘 해.

于~不相干 [yú~bù xiānggān]

~와는 상관이 없다.

这件事，于我不相干。
Zhè jiàn shì, yú wǒ bù xiānggān.
이 일은 나와 상관이 없어.

拿退休金的事，已经于我们不相干了。
Ná tuìxiūjīn de shì, yǐjīng yú wǒmen bù xiānggān le.
퇴직금을 받는 일은 이미 우리와는 상관이 없어.

与~共渡 [yǔ~gòngdù]

누구와 함께 무슨 날을 보내다.

我想与你一起共渡圣诞节。
Wǒ xiǎng yǔ nǐ yìqǐ gòngdù ShèngdànJié.
나는 너와 함께 성탄절을 보내고 싶어.

与家人共渡中秋节是每个人的心愿。
Yǔ jiārén gòngdù Zhōngqiūjié shì měigerén de xīnyuàn.
가족과 함께 추석을 보내는 것은 모든 사람들의 바람이다.

与其 A (还)不如 B [yǔqí A (hái) bùrú B]

A 하느니 차라리 B 한다.

与其做无谓的努力，还不如干脆放弃。
Yǔqí zuò wúwèi de nǔlì, hái bùrú gāncuì fàngqì.
무의미한 노력을 하느니 차라리 깨끗이 포기하는 편이 나아.

与其求别人帮助，还不如自己努力试试。
Yǔqí qiú biérén bāngzhù, hái bùrú zìjǐ nǔlì shìshi.
다른 사람에게 도움을 요청하느니 차라리 혼자 시도해보는 것이 나아.

远亲不如近邻 [yuǎnqīn bùrú jìnlín]

먼 친척보다 가까운 이웃이 더 낫다. 이웃사촌.

中国人常说'远亲不如近邻'，所以他们特别注重邻里之间的关系。
Zhōngguórén cháng shuō 'yuǎnqīn bùrú jìnlín', suǒyǐ tāmen tèbié zhùzhòng línli zhī jiān de guānxi.
중국인은 '먼 친척이 이웃보다 못하다'고 자주 말한다, 그러므로 그들은 이웃 간의 관계를 특별히 중시한다.

这几天多亏你照顾我，真是远亲不如近邻。
Zhè jǐ tiān duōkuī nǐ zhàogù wo, zhēn shì yuǎnqīn bùrú jìnlín.
요 며칠 당신이 저를 보살펴준 덕분이에요, 정말 먼 사촌보다 이웃이 더 낫네요.

越~越~ [yuè~yuè~]

~하면 할수록 ~하다.

你越说越不像话了。

Nǐ yuè shuō yuè búxiànghuà le.
너의 말을 듣자니 갈수록 태산이군.

你赚的钱越多，你的欲望会越大。
Nǐ zhuàn de qián yuè duō, nǐ de yùwàng huì yuè dà.
네가 돈을 벌면 벌수록 너 욕심은 더욱 커져 갈 거야.

Z

砸 [zá]

(비유하여) (일이) 성공하지 못하다. 잘못되었다. 실패했다.

这次考试考砸了。
Zhècì kǎoshì kǎo zá le.
이번 시험 망쳤어.

那件事叫我办砸了。
Nà jiàn shì jiào wǒ bàn zá le.
이번 일 내가 망쳤어.

栽跟头 [zāigēntou]

넘어지다. 자빠지다. (비유하여) 실패하다. 좌절하다. 망신을 당하다. 체면을 구기다.

这下他可算是栽了个大跟头。
Zhè xià tā kě suànshì zāi le ge dà gēntou.

이번에 그 사람 크게 실패한 셈이네.

你这样一意孤行，很快就要栽跟头。
Nǐ zhèyàng yíyìgūxíng, hěn kuài jiùyào zāi gēntou.
너 이렇게 고집대로 하다간 곧 실패할 거야.

再~没有了 [zài~méiyǒule] = 再~不过了 [zài~búguòle]
(이보다) 더 ~할 수 없다. 더 ~한 것은 없다. 가장 ~하다.

你能来再好也没有了。
Nǐ néng lái zài hǎo yě méiyǒu le.
당신이 올 수 있다면 이보다 더 좋은 일은 없지.

颐和园再漂亮也没有了。
Yíhéyuán zài piàoliang yě méiyǒu le.
이화원이 가장 아름다워.

这件衣服你穿再合适不过了。
Zhè jiàn yīfu nǐ chuān zài héshì búguò le.
이 옷을 네가 입으니 이보다 더 어울리는 것은 없어.

在情理之中 [zài qínglǐzhīzhōng]
일리가 있다. 사리에 맞다. = 言之有理 [yánzhīyǒulǐ], 有道理 [yǒudàolǐ]

你的话也在情理之中，不过她的话也有道理。
Nǐ de huà yě zài qínglǐzhīzhōng, búguò tā de huà yě yǒudàolǐ.
너의 말도 일리가 있지만, 그녀의 말도 맞아.

出乎意料之外，却在情理之中。

Chūhūyìliào zhī wài, què zài qínglǐzhīzhōng.
뜻밖이긴 하나 일리가 있네.

再说 [zàishuō]

(뒤로 미루었다가 나중에 처리하거나 고려한다는 뜻으로) ~한 뒤에 말하다. ~한 뒤에 정하다. 다시 말하다.

有问题不要争论, 解决了问题再说。
Yǒu wèntí búyào zhēnglùn, jiějué le wèntí zàishuō.
문제가 있으면 논쟁하지 말고, 문제가 해결되면 다시 이야기하자.

不用动手术, 观察一段时间再说。
Búyòng dòngshǒushù, guānchá yíduàn shíjiān zàishuō.
수술할 필요는 없고, 얼마 동안 지켜본 후 다시 얘기하지요.

再~也~ [zài~yě~]

설사 ~하더라도. 비록 ~하더라도.

雨再大, 我们也得去。
Yǔ zài dà, wǒmen yě děi qù.
비가 아무리 많이 온다 해도 우리는 가야 해.

已经考砸了, 你再难过也无济于事。
Yǐjīng kǎo zá le, nǐ zài nánguò yě wújìyúshì.
이미 시험 망쳤어, 네가 아무리 괴로워해도 아무 쓸모없어.

再~(也)不过了 [zài~(yě)búguòle]

더할 나위 없이 ~하다.

她说的那句话**再**合适**不过了**。
Tā shuō de nà jù huà zāi héshì búguò le.
그녀가 말한 그 말은 더할 나위 없이 적합한 거야.

你买的这东西, 对我来说实在是**再**好**也不过了**。
Nǐ mǎi de zhè dōngxi, duì wǒ láishuō shízài shì zài hǎo yě búguò le.
당신이 산 이 물건은 제게 있어 실로 더할 나위 없이 좋군요.

再怎么说 [zàizěnmeshuō]

어쨌든. 뭐라 한들.

再怎么说你也是姐姐呀, 应该让着妹妹呀.
Zàizěnmeshuō nǐ yě shì jiějie ya, yīnggāi ràngzhe mèimei ya.
어쨌든 네가 언니잖아, 마땅히 여동생에게 양보해야지.

你**再怎么说**, 你妈妈也坚决反对你辞职下海.
Nǐ zàizěnmeshuō, nǐ māma yě jiānjué fǎnduì nǐ cízhí xiàhǎi.
네가 뭐라 한들, 너희 엄마도 네가 사직하고 장사하는 것에 대해 결사적으로 반대할 거야.

遭到~际遇 [zāodào~jìyù]

~처지에 이르다.

每个人的一生中所**遭到**的**际遇**都不一样。
Měigerén de yìshēngzhōng suǒ zāodào de jìyù dōu bùyíyàng.

각자 평생 동안 맞닥뜨리게 되는 처지가 모두 다르다.

他有博士学位, 可是他遭到沦落街头要饭的际遇, 真是怀才不遇!
Tā yǒu bóshìxuéwèi, kěshì tā zāodào lúnluò jiētóu yàofàn de jìyù, zhēnshì huáicáibúyù!
그는 박사학위가 있지만 길거리를 배회하며 구걸하는 처지에 이르렀으니, 정말 회재불우하구나!

早该~才是 [zǎogāi~cáishì]
벌써~해야 했었는데.

你早该预防才是。
Nǐ zǎogāi yùfáng cáishi.
벌써 예방했어야 했는데.(왜 미리 예방하지 않았느냐는 뜻)

你早该回家才是。
Nǐ zǎogāi huíjiā cáishì.
너는 벌써 집으로 돌아갔어야 했는데.

早知道~我才不会~ [zǎo zhīdào~wǒ cái búhuì~]
~일 줄 알았다면 나는 ~하지 않았을 텐데.

早知道是这样, 我才不会接受他的意见。
Zǎo zhīdào shì zhèyàng, wǒ cái búhuì jiēshòu tā de yìjiàn.
일찍이 이럴 줄 알았다면 그의 의견을 받아들이지 않았을 텐데.

早知道他不来, 我才不会去那个地方。
Zǎo zhīdào tā bùlái, wǒ cái búhuì qù nà ge dìfang.
그가 오지 않는다는 것을 미리 알았더라면 나는 그 곳을 가지 않았을 텐데.

怎么~怎么~ [zěnme~zěnme~]

~하는 대로 ~하다. (두 가지 뜻)
어떤 방법이든 상관없이 결과가 만족스러움을 의미한다.

你的孩子们很聪明，**怎么**教**怎么**会。
Nǐ de háizimen hěn cōngmíng, zěnme jiāo zěnme huì.
당신의 아이들은 매우 총명해서 가르쳐 주는 대로 다 잘하네요.

那个女演员身材好，**怎么**打扮**怎么**漂亮。
Nà ge nǚ yǎnyuán shēncái hǎo, zěnme dǎban zěnme piàoliang.
그 여배우는 몸매가 좋아서 어떻게 분장해도 다 예뻐.

我**怎么**教你就**怎么**学，别问为什么。
Wǒ zěnme jiāo nǐ jiù zěnme xué, bié wèn wèishénme.
내가 가르쳐준 대로 넌 배우면 돼, 왜 그러냐고 묻지 말고.

别人**怎么**说你也**怎么**说。
Biérén zěnme shuō nǐ yě zěnme shuō.
다른 사람이 말하는 대로 너도 말해라.

怎么得了 [zěnmedéliǎo]

어찌할 것인가. 어떻게 하나. 큰일이구나.

要是晚来一步，这可**怎么得了**。
Yàoshì wǎn lái yíbù, zhè kě zěnmedéliǎo.
만약 한 걸음만 늦었더라면 큰일 날 뻔 했어.

幸好今天是愚人节，如果真的是这样，这可**怎么得了**。
Xìnghǎo jīntiān shì yúrénjiē, rùguǒ zhēn de shì zhèyàng, zhè kě zěnmedéliǎo.
다행히 오늘 만우절이었으니 망정이지, 만약 정말로 이랬다면 큰일 났을 거야.

怎么能 [zěnmenéng]

어떻게 ~할 수가 있어?(반어문으로 '그렇게 하면 안 된다'의 뜻)

这么多作业，我怎么能一下子写完呢？
Zhème duō zuòyè, wǒ zěnmenéng yíxiàzi xiě wán ne?
이렇게 많은 숙제를 내가 어떻게 한 번에 다 할 수 있어?

没有你，我怎么能回家呢？
Méiyǒu nǐ, wǒ zěnmeneng huíjiā ne?
네가 없는데, 내가 어떻게 집에 갈 수 있어?

怎么~也~不 [zěnme~yě~bù]

어떻게(아무리) ~해도 ~할 수 없다.(~하지 않는다)

她的名字我怎么想也想不起来了。
Tā de míngzi wǒ zěnme xiǎng yě xiǎng bu qǐlái le.
그녀의 이름을 아무리 생각해도 떠오르지가 않아.

他说的话我怎么听也听不懂。
Tā shuō de huà wǒ zěnme tīng yě tīng bu dǒng.
그 사람이 한 말을 아무리 들어도 잘 모르겠어.

怎么也得 [zěnmeyěděi]

(어쨌든) 적어도 ~하다(이다). 아무리 못해도 ~하다(이다). 최소한 ~하다(이다).

这次我去中国，怎么也得在那儿住两年。
Zhècì wǒ qù Zhōngguó, zěnmeyěděi zài nàr zhù liǎngnián.
이번에 내가 중국가면 최소한 2년 머물 거야.

从首尔到美国，坐飞机**怎么也得**十多个小时。

Cóng Shǒu'ěr dào Měiguó, zuò fēijī zěnmeyěděi shí duō ge xiǎoshí.

서울에서 미국까지 비행기 타고 가면 최소한 10시간 이상 걸려.

扎堆儿 [zhāduīr]

한데 몰리다.

这几个人一开会就**扎堆儿**聊天。

Zhè jǐ ge rén yì kāihuì jiù zhāduīr liáotiān.

이 몇 사람은 회의를 하면 모여서 잡담한다.

这条街上几家商业大楼**扎堆儿**开业了。

Zhè tiáo jiēshàng jǐ jiā shāngyè dàlóu zhāduīr kāiyè le.

이 거리에 몇 개의 상업빌딩이 한꺼번에 개업했어.

扎眼 [zhāyǎn]

남의 주의를 끌다. 눈에 거슬리다. (언행이) 눈에 띄다. 두드러지다.

这辆车太**扎眼**了。

Zhè liàng chē tài zhāyǎn le。

이 차 너무 튀어.

颜色太**扎眼**的衣服我不喜欢穿。

Yánsè tài zhāyǎn de yīfu wǒ bù xǐhuan chuān.

색깔이 너무 튀는 옷을 나는 즐겨 입지 않아.

沾光 [zhānguāng]

덕을 보다. 은혜를 입다. 신세를 지다.

上次演讲比赛，我沾了汉语的光。
Shàngcì yǎnjiǎng bǐsài, wǒ zhān le Hànyǔ de guāng.
지난 연설 대회 때 나는 중국어 덕을 봤어.

沾你的光吃了一顿火锅。
Zhān nǐ de guāng chī le yí dùn huǒguō.
네 덕분에 훠궈(중국식 샤브샤브)를 먹네.

展开~行动 [zhǎnkāi~xíngdòng]

행동을 개시하다.

为了逮捕那个杀人犯，警方早已展开了行动。
Wèile dàibǔ nàge shārén fàn, jǐngfāng zǎoyǐ zhǎnkāile xíngdòng.
그 살인범 죄수를 체포하기 위해 경찰은 이미 행동을 개시했다.

为了达成目标，他们展开了借助外国佣兵的行动。
Wèile dáchéng mùbiāo, tāmen zhǎnkāile jièzhù wàiguó yōngbīng de xíngdòng.
목표를 달성하기 위해 그들은 외국의 용병을 빌리는 행동을 전개했다.

站不住脚 [zhànbuzhùjiǎo]

똑바로 서있지 못하다. 멈출 수가 없다.
(어느 곳에) 발을 붙일 수 없다. (지위, 자리 등) 확고하지 않다.
(이유가) 설득력이 없다. 성립될 수 없다.

他这两天忙得站不住脚。

Tā zhè liǎngtiān máng de zhànbuzhùjiǎo.
그는 며칠 동안 쉴 틈 없이 바빠.

我觉得他在这里肯定站不住脚。
Wǒ juéde tā zài zhèli kěndìng zhànbuzhùjiǎo.
제가 보기에 그는 여기에서 오래 버티기 어려울 것 같아요.

我认为你的文章论点站不住脚。
Wǒ rènwéi nǐ de wénzhāng lùndiǎn zhànbuzhùjiǎo.
제 생각에 당신 글의 논점은 설득력이 없다고 봅니다.

他的证据是站不住脚的。
Tā de zhèngjù shì zhànbuzhùjiǎo de.
그의 증거는 성립될 수 없어.

占上风 [zhàn shàngfēng]

우세를 차지하다. 우위를 점하다. 상승세를 타다.

不能让他们占上风，咱们也得赶快进货。
Bùnéng ràng tāmen zhàn shàngfēng, zánmen yě děi gǎnkuài jìnhuò.
그들에게 우위를 내어 줄 수 없어, 우리도 빨리 물건을 들여와야 해.

你们俩要是比赛摔跤，你肯定能占上风。
Nǐmenliǎ yàoshì bǐsài shuāijiāo, nǐ kěndìng néng zhàn shàngfēng.
너희 두 사람이 씨름 시합한다면 틀림없이 네가 우세를 차지할 거야.

占有 [zhànyǒu]

차지하다.

他想占有她，可是不会那么容易。

Tā xiǎng zhànyǒu tā, kěshì búhuì nàme róngyì.
그는 그녀를 차지하려 하나 그렇게 쉽지 않을 걸.

那个小孩儿**占有**欲非常强。
Nàge xiǎoháir zhànyǒu yù fēicháng qiáng.
그 아이는 소유욕이 매우 강해.

照你这么说 [zhào nǐ zhème shuō]

당신의 말에 따르면.

照你这么说, 他不是你亲生父亲, 是不是?
Zhào nǐ zhème shuō, tā búshì nǐ qīnshēngfùqīn, shùbushì?
당신의 말에 따르면 그가 당신의 친아버지가 아니란 말이죠?

照你这么说, 我还真得好好看看了。
Zhào nǐ zhème shuō wǒ hái zhēn děi hǎohao kànkan le.
당신이 이렇게 말하는 대로 정말 제대로 좀 봐야겠군요.

照样 [zhàoyàng]

평상시대로.

寒假期间, 为了写一本书, 我也**照样**每天去学校。
Hánjiàqījiān, wèile xiě yì běn shū, wǒ yě zhàoyàng měitiān qù xuéxiào.
겨울방학 동안 책 한 권을 내기 위해 나는 평상시대로 매일 등교했다.

银行虽倒了, 不过你**照样**可以拿钱。
Yínháng suī dǎole, búguò nǐ zhàoyàng kěyǐ ná qián.
은행은 비록 도산했으나 당신은 평상시대로 돈을 받을 수 있어요.

真是的 [zhēnshìde]

(감탄사로) 진짜. 참나. 거참. (황당하거나 어이없음을 강조함)

你也真是的！怎么没备份呢？
Nǐ yě zhēnshìde! zěnme méi bèifèn ne?
너도 참! 왜 저장을 안 해놓았어?

真是的！他是个死脑筋，转不过弯来。
Zhēnshìde! tā shì ge sǐnǎojīn, zhuǎn buguò wānlái.
아우 진짜. 그는 고집불통이라, 융통성이라곤 없어.

振作(起来) [zhènzuò(qǐlái)]

정신을 진작시키다. 기운 내세요.

如果现在不振作起来，苦日子马上就来了！
Rúguǒ xiànzài bú zhènzuòqǐlái, kǔ rìzi mǎshàng jiù lái le!
만약 지금 정신을 차리지 않으면 괴로운 날이 곧 다가와!

你振作一点，目标就在前头。
Nǐ zhènzuò yìdiǎn, mùbiāo jiù zài qiántóu.
조금만 더 기운 내세요, 목표가 바로 앞에 있어요.

睁一只眼，闭一只眼 [zhēngyìzhīyǎn, bìyìzhīyǎn]

보고도 못 본 체하다. 눈감아 주다. = 睁只眼, 闭只眼

这事呀，睁一只眼，闭一只眼就得了。
Zhè shì ya, zhēngyìzhīyǎn, bìyìzhīyǎn jiù dé le.
이 일은 눈감아주면 되잖아.

对不合理的事不要睁一只眼，闭一只眼。
Duì bù hélǐ de shì búyào zhēngyìzhīyǎn, bìyìzhīyǎn.
불합리한 일에 대해서 보고도 못 본 체하면 안 돼.

整整 [zhěngzhěng]

자그마치. 꼬박. 꼭.

为了写一篇论文，他整整花了三年的时间。
Wèile xiě yì piān lùnwén, tā zhěngzhěng huāle sān nián de shíjiān.
한 편의 논문을 쓰기 위해 그는 자그마치 3년의 시간을 소비했어.

我等他等了整整五年。
Wǒ děng tā děngle zhěngzhěng wǔ nián.
나는 꼬박 5년 동안 그를 기다렸어요.

正是时候 [zhèngshìshíhou]

한창이다. 때를 맞추어.

你来得正是时候。
Nǐ lái de zhèngshìshíhou.
때마침 잘 오셨어요.

A : 现在正是时候，你快走吧。
　　Xiànzài zhèngshìshíhou, nǐ kuài zǒu ba.
　　지금이 바로 딱 이죠, 어서 달아나세요.
B : 不，还不是时候，我还是再等等他吧。
　　Bù, hái búshìshíhou, wǒ háishì zài děngdeng tā ba.
　　아니요, 아직은 때가 아니에요. 그래도 그를 좀 더 기다릴게요.

之乎者也 [zhīhūzhěyě]

이 네 글자는 문언문에서 자주 쓰는 조사인데, 옛날 말투로 된 말이나 문장을 뜻한다.
지식인인 체 하는 말.

这种之乎者也的文章我看不懂。
Zhè zhǒng zhīhūzhěyě de wénzhāng wǒ kànbudǒng.
이렇게 케케묵은 문장은 내가 봐도 모르겠어.

他那个人说起话来总是之乎者也的，真没劲！
Tā nàgerén shuōqǐhuàlái zǒngshì zhīhūzhěyě de, zhēn méi jìn!
그 사람이 말을 시작했다하면 늘 옛날 투야. 정말 재미없어!

知难而退 [zhīnánértuì]

곤란한 것을 알고 물러서다. 자기의 역량을 알고 물러서다.

知难而退也是一种智慧。
Zhīnánértuì yě shì yìzhǒng zhìhuì.
어려움을 알고 물러서는 것도 일종의 지혜이다.

只有那些胆小的人，才会在问题面前知难而退。
Zhǐyǒu nàxiē dǎnxiǎo de rén, cái huì zài wèntí miànqián zhīnánértuì.
오직 소심한 사람만이 문제에 직면할 때 뒤로 물러선다.

知足 [zhīzú]

지족하다. 분수를 지키어 만족할 줄을 알다.

别不知足了，你的车比我的好多了。
Bié bù zhīzú le, nǐ de chē bǐ wǒ de hǎo duō le.

만족할 줄 알아야 해, 네 차는 내 거보다 훨씬 더 좋잖아.

你真是**不知足**，什么都有了，还整天怨天怨地。
Nǐ zhēnshì bù zhīzú, shénme dōu yǒule, hái zhěngtiān yuàntiānyuàndì.
너 정말 만족할 줄 모르네, 모든 걸 가졌는데, 온종일 원망하네.

值得~ [zhíde~]

~할만한 가치가 있다.

人生本来就还有许多**值得**期待的事情，你不要放弃。
Rénshēng běnlái jiù háiyǒu xǔduō zhíde qīdài de shìqíng, nǐ búyào fàngqì.
원래 인생은 그래도 기대할만한 일들이 수없이 많아요, 당신은 포기하지 말아요.

庆州有什么**值得**一看的地方吗？
Qìngzhōu yǒu shénme zhíde yí kàn de dìfang ma?
경주에 무슨 관광할 만한 곳이 있어요?

直接了当 [zhíjiēliǎodàng]

단도직입적이다.

说话别老是那么**直接了当**，你应该委婉一点儿。
Shuōhuà bié lǎoshì nàme zhíjiēliǎodàng, nǐ yīnggāi wěiwǎn yìdiǎnr.
그렇게 늘 단도직입적으로 얘기하지 말고, 너는 좀 완곡해야 돼.

他在信里**直接了当**地提出了求婚。
Tā zài xìnli zhíjiēliǎodàng de tíchūle qiúhūn.
그는 편지에 단도직입적으로 청혼을 제시했다.

执迷不悟 [zhímíbúwù]

정신을 못 차리다. 잘못을 고집하여 깨닫지 못하다.

你怎么还在执迷不悟？
Nǐ zěnme háizài zhímíbúwù?
너는 어째서 아직까지 정신을 못 차리니?

我已经觉悟了，不再是以前执迷不悟的我了。
Wǒ yǐ juéwùle, búzài shì yǐqián zhímíbúwù de wǒ le.
나는 이제 깨달았어, 더 이상 이전의 정신 못 차리던 내가 아니야.

只不过~罢了 [zhǐbúguò~bàle]

단지~할 따름이다.

她并不是什么了不起的人，只不过是我们公司的一个小职员罢了。
Tā bìng búshì shénme liáobuqǐ de rén, zhǐbúguò shì wǒmen gōngsī de yí ge xiǎo zhíyuán bà le.
그녀는 무슨 대단한 사람이 아니라 단지 우리 회사의 한 직원일 뿐입니다.

我只不过说了他一句罢了，他调头就走了。
Wǒ zhǐbúguò shuōle tā yí jù bà le, tā diàotóu jiù zǒu le.
나는 단지 그에게 한 마디 했을 뿐인데, 그는 고개를 돌려서 가버렸다.

只要~，就~ [zhǐyào~, jiù~]

단지~만 하면, ~하다.

我只要有钱，就一定去外国留学。
Wǒ zhǐyào yǒu qián, jiù yídìng qù wàiguó liúxué.

내가 돈만 있으면 반드시 외국에 유학 갔을 텐데.

只要努力工作，你**就**一定会成功的
Zhǐyào nǔlì gōngzuò, nǐ jiù yídìng huì chénggōng de.
열심히 일하면, 당신은 반드시 성공할거에요.

指着 [zhǐzhe]

의지하다. 기대다.

她没有孩子又没有工作，这么多年**指着**什么生活呢？
Tā méiyǒu háizi yòu méiyǒu gōngzuò, zhème duō nián zhǐzhe shénme shēnghuó ne?
그녀는 아이도 없고 직업도 없는데, 이렇게 여러 해 동안 무엇에 의지하여 생활했어?

学习还得靠自己，**指着**谁都不行。
Xuéxí hái děi kào zìjǐ, zhǐzhe shuí dōu bùxíng.
공부는 그래도 스스로 해야지 누군가에 의지해서는 안 된다.

至亲 [zhìqīn]

관계가 가장 가까운 친척. 육친.

昨天来我家的客人都是**至亲**好友。
Zuótiān lái wǒjiā de kèrén dōushì zhìqīn hǎoyǒu.
어제 우리 집에 온 손님은 모두 가장 가까운 친척과 절친한 친구들이야.

小王对待老战友的孩子胜过**至亲**骨肉。
Xiǎowáng duìdài lǎozhànyǒu de háizi shèngguò zhìqīn gǔròu.
샤오왕은 옛 전우의 아이들을 친척이나 혈육보다 더 잘 대우한다.

抓工夫 [zhuāgōngfu]

짬을 내다. 시간을 내다. 틈을 내다. 여가를 내다.

一会儿有亲戚来, 你抓工夫把房间收拾收拾。
Yíhuìr yǒu qīnqi lái, nǐ zhuāgōngfu bǎ fángjiān shōushíshōushí.
잠시 후에 친척이 오니까 너는 시간을 내서 방을 좀 치워라.

除了学习, 我还得抓工夫锻炼身体呢。
Chúle xuéxí, wǒ hái děi zhuāgōngfu duànliàn shēntǐ ne.
공부 이외에도 나는 시간을 내서 신체를 단련해야 해.

转不过弯儿来 [zhuǎnbúguò wānr lái]

모퉁이를 돌아서 올 수 없다. 즉, (원래의) 생각(견해, 사상, 태도)을 고칠 수 없다.

我最烦脑袋转不过弯儿来的人。
Wǒ zuì fán nǎodai zhuǎnbúguò wānr lái de rén.
난 융통성 없는 사람이 제일 골치 아프더라.

不管他怎么解释, 她还是转不过弯儿来。
Bùguǎn tā zěnme jiěshì, tā háishi zhuǎnbúguò wānr lái.
그가 어떻게 설명을 해도 그녀는 여전히 자신의 태도를 고수하고 있어.

转弯抹角 [zhuǎnwānmòjiǎo]

빙 돌아가다. (말 따위를) 에두르다.

他这个人说话总是转弯抹角的, 真让人讨厌。
Tā zhège rén shuōhuà zǒngshì zhuǎnwānmòjiǎo de, zhēn ràng rén tǎoyàn.
그 사람은 늘 빙빙 둘러 말을 해서 사람을 짜증나게 해.

都是一家人，何必转弯抹角，你就直说了吧。

Dōushì yìjiārén, hébì zhuǎnwānmòjiǎo, nǐ jiù zhíshuō le ba.

다 같은 식구인데 말을 빙빙 돌려서 말할 필요가 있나, 솔직히 말해봐.

装出 [zhuāngchū]

일부러 ~인 체 하다.

他一天到晚都要装出很快活的样子，可他内心里却很痛苦。

Tā yìtiāndàowǎn dōu yào zhuāngchū hěn kuài huó de yàngzi, kě tā nèixīn li què hěn tòngkǔ.

그는 하루 종일 늘 일부러 쾌활한 척 하지만 그의 속마음은 무척 괴로워.

你别信以为真，他的动作是装出来的。

Nǐ bié xìn yǐwéi zhēn, tā de dòngzuò shì zhuāngchū de.

그것을 정말로 믿지 마세요, 그의 행동은 일부러 그러는 겁니다.

自然就会~ [zìrán jiù huì~]

자연히 ~하게 되다.

时间久了，伤痕自然就会一点一点地缩小。

Shíjiān jiǔ le, shānghén zìrán jiù huì yìdiǎnyìdiǎn de suōxiǎo.

시간이 흐르면 상처가 자연적으로 점점 작아질 거야.

你对她的相思之苦，时间久了，自然就会消失。

Nǐ duì tā de xiāngsī zhī kǔ, shíjiān jiǔ le, zìrán jiù huì siāoshī.

그녀에 대한 너의 그리워하는 괴로움은 시간이 흐르면 자연적으로 없어질 거야.

自找 [zìzhǎo]

스스로 ~을 자초하다.

何必总在自找烦闷呢?
Hébì zǒng zài zìzhǎo fánmèn ne?
늘 스스로 고민을 자초할 필요가 있겠니?

真是莫名其妙! 你干嘛自找苦吃啊?
Zhēn shì mòmíngqímiào! nǐ gànma zìzhǎo kǔ chī a?
정말 영문을 모르겠군요! 왜 당신은 스스로 사서 고생을 해요?

总而言之 [zǒngéryánzhī] = 总的来说 [zǒngdeláishuō] = 总之 [zǒngzhī]

결론적으로 말하자면.

总而言之, 他是韩国最具代表性的诗人之一。
zǒngéryánzhī, tā shì Hánguó zuì jù dàibiǎoxìng de shīrén zhī yī.
결론적으로 말하면 그는 한국의 가장 대표적인 시인 중 하나야.

总的来说, 我们也有错误。
Zǒngdeláishuō, wǒmen yě yǒu cuòwù.
포괄적으로 말하면 우리도 잘못이 있다는 것이지.

总算 [zǒngsuàn]

결국(대체로) ~하는 셈이다.

现在我总算弄明白了。
Xiànzài wǒ zǒngsuàn nòng míngbái le.

이제야 나는 결국 이해하게 된 셈이다.

忙了一天，工作总算做完了。
Mángle yìtiān, gōngzuò zǒngsuàn zuòwán le.
온종일 바빴는데, 일을 대체로 다 끝낸 셈이다.

纵然~, 也~ [zòngrán~, yě~]

설령~일지라도 ~하다.

纵然不能常相聚，也要常相忆。
Zòngrán bùnéng cháng xiāng jù, yě yào cháng xiāng yì.
비록 항시 만날 수는 없다 하더라도 서로 늘 기억합시다.

纵然有十张嘴，也说不清。
Zòngrán yǒu shí zhāng zuǐ, yě shuō bù qīng.
설령 입이 열 개라도 분명하게 설명할 수 없어.

走过场 [zǒuguòchǎng]

연극 배역이 무대에 머무르지 않고 곧장 다른 쪽으로 사라지다에서 비롯됨.
형식적으로 하다. 건성건성 하다. 대충대충 하다.

这次检查只不过是走过场而已，你不用操心。
Zhècì jiǎnchá zhǐbuguò shì zǒuguòchǎng éryǐ, nǐ búyòng cāoxīn.
이번 검사는 형식적인 것에 불과하니 신경 쓸 필요 없어요.

安全检查绝对不能走过场，大家都要做好准备。
Ānquán jiǎnchá jiéduì bùnéng zǒuguòchǎng, dàjiā dōu yào zuòhǎo zhǔnbèi.
안전 검사는 절대로 대충대충 할 수 없으니 모두들 준비 잘 하세요.

走后门儿 [zǒuhòuménr]

뒷구멍으로 들어가다. 뒷거래하다. 로비하다. 연줄을 이용하다.

靠走后门儿办事是不道德的。
Kào zǒuhòuménr bànshì shì búdàodé de.
연줄로 일을 처리하는 것은 비도덕적이야.

做生意的人走走后门儿，一年里买卖都顺利。
Zuòshēngyì de rén zǒuzouhòuménr, yì nián li mǎimài dōu shùnlì.
사업하는 사람이 로비를 좀 하면 1년 간 거래가 순조로워.

走弯路 [zǒuwānlù]

(길을) 돌아가다. 시행착오를 겪다.

我开始学汉语时，走了不少弯路。
Wǒ kāishǐ xué Hànyǔ shí, zǒule bùshǎo wānlù.
내가 중국어를 배우기 시작했을 때 적지 않은 시행착오를 겪었지.

早知道这个办法，就不会走弯路了。
Zǎo zhīdào zhège bànfǎ, jiù búhuì zǒuwānlù le.
이 방법을 일찍 알았더라면, 길을 우회하지 않았을 거야.

钻空子 [zuānkòngzi]

기회를(빈틈을) 타다. 약점을 노리다. 허점을 노리다.

钻空子做违法的事是不对的。
Zuānkòngzi zuò wéifǎ de shì shì búduì de.
허점을 이용하거나 법을 어기는 일은 옳지 않다

你别总想着钻空子。

Nǐ bié zǒng xiǎngzhe zuānkòngzi.

너는 늘 기회를 엿보려 하지 마라.

钻牛角尖 [zuānniújiǎojiān]

해결할 수 없는 문제나 가치에 애써 끝까지 매달리다. 사소한 문제에 집착하다.

你别想太多，谁没钻过牛角尖。

Nǐ bié xiǎng tài duō, shuí méi zuānguò niújiǎojiān.

너 너무 많이 생각하지 마, 누구도 사소한 문제를 캐고 들진 않아.

要是老因为这些小事钻牛角尖，没有病也会想出病的。

Yàoshi lǎo yīnwèi zhèxiē xiǎoshì zuānniújiǎojiān, méiyǒu bìng yě huì xiǎng chū bìng de.

늘 이렇게 사소한 일로 집착하면 없던 병도 생길 수 있어.

嘴直 [zuǐzhí]

말이 솔직하다. 입이 바르다.

你别怪我嘴直，这件事是你不对。

Nǐ bié guài wǒ zuǐzhí, zhè jiàn shì shì nǐ búduì.

제가 입바르다고 탓하지 마세요, 이번 일은 당신이 틀렸어요.

小王这个人哪儿都好，就是嘴太直，常得罪人。

Xiǎowáng zhègerén nǎr dōu hǎo, jiùshì zuǐ tài zhí, cháng dézuì rén.

샤오왕은 다 좋은데 말이 너무 솔직해 종종 남에게 원망을 사.

最迟 [zuìchí]

늦어도.

他最迟五天后走。
Tā zuìchí wǔ tiān hòu zǒu.
그는 늦어도 5일 후 떠나요.

我最迟一个月以后会还你的钱。
Wǒ zuìchí yí ge yuè yǐhòu huì huán nǐ de qián.
제가 늦어도 1달 이내에 당신의 돈을 갚을게요.

醉翁之意在于 [zuìwēng zhī yì zàiyú]

본래의 의도는 ~에 있다.

他醉翁之意不在酒, 是想吞并你的公司！
Tā zuìwēng zhī yì búzài jiǔ, shì xiǎng tūnbìng nǐ de gōngsī!
그는 다른 속셈이 있는데 너 회사를 삼키려고 해!

你千万别轻易相信她, 醉翁之意在于利用你。
Nǐ qiānwàn bié qīngyì xiāngxìn tā, zuìwēng zhī yì zàiyú lìyòng nǐ.
너는 절대로 그녀를 쉽게 믿지 마, 그녀의 본래 의도는 당신을 이용하는 데에
있어.

左右 [zuǒyòu]

좌지우지. 지배하다. 좌우하다. 통제하다.

能够左右局势的人不多, 希望你能重用他。
Nénggòu zuǒyòu júshì de rén bù duō, xīwàng nǐ néng zhòngyòng tā.

정세를 좌우할만한 사람이 많지 않아, 네가 그를 중용해 주기를 바란다.

你想**左右**他，没那么容易。
Nǐ xiǎng zuǒyòu tā, méi nàme róngyì.
네가 그를 통제하고 싶겠지만, 그렇게 쉽지 않아.

左右手 [zuǒyòushǒu]
(좌우의 손이란 뜻에서) 가장 의지할 수 있는 사람. 가장 믿는 부하. 조력자. 협조자.

他们是我的**左右手**。
Tāmen shì wǒ de zuǒyòushǒu.
그들은 나의 협조자들이야.

小明跟他共事几十年，一直是他的**左右手**。
Xiǎomíng gēn tā gòngshì jǐ shí nián, yìzhí shì tā de zuǒyòushǒu.
샤오밍은 그와 몇 십 년 동안 함께 일했으니, 줄곧 그가 가장 의지하는 사람이지.

做出~反应 [zuòchū~fǎnyìng]
반응을 보이다.

那个人对我所提出的意见**做出**了过于敏感的**反应**。
Nàgerén duì wǒ suǒ tíchū de yìjiàn zuòchūle guòyú mǐngǎn de fǎnyìng.
그 사람은 내가 제시한 의견에 대해 과도하게 민감한 반응을 보였다.

她对我的呼吁似乎**做出**了漠不关心的**反应**。
Tā duì wǒ de hūyù sìhū zuòchūle mòbùguānxīn de fǎnyìng.
그녀는 나의 호소에 대해 전혀 관심 없는 듯한 반응을 보였다.

做好~准备 [zuòhǎo~zhǔnbèi]

준비를 하다.

开始之前，你先**做好**心理**准备**。
Kāishǐ zhī qián, nǐ xiān zuòhǎo xīnlǐ zhǔnbèi.
시작하기 전에 너는 우선 마음의 준비를 해야 해.

为了打败他，我已经**做好**了所有的**准备**。
Wèile dǎbài tā, wǒ yǐjīng zuòhǎole suǒyǒu de zhǔnbèi.
그를 이기기 위하여 나는 이미 모든 준비를 다했다.

做梦也没想到 [zuòmèng yě méi xiǎngdào]

꿈에도 생각 못하다. (= 真没想到 [zhēn méi xiǎngdào])

我**做梦也没想到**从你口中竟然说出那种话。
Wǒ zuòmèng yě méi xiǎngdào cóng nǐ kǒuzhōng jìngrán shuōchū nà zhǒng huà.
저는 당신의 입에서 도대체 그런 말이 튀어나오리라고는 꿈에도 생각 못 했어요.

做梦也没想到他会骗我。
Zuòmèng yě méi xiǎngdào tā huì piàn wǒ.
그가 나를 속일 줄은 꿈에도 몰랐다.

做手脚 [zuòshǒujiǎo]

몰래 손을 쓰다. 몰래 간계를 꾸미다. 암암리에 나쁜 일을 획책하다. 농간을 부리다.

这么有声望的公司不会在质量上**做手脚**。
Zhème yǒu shēngwàng de gōngsī búhuì zài zhìliàng shang zuòshǒujiǎo.

이렇게 유명한 회사가 품질에서 농간을 부렸을 리 없어.

商贩在称上**做手脚**的事情，几乎所有人都遇到过。
Shāngfàn zài chēng shang zuòshǒujiǎo de shìqing, jīhū suǒyǒurén dōu yùdào guò.
장사꾼이 저울질할 때 속이는 일은 거의 모든 사람들이 겪은 적 있다.

做文章 [zuò wénzhāng]

(어떤 일에 대하여) 이러쿵저러쿵 의논하다. 방책을 꾀하다. 문제로 삼다. 이슈를 일으키다. 일을 꾸미다. 구실을 잡다. 트집을 잡다.

服务台不会在抽奖上**做什么文章**的，这个短信肯定是真的。
Fúwùtái búhuì zài chōujiǎng shang zuò shénme wénzhāng de, zhège duǎnxìn kěndìng shì zhēn de.
고객 센터에서 추첨에서 무슨 일을 꾸몄을 리가 없어, 이 문자메시지는 분명 진짜야.

真没想到，他们拿我的经历**做文章**。
Zhēn méi xiǎngdào, tāmen ná wǒ de jīnglì zuò wénzhāng.
그들이 나의 경력을 문제 삼을 줄 생각도 못했어.

做一天和尚撞一天钟 [zuò yītiān héshang zhuàng yītiān zhōng]

하루 중노릇하면 종을 하루 친다. 소극적으로 일을 하다. 일을 진지하게 하지 않고 대충하며 하루하루 그럭저럭 살다.

你做事情应该认认真真，别**做一天和尚撞一天钟**。
Nǐ zuò shìqing yīnggāi rènrènzhēnzhēn, bié zuò yītiān héshang zhuàng yītiān zhōng.
당신을 일 할 때 성실하게 임해야지, 대충대충 하면 안 돼요.

做一天和尚撞一天钟，这种态度是干不好工作的。

Zuò yītiān héshang zhuàng yītiān zhōng, zhè zhǒng tàidù shì gànbuhǎo gōngzuò de.

대충대충 때우기 식의 이런 태도로 일을 잘할 수 없어.

做作 [zuòzuo]

가식적이다. 짐짓 ~인 체하다. 모양만 꾸미다. 과장하다. (꾸며서) 부자연스럽다.

公的表演十分做作。

Nàge nǚ zhǔréngōng de biǎoyǎn shífēn zuòzuo.

그 여주인공의 연기는 너무 부자연스러워.

她做作得很，让人觉得很不舒服。

Tā zuòzuo de hěn, ràng rén juéde hěn bù shūfu.

그녀는 너무 가식이 많아서 보는 사람을 불편하게 만들어.

한눈에 보는 중국어 관용패턴

초판 인쇄 2019년 11월 15일
초판 발행 2019년 11월 25일

엮 은 이 | 김 성 수
펴 낸 이 | 하 운 근
펴 낸 곳 | **學古房**

주   소 | 경기도 고양시 덕양구 통일로 140 삼송테크노밸리 A동 B224
전   화 | (02)353-9908 편집부(02)356-9903
팩   스 | (02)6959-8234
홈페이지 | http://hakgobang.co.kr/
전자우편 | hakgobang@naver.com, hakgobang@chol.com
등록번호 | 제311-1994-000001호

ISBN   978-89-6071-928-6 93720

값 : 20,000원

이 도서의 국립중앙도서관 출판예정도서목록(CIP)은 서지정보유통지원시스템 홈페이지
(http://seoji.nl.go.kr)와 국가자료공동목록시스템(http://www.nl.go.kr/kolisnet)에서 이용
하실 수 있습니다. (CIP제어번호: CIP2019046539)

■ 파본은 교환해 드립니다.